Alle Ehre sei Sri Sri Guru und Gauranga

Swami B. R. Sridhar

# Der goldene Vulkan

voller göttlicher Liebe

Titel der englischen Originalausgabe:
THE GOLDEN VOLCANO OF DIVINE LOVE

Übersetzung aus dem Englischen:
Jivanuga Dasa Adhikary (Norbert Mattis)
unterstützt durch die wertvolle Mithilfe von:
Angelika Benning, Srimati Sacimata Devi Dasi,
Srimati Kamala Sundari Devi Dasi

Titelbild:
Imli Tala in Vrindavan - in dessen Schatten Sri Chaitanya
Mahaprabhu über Sri Krishna zu meditieren pflegte

1. Auflage März 1996
© Sylvia Mattis Verlag für Vaishnava Philosophie Waldkirch
alle Rechte vorbehalten
Typografie: R. Steinhof
Druck: Indira Printers, New Delhi, Indien
ISBN 3-927745-03-0

Für Guru Maharaja,
unseren Geistigen Meister,
dem wir alles verdanken

*divyatanum suchanda-vadanam balarka-celancitam*
*sandranandapuram sadekavaranam vairagya vidyambudhim*
*sri-siddhanta-nidhim subhakti-lasitam sarasvatanambaram*
*vande tam subhadam madekasaranam nyasisvaram sridharam*


Ich erweise meine demütigen Ehrerbietungen
Seiner Göttlichen Gnade
Srila Bhakti Rakshaka Sridhar Deva Goswami Maharaja,
dessen Erscheinung voller Schönheit und Güte ist.
Er hat die Gabe, die höchsten Seinswahrheiten
auf wohltuende, poetische Weise zu offenbaren.
Seine transzendentale Gestalt ist geschmückt mit feinen Gewändern
von der Farbe der aufgehenden Sonne.
Er ist wie eine spirituelle Schatzkammer
voll höchster Glückseligkeit und
die beste Wahl für einen aufrichtigen Gottgeweihten.
Seine Bescheidenheit und Sein Wissen
sind einem unermeßlichen Ozean vergleichbar und
Er ragt unter all den anderen gelehrten Gottgeweihten hervor.
Er vereint in Sich die Summe aller Eigenschaften
der liebevollen Hingabe und ist ihr Bewahrer.
Ständig in hingebungsvollen Dienst versunken,
strahlt Er die Süße der Gottesliebe
in ihrem tiefsten Mysterium aus
und gewährt so die höchste Glückseligkeit.
Er ist die herausragende Persönlichkeit unter denen,
die im Lebensstand der Entsagung leben und
Er ist meine einzige Zuflucht.

*Nitya-lila Om Visnupada Paramahamsa Parivrajakacarya-varya*
*Sarva-sastra-siddhanta-vit Astottara-sata-sri Srimad Bhakti Rakshaka*

# Inhalt

# Vorbemerkungen

Es ist uns eine große Freude, ein weiteres Buch von Swami B. R. Sridhar in deutscher Übersetzung vorstellen zu können. Alle seine Bücher, die mittlerweile in zahlreiche Sprachen übertragen worden sind, bestätigen immer wieder aufs neue die Weisheit und Herzensgüte dieses außergewöhnlichen Menschen und großen Meisters des Bhakti-Yoga. Die heiligen Schriften Indiens - wie z.B. die Bhagavad-Gita und das Srimad Bhagavatam - werden durch seine Worte in einer Weise lebendig, daß jede aufrichtige Seele in dieser Welt Anregungen für die eigene geistige Entwicklung daraus gewinnen kann. Thema des vorliegenden Buches ist das Leben und die Lehre von Sri Chaitanya Mahaprabhu, des Goldenen Avatars, der von 1486 bis 1534 in Indien lebte. Er gilt den Gaudiya Vaishnavas Indiens als eine Erscheinung der Höchsten Persönlichkeit Gottes, die alle Seinsformen Gottes in Sich vereinigt und Sich vor allen anderen Offenbarungen Gottes in dieser Welt durch das größte Maß an Barmherzigkeit gegenüber den gefallenen Seelen auszeichnete.

Die einzelnen Kapitel dieses Buches wurden zusammengestellt aus einer Anzahl von Vorträgen und Gesprächen *(darshan)*, die im vertrauten Kreis von Schülern in der Sri Chaitanya Saraswath Math, dem klösterlichen Wohnsitz von Swami B. R. Sridhar in Bengalen, in englischer Sprache stattgefunden haben. Wir waren bemüht, bei der Zusammenstellung und Übersetzung dieses Buches die Eigentümlichkeit des gesprochenen Wortes weitgehend zu bewahren, da es uns auf eine größtmögliche Ursprünglichkeit bei der Übermittlung der Botschaft ankam.

Auch erhebt dieses Buch nicht den Anspruch, eine vollständige Darstellung der historischen Persönlichkeit Sri Chaitanya Mahaprabhus, Seiner Lebensumstände und Seiner Botschaft zu sein. Wer sich diesbezüglich umfassend informieren möchte, findet im angefügten Literaturverzeichnis eine Auswahl an Werken zu diesem Thema. Gleichwohl werfen die Betrachtungen von Swami B. R. Sridhar - der selbst ein hervorragender Repräsentant der Schülernachfolgelinie (*sampradaya*) ist, die auf Sri Chaitanya Mahaprabhu zurückgeht - ein helles Licht auf wichtige Aspekte der Bhaktilehre der Gaudiya Vaishnavas, die hier im Westen immer noch nur sehr unzulänglich bekannt ist.

Seine Ausführungen sind geeignet, gerade dem westlichen Menschen, dessen Bewußtsein ganz besonders von materialistischen Strukturen geprägt ist, Anstöße zu geben, den tieferen Sinn des menschlichen Lebens (wieder) zu entdecken. Die Leser dieses Buches treffen naturgemäß auf eine Reihe von Begriffen, Ortsbezeichnungen und Personennamen, die demjenigen, der sich nicht schon vorher mit der Philosophie Indiens befaßt hat, unbekannt oder schwer verständlich sind. Wir haben uns deshalb bemüht, im Anhang Erläuterungen für vorkommende Sanskritbegriffe und die Namen der im Buch erwähnten Personen und Orte zu geben, um dem Leser das Verständnis zu erleichtern. Um ein flüssiges Lesen zu ermöglichen haben wir deshalb auch die Schreibweise von Orts- und Personennamen der deutschen Aussprache angenähert.

*Die Herausgeber*

# Einleitung

Sri Chaitanya Mahaprabhu hat uns die völlig ausgereifte Vorstellung eines persönlichen Schöpfergottes offenbart, wie sie im Srimad Bhagavatam zu finden ist. Beim Srimad Bhagavatam handelt es sich hauptsächlich um eine vergleichende Untersuchung des Theismus und eine Darstellung der Seinslehre des Krishnabewußtseins. Es überragt das gesamte andere vedische Schrifttum, ja sogar die Puranas. Das Brahma-Vaivarta Purana und das Padma Purana führen uns die Bedeutung der Hingabe zu Krishna bis zu einem gewissen Grade anhand von Erzählungen und historischen Begebenheiten vor Augen; sie bleiben jedoch hinter dem philosophischen und seinsbestimmenden Standard zurück, den das Maha-Purana, das Srimad Bhagavatam, gesetzt hat. Das Srimad Bhagavatam kann all diejenigen zufriedenstellen, die den Vedanta studieren, denn es verkörpert das Krishnabewußtsein auf seiner höchsten Stufe.

Das Srimad Bhagavatam erklärt Ekstase, Schönheit und Harmonie (*rasa*) und nicht Bewußtsein, Intelligenz oder die Wesensbestimmung allen Seins zur höchsten Errungenschaft des Theismus. Im Srimad Bhagavatam kommt dem *rasa* überragende Bedeutung zu. Es ist eine einzigartige Abhandlung, denn es erhebt den Theismus von der Ebene intellektueller Gedankenspielerei hinauf in die Sphäre des *rasa*.

Vor langer Zeit einmal hatte ich angefangen, ein Buch zu schreiben, das eine Zusammenfassung der achtzehntausend Verse des Srimad Bhagavatam werden sollte. In seinem Bhagavata-Arka-Maricimala hat Bhaktivinoda Thakur die Essenz des gesamten

Bhagavatam in tausend Versen zusammengefaßt. Meine Vorstellung war es, das Ganze noch mehr zusammenzuziehen, es in nur dreihundert Versen darzustellen. So begann ich, dieses Buch zu schreiben, aber ich konnte es nie vollenden.

Das Srimad Bhagavatam ist eine unermeßliche Abhandlung in der Sanskritsprache, voller wesentlicher Tatsachen, historischer Bezüge und Darlegungen über die Hauptströmungen der vedischen Philosophie. Darüber hinaus werden im Srimad Bhagavatam auch viele weniger bedeutende geschichtliche Begebenheiten und geographische Einzelheiten erwähnt, die seine Schlußfolgerungen unterstreichen, obwohl sie an sich unwesentlich sind. Doch alles, was im Srimad Bhagavatam keine unbedingte Notwendigkeit besitzt, tritt gänzlich in den Hintergrund, wenn in den Lehren von Sri Chaitanya der tiefere Sinn des Bhagavatam in seiner reinsten und strahlendsten Herrlichkeit hervortritt. Wenn wir also den eigentlichen Wesenskern des Srimad Bhagavatam ins Auge fassen wollen, dann müssen wir das Leben und die Lehren von Sri Chaitanya Mahaprabhu betrachten. Die eigentliche Bedeutung der Unterweisungen, die Narada Muni dem bedeutenden Autor des Srimad Bhagavatam, Srila Vyasadeva, erteilt hat, wurde erst durch das Leben und die Erkenntnisse seines Sohnes, Sukadeva Goswami, bekannt. Und genau so wurde der Wesenskern des Srimad Bhagavatam erst durch das Leben und die Lehren von Sri Chaitanya Mahaprabhu sichtbar gemacht.

Weil also die Lehren von Sriman Mahaprabhu die innerste Bedeutung des Srimad Bhagavatam offenbaren, möchte ich an dieser Stelle einen der Verse zitieren, die ich ursprünglich verfaßt habe, um meine Zusammenfassung des Srimad Bhagavatam einzuleiten. Dieser Vers verherrlicht die Stellung von Gadadhara Pandit, dem vertrautesten Gefährten von Sri Chaitanya Mahaprabhu. Gadadhara Pandit lebte in Jagannath Puri und pflegte dort im Tota Gopinath Tempel das Srimad Bhagavatam zu lesen. Er las vor und Sriman Mahaprabhu und große Gottgeweihte wie Svarupa Damodara und Ramananda Raya waren seine Zuhörer:

*nilambhodhi-tate sada sva-viraha-ksepanvitam bandhavam,*
*srimad-bhagavati katha madiraya sanjivayan bhati yah*
*srimad-bhagavatam sada sva-nayanasru-payanaih pujayan*
*gosvami-prabaro gadadhara-vibhur-bhuyat mad-eka-gatih*

"Es geschah am Ufer des weiten blauen Ozeans, wo Gadadhara Pandit dem Sri Chaitanya Mahaprabhu, der unter der unerträglichen Pein der Trennung von Sich Selbst (Krishna) litt, das Srimad Bhagavatam vorzulesen pflegte. Dort war es, wo Gadadhara Pandit den süßen Wein des *krsna-lila* darbot, um damit seinen Freund, der so unsäglich litt, vor Freude trunken zu machen und ihm Erleichterung zu verschaffen. Wenn er las, rannen ihm Tränen aus den Augen und fielen auf die Seiten des Srimad Bhagavatam, als wären es Blumengaben. Möge es mein einziges Ziel beim Schreiben dieses Buches sein, dieser hervorragenden Persönlichkeit, Gadadhara Pandit, dem Besten der Goswamis, Freude zu bereiten."

Der Titel des vorliegenden Buches ist *"Der goldene Vulkan voller göttlicher Liebe"*, denn Sri Chaitanya Mahaprabhu fühlte einen ungeheueren Trennungsschmerz von Krishna, der wie Feuer brannte und im Shikshastakam seinen Ausdruck fand. Dies wird im Prema Dhama Devam Stotram (Vers 54) erklärt:

*sri-svarupa-raya-sanga-gambhirantya-lilanam*
*dvadasabda-banhi-garba-vipralambha-silanam*
*radhikahirudha-bhava-kanti-krsna-kunjaram*
*prema-dhama-devam-eva-naumi-gaura-sundaram*

"Indem Krishna tief in die Wirklichkeit Seiner eigenen Schönheit und Seines Liebreizes eintauchte, versenkte Er Sich in die Gemütsstimmung Radharanis, die Ihn mit ihrem leuchtenden Glanz umhüllte und erschien als Sri Chaitanya Mahaprabhu. Während der letzten zwölf Jahre der offenbarten göttlichen Spiele Seines Erdenlebens war Er völlig in diese Gemütsstimmung des

Eins- und Getrenntseins (von Radha und Krishna) versunken und teilte Seine innersten Herzensgefühle mit Seinen vertrautesten Geweihten. In der unerträglichen Pein der Trennung von Krishna entströmten Seinem Herzen vulkanische Ausbrüche der Ekstase und Seine Offenbarungen, die als Shikshastakam bekannt sind, brachen wie Ströme goldener Lava zwischen Seinen Lippen hervor. Ich werfe mich nieder zu den Füßen von Sri Chaitanya Mahaprabhu, dem goldenen Vulkan voller göttlicher Liebe."

Das Feuer der qualvollen Trennung von Krishna brach in der Gestalt des Shikshastakam aus Ihm hervor. Und deswegen wird Sri Chaitanya Mahaprabhu mit einem goldenen Vulkan verglichen, und das Shikshastakam mit göttlicher Lava. Sri Chaitanya Mahaprabhu hat uns gelehrt, daß in der Sphäre des Göttlichen Trennung das höchste Prinzip darstellt. So wie Gemeinschaft mit Krishna die eindringlichste Vorstellung von Ekstase ist, genauso ist die Trennung von Krishna die äußerste Vorstellung von Qual. Doch ist die Qual, die aus der Trennung von Krishna herrührt, weit heftiger als die Ekstase, die dem Zusammensein mit Ihm entspringt.

So spricht Sriman Mahaprabhu die Worte: "Kannst du die qualvolle Lage, in der du dich befindest, nicht begreifen? Deine Sinne müssen alle zerstört worden sein! Denn sonst wärest du wegen der Qual der Trennung von Krishna gestorben. Es ist unbegreiflich. Wir gehören ganz und gar Ihm. Er ist unser Ein und Alles, und doch können wir Ihn nicht sehen. Wir sind zwangsweise von Ihm getrennt. Wie können wir dies ertragen?" Und Bhaktivinoda Thakur hat einmal gesagt: "Ich kann diese Trennung von Krishna nicht mehr länger aushalten. Ich kann höchstens noch drei oder vier Tage so weitermachen, dann werde ich diesen Körper verlassen müssen."

Krishna zu lieben bedeutet, daß wir "sterben müssen, um zu leben". Am Anfang scheint göttliche Liebe tödlich wie Lava zu sein, aber in Wirklichkeit ist sie lebensspendender Nektar. Auch in dieser gewöhnlichen alltäglichen Welt geraten viele Menschen durch Liebe in einen Zustand tiefster Verzweiflung. Manchmal werden sie sogar wahnsinnig und begehen Selbstmord, weil sie den Schmerz nicht länger ertragen können. Aber der Schmerz, der aus der Trennung von Krishna herrührt, ist keinesfalls so verletzend wie Lava, obwohl er mit Lava verglichen wird. Dazu erklärt Krishnadasa Kaviraja Goswami, der Verfasser des Chaitanya Charitamrita:

*bahye visajvala haya, bhitore anandamaya*
*krsna premara adbhuta carite*

"Die wundervolle Eigenschaft göttlicher Liebe zu Krishna besteht darin, daß sie, obwohl sie äußerlich wie feurige Lava wirkt, innerlich dem süßen Nektar gleicht, der das Herz mit der allergrößten Freude erfüllt."

Und obwohl Sri Chaitanya Mahaprabhu den unerträglichen Schmerz der Trennung von Krishna verspürte, empfand Er dennoch tief in Seinem Herzen grenzenlose ekstatische Freude. Nie zuvor in der Geschichte der Welt waren jemals solche Merkmale der Ekstase offenbart worden wie die von Sri Chaitanya Mahaprabhu; noch gab es in irgendwelchen Schriften Beschreibungen davon. In Ihm finden wir die höchste Vorstellung der letztendlichen Wirklichkeit verkörpert. Das wird in meinem Prema Dhama Deva Stotram (Vers 66) erklärt:

*atma-siddha-sava lila-purna-saukhya-laksanam*
*svanubhava-matta-nrtya-kirtanatma-vantanam*
*advayaika-laksya-purna-tattva-tat-paratparam*
*prema-dhama-devam-eva naumi gaura-sundaram*

"So lautet die alles überwindende Schlußfolgerung: Die höchste Vorstellung der letztendlichen Wirklichkeit muß auch die höchste Form von Glückseligkeit (*ananda*) sein. Sri Chaitanya Mahaprabhu ist Krishna, die Ekstase selbst, der Seinen eigenen

Liebreiz auskostet und in ekstatischer Freude tanzt. Sein Heiliger Name ist die Ursache Seiner Ekstase, die sich im Tanz offenbart und gleichzeitig ist Sein Heiliger Name ihre Wirkung, die im Gesang ihren Ausdruck findet. Die Ursache ist gleich der Wirkung. Der Dynamo erzeugt ekstatische Energie, welche Ihn tanzen läßt, und durch Sein Singen wird diese Ekstase an andere verteilt."

Auf diese Weise vollführt Sri Chaitanya Mahaprabhu mit jedem Wort aus Seinem Lotosmund und jeder Geste und jeder Bewegung Seiner wunderschönen goldenen Gestalt Seine berauschenden Spiele göttlicher Liebe.

# Teil I
## Das Leben von Sri Chaitanya Mahaprabhu

Teil I

Das Leben von Sri Chinmoy I: Inspiration

I

# Kapitel 1 - Der goldene Avatar

In den Unterweisungen von Karabhajana Rishi finden wir die verschiedenen Gestalten erwähnt, in denen der Höchste Herr in dieser Welt in den jeweiligen Zeitaltern erscheint (*yugavataras*). Der *yugavatara* für das *dvapara-yuga* wird wie folgt beschrieben:

> *dvapara bhagavan syamah, pita-vasa nijayudhah*
> *srivatsadibhir ankais ca, laksanair upalaksitah*

"Im *dvapara-yuga* gleicht die Hauttönung des Höchsten Herrn, Krishna, der Farbe einer dunklen Regenwolke und Er ist in Gewänder gekleidet, deren Leuchtkraft der von Blitzen gleicht. Er trägt wunderschönen Schmuck, Seine Brust ziert das Zeichen Srivatsa und Er trägt die zu Ihm gehörenden Waffen."

Nach dieser Beschreibung des *yugavatara* für das *dvapara-yuga* erwähnt Karabhajana Rishi den *kali-yugavatara*:

> *iti dvapara urv-isa, stuvanti jagad-isvaram*
> *nana-tantra-vidhanena, kalav api tatha srnu*

Er sagt: "Oh König, mit meiner Beschreibung der Erscheinungen des Höchsten Herrn in den verschiedenen Zeitaltern bin ich nun ans *dvapara-yuga* gekommen. Diese *avataras* erscheinen, um die Menschen an diejenigen Pflichten zu erinnern, die in dem jeweiligen Zeitalter zu erfüllen sind. Sie erscheinen und unterweisen uns: 'Wenn du dich daran hältst, dann wirst du den größten Nutzen daraus ziehen.' Oh König, nach dem Zeitalter des *dvapa-*

*ra* beginnt das Zeitalter des *kali.* Die Erscheinung des Höchsten Herrn im *kali-yuga* findet in den Schriften an vielen Stellen Erwähnung, und dazu möchte ich dir jetzt gern ein paar nähere Erläuterungen geben." (S.B. 11.5.31). Dann fährt er fort:

*krsna-varnam tvisakrsnam, sangopangastra parsadam*
*yajnaih sankirtana prayair, yajanti hi su-medhasah*

"Auf hintergründige Weise erklärt dieser Vers das Erscheinen von Sri Chaitanya Mahaprabhu. Dabei lautet üblicherweise die Bedeutung von *krsnavarnam*: von schwarzer Farbe. *Tvisakrsnam* aber bedeutet: Seine Ausstrahlung ist nicht schwarz. Und weiter heißt es in diesem Vers über Chaitanya Mahaprabhu: Begleitet von Seinen engsten Gefährten wird Er durch den Vorgang des *sankirtana* verehrt, dem Singen von Krishnas Heiligem Namen. Und es sind gerade die Menschen mit wachem und klarem Verstand, die diese Art von Verehrung ausführen werden."

Zu diesen Zeilen gibt es einen entsprechenden Vers von Jiva Goswami, in dem es heißt:

*antah krsnam bahir gauram, darsitangadi-vaibhavam*
*kalau sankirtanadyai sma, krsna-caitanyam asritah*

"Ich suche Zuflucht bei Sri Krishna Chaitanya Mahaprabhu, dessen Hauttönung nach außen golden erscheint, der aber innerlich Krishna Selber ist. Er entfaltet in diesem Zeitalter des *kali* Seine Erweiterungen, während Er mit anderen gemeinschaftlich den Heiligen Namen Krishnas singt. Daß Er in Seinem Inneren schwärzlich ist, bedeutet, daß Er innerlich Krishna ist. Daß Er nach außen wie Gold zu leuchten scheint, bedeutet, daß Er die Gemütshaltung von Srimati Radharani angenommen hat. Im Zeitalter des *kali* kann man diesen goldenen Herrn sehen, wie Er umgeben von Seinen Erweiterungen, Seinen Gefährten und Seinen vertrauten Geweihten den heiligen *sankirtana*, das gemeinsame Singen der Heiligen Namen Gottes, ausführt."

Jemand mag einwenden, die Bedeutung von *krsnavarnam* laute: Seine Hautfarbe sei schwarz und der Glanz, der von Seinem Körper ausgeht, sei ebenfalls schwarz. Aber warum sollte das so sein? Das wäre ja völlig überflüssig. Die Verbindung von *krsnavarnam* mit den Worten *tvisa* und *akrsnam* bedeutet ja doch gerade, daß Seine Hautfarbe *krsna* ist, also schwarz, aber Seine Ausstrahlung (*tvisa*) *akrsna* ist, also nicht schwarz. Dagegen könnte natürlich jemand einwenden: "Nicht schwarz bedeutet noch nicht notwendigerweise golden. Warum sollte es gerade golden bedeuten?"

Die Antwort finden wir im Srimad Bhagavatam in folgender Begebenheit: Einst sandte Vasudeva den Astrologen und Priester Gargarishi nach Vrindavan, damit er dort die Namensgebungszeremonie für Krishna durchführte. Damals kam dieser Gargarishi zum Haus von Nanda Maharaja, dem Ziehvater von Krishna, und erklärte, daß Vasudeva ihn gesandt habe. Er sagte: "Dein Kind ist nun schon ein wenig größer geworden und jetzt muß die Namensgebungszeremonie durchgeführt werden." Dabei sprach er folgenden Vers:

*asan varnas trayo hy asya, grhnato `nuyugam tanuh*
*suklo raktas tatha pita, idanim krsnatam gatah*

"In lange zurückliegenden Erscheinungen offenbarte sich dieser Junge in verschiedenen Hautfarben: weiß, rot und gold, gemäß dem besonderen Zeitalter, in welchem Er erschien. Jetzt hat Er diese schwärzliche Farbe angenommen."

Er fuhr fort: "Im *satya-yuga* erscheint Krishna mit einer weißen Hauttönung, im *treta-yuga* in einer roten, und Er erscheint auch mit golden schimmernder Haut. Im jetzigen *dvapara-yuga* ist Er mit schwarzer Hautfarbe erschienen." Hier finden wir also den Hinweis auf diese goldene Hauttönung (*pita*), denn nur diese Farbe ist für das gegenwärtige Zeitalter des *kali* übriggeblieben. In den Upanishaden gibt es einen weiteren Hinweis auf diese goldene Farbe: *yada pasya pasyate rukma varnam* - "Krishna, das Höchste *brahman*, erscheint in einer goldenen Gestalt." *Rukma varnam* bedeutet: goldene Gestalt. Und auch hier heißt 'nicht schwarz' golden.

## Über das Erscheinen des Höchsten Herrn in dieser Welt im Kali-Yuga

Krishna wollte also sowohl in diesem Zeitalter des *kali* erscheinen als auch Sein in Vrindavan gegebenes Versprechen erfüllen: "Ich werde den Ruhm der *gopis* besingen und dabei vor allem Radharani preisen. Ich werde ihren Namen singen, ihren Ruhm preisen und Mich im Staub der Erde wälzen!" Aber Radharani erwiderte: "Ich werde Deinem Körper nicht erlauben, Sich im Staub dieser Erde zu wälzen. Ich werde Dich mit meinem Glanz bedeken."

Wenn Krishna im *kali-yuga* hier auf diese Erde kommt, dann ist Er von beidem gefangen: der Gemütshaltung und der Ausstrahlung Radharanis. Und dies geschieht nicht etwa in allen *kali-yugas*, sondern nur in einem ganz bestimmten. An allen Tagen Brahmas erscheint in jedem *yuga* der besondere *yugavatara*, aber als Chaitanya Mahaprabhu erscheint Krishna an einem Tag von Brahma nur ein einziges Mal, das heißt nur alle 4,3 Milliarden Jahre. Und dann erscheint die ursprüngliche Persönlichkeit Gottes (*svayam bhagavan*) zusammen mit Seinen beiden Reichen, Vrindavan und Navadvip. Und dazu kommen Krishna und Mahaprabhu nicht allein hierher, sondern Sie erscheinen mit allem, was zu Ihnen gehört, auf dieser Erde.

Und in diesem Zeitalter des *kali* erfüllt der Höchste Herr eine doppelte Aufgabe: Er verkündet die Segnungen des gemeinschaftlichen Singens des Heiligen Namens (*nama-sankirtana*) undwas noch wichtiger ist - nimmt die Gemütsstimmung Radharanis an, in der Absicht, Seine eigene Süße, *rasa*, zu kosten. Er Selbst ist *rasa*. Bei Sich denkt Er: "Wie stark ist dieser *rasa* in Mir? Das würde Ich gerne einmal zur Gänze auskosten." Doch nur Geweihte können dies erleben. Deshalb nimmt Er die Position Radharanis ein, um Sich Selbst zu genießen, als Krishna, den zentralen, schlußendlichen und vollkommenen Urquell des *rasa*. Einzig Radharani kann die ganze Fülle dieses *rasa* auskosten. Deshalb muß Er Ihr Wesen, Ihre Gefühlsstimmung und Ihre Gemütsverfassung annehmen, um die Ihm Selbst innewohnende überschäumende Freude zu erleben. Aus diesem Grund kam Er herab. In erster Linie war es Seine Aufgabe, den *nama-sankirtana*, das gemeinschaftliche Singen des Heiligen Namens, zu verbreiten. In zweiter Linie lag Ihm daran, den *bhajana - vibhajan* zu vollbringen, das heißt, die Ihm Selbst innewohnende Ekstase in der Gemütshaltung von Radharani auszukosten. In Puri, in der intimen Gemeinschaft mit Ramananda Raya, Svarupa Damodara und anderen vertrauten Gefährten, war Er zwölf Jahre lang ständig in diesen unermeßlichen Ozean der Einheit in Trennung versunken. Diese letzten zwölf Jahre Seines Lebens brachte Er einzig damit zu, diesen unvergleichlichen Geschmack auszukosten.

Diese besondere Erscheinung des Höchsten Herrn wird im allgemeinen durch *sankirtana* verehrt, das gemeinschaftliche Singen der Heiligen Namen. Ohne *sankirtana* kann man weder Gauranga verehren noch all das, was mit Ihm in Zusammenhang steht. Er ist der große Verkünder des *sankirtana*, Er liebt den *sankirtana*, und nur dieser *sankirtana* verschafft Ihm Befriedigung. Allein jene, die sich genügend Verdienste erworben haben (*sukritivan*), werden Ihn auf diese Art verehren. Die Masse gewöhnlicher Menschen wird sich dieser großen Bewegung nicht anschliessen können. Diejenigen jedoch, die ihrer guten inneren Führung und ihrem Glück vertrauen können, werden in der Lage sein, den eigentlichen Kern der Wahrheit zu erfassen und sich an diesem Vorgang des *nama-sankirtana* zu beteiligen.

Ein Verstand, der voller Unsinn steckt, kann nicht unterscheiden, was richtig oder falsch ist, oder wie kostbar etwas ist. Er kann einen solchen höheren Gedankengang weder verstehen noch ihm folgen. Ein Mensch sollte nach seinen Idealen, seinem Streben nach höheren Zielen beurteilt werden. Ein großartiges Ideal verweist auf einen hervorragenden Menschen. Was aber sollte das höchste Ideal sein? Liebe. Liebe ist das Allerhöchste. Sie ist das Seltenste und Wertvollste, was es gibt. Göttliche Liebe und Schönheit sind das Höchste, was diese Welt je gekannt hat, und jene, die das erfassen können, zeichnen sich durch ein wirklich hervorragendes Erkenntnisvermögen aus (*su-medhasah*). Und jemand, der über dieses höchste Ideal verfügt, sollte als ein Mensch höherer Art betrachtet werden. Er allein kann verstehen, was *sankirtana* seinem tiefsten Sinn nach bedeutet, und ihn ausführen. Er allein kann diesen Pfad betreten, diesen Vorgang der Zufriedenstellung des Höchsten Wesens durch das Singen der Heiligen Namen des Herrn.

## Sri Chaitanya Mahaprabhu:
### Der verborgene Avatar des Höchsten Herrn

Dieser findet sowohl im Srimad Bhagavatam wie auch im Mahabharata und anderen vedischen Schriften Erwähnung. Karabhajana Rishi, der letzte der neun großen *yogis*, hat uns einen Hinweis gegeben, damit wir Sri Chaitanya Mahaprabhu als die ganz besondere Erscheinung des Herrn in diesem Zeitalter verstehen können. Auf sehr geheimnisvolle Weise hat er das Erscheinen des Höchsten Herrn in diesem Zeitalter des *kali* erwähnt. Wir mögen uns fragen, warum das nicht ganz offen dargelegt worden ist? So viele *avataras* werden ganz eindeutig beschrieben, aber wenn das Srimad Bhagavatam auf Sri Chaitanya Mahaprabhu als die besondere Erscheinung des Höchsten Herrn im Zeitalter des *kali* Bezug nimmt, geschieht dies auf ganz geheimnisvolle Weise. Die Antwort darauf finden wir in den Lehren von Prahlad Maharaja, der sagt: "Oh Herr, einer Deiner Namen lautet *triyuga*, das heißt jemand, der in drei Zeitaltern herabkommt - *satya, treta und dvapara* - aber nicht im *kaliyuga*. Und warum? Weil der *avatara* für das *kali*-Zeitalter im Verborgenen erscheint (*channah kalau yad abhavas tri-yugo 'tha sa tvam*)." Hier finden wir den Schlüssel dazu, auf welch geheimnisvolle Weise Sri Chaitanya Mahaprabhu dem Kreis der vom Glück begünstigten und intelligenten Lebewesen vor Augen geführt wird, damit den gewöhnlichen Menschen nicht einmal der allerkleinste Hinweis zuteil wird.

*dhyeyam sada paribhava-ghnam abhista-doham*
*tirthaspadam siva-virinci-nutam saranyam*
*bhrityarti-ham pranata-pala bhavabdhi-potam*
*vande maha-purusa te caranaravindam*

"Oh Mahaprabhu! Nur Deine Lotosfüße sind das höchste Ziel der Meditation, denn sie zerstören nicht nur die Qual des materiellen Daseins, sondern sie gewähren auch allen Seelen, die bei Ihnen Zuflucht suchen, die höchste Erfüllung. Deine Lotosfüße läutern sogar heilige Menschen und heilige Plätze. Ja, sogar die hohen Gebieter Shiva und Brahma trachten danach, bei Deinen Lotosfüßen Schutz zu finden. Oh Mahaprabhu, Du gewährst all denen Zuflucht, die sich einfach nur vor Dir niederbeugen. Du nimmst alles Leid von den Dir hingegebenen Dienern. In dem großen Schiff Deiner Lotosfüße können wir diesen Ozean des materiellen Elends überqueren. Oh Mahaprabhu, ich verbeuge mich vor Deinen Lotosfüßen."

Nachdem das Srimad Bhagavatam beschrieben hat, wie die Höchste Persönlichkeit Gottes im *kaliyuga* erscheinen wird, beginnt es ganz unvermittelt mit seinem Loblied auf den großen *yugavatara* Sri Krishna Chaitanya Mahaprabhu. Mit gewaltiger Stimme läßt das Bhagavatam den Preisgesang auf diese großartige Leitfigur des *kaliyuga* erschallen. Dieser Vers folgt nach demjenigen, der auf so geheimnisvolle Weise auf den *avatara* des *kaliyuga* hindeutet. *Krsna-varnam* bedeutet: Jemand, der von nichts anderem als Krishna spricht, der immer die Worte „Krishna! Krishna! Krishna!" auf seinen Lippen hat. *Krsna-varnam* hat aber auch noch eine andere Bedeutung: Einer, der Krishna Selbst ist, dessen Körpertönung aber nicht schwarz ist. Und wenn wir ganz genau und ganz tief hinsehen, werden wir feststellen, daß unter Seiner goldenen Körpertönung der schwärzliche Körper von Krishna verborgen liegt. Er ist mit all dem, was zu Ihm gehört, zu uns herabgekommen. Und allein durch den *sankirtana*, den göttlichen Klang des gemeinschaftlichen Gebets, kann man Ihm einen Dienst darbringen. An diesem Kennzeichen können wir Seine göttliche Position erkennen.

In der Gestalt Sri Chaitanya Mahaprabhus offenbart sich Gott auf verborgene Weise. Er erscheint in einer geheimnisvollen Verschleierung. Einen solchen *avatara* zu verehren ist nur denen möglich, deren Erkenntniskraft von Gott selbst erleuchtet wird. So beschreibt das Srimad Bhagavatam in geheimnisvoller Weise zunächst jene ungewöhnliche, außerordentliche Persönlichkeit von Sri Chaitanya Mahaprabhu und verkündet dann Seine Erhabenheit und Seine Größe.

Das Srimad Bhagavatam erklärt: "Er, derselbe, der schon als Ramachandra und Krishna erschienen ist, hat sich erneut offenbart. Er ist zu uns herabgekommen, um uns zur wirklichen Erfüllung des Lebens zu geleiten. Zum Wohl von uns allen schöpft Er den süßesten Nektar aus den himmlischen Gefilden. Macht Ihn zum Ziel eurer Meditation, und alle eure Sorgen werden mit einem Schlag beendet sein. Durch Seine Berührung, durch Seinen *sankirtana*, dadurch, daß Er die absolute Wahrheit von der höchsten Ebene zu uns herabbringt, werden alle heiligen Pilgerstätten und selbst die großen heiligen Persönlichkeiten geläutert und gereinigt. Sogar Brahma und Shiva werden - verwundert über Sein edles Geschenk - beginnen, Ihn zu preisen. Sie werden begierig danach streben, in vollkommener Hingabe Zuflucht bei Seinen

*Sri Chaitanya Mahaprabhu - der goldene Avatar*

Lotosfüßen zu suchen. Der Kummer all derer, die Ihm dienen, wird von ihnen genommen und ihre innersten Bedürfnisse werden befriedigt werden. Er wird sich um all diejenigen kümmern, die bei Ihm Zuflucht gesucht haben. Er wird ihnen Schutz gewähren und auch alles zur Verfügung stellen, was immer sie benötigen mögen. In diese Welt, die von Vergänglichkeit und Sterblichkeit beherrscht wird, in der wir ohne Unterlaß die unerwünschten Wechsel wiederholter Geburten und Tode erfahren, in der niemand leben möchte, wird ein großes Schiff kommen, das uns aufnehmen und uns aus dieser trostlosen Umgebung mit sich forttragen wird. Wir wollen uns zu den Lotosfüßen dieser großen Persönlichkeit niederwerfen, die herabgekommen ist, um uns den höchsten Nektar zu offenbaren."

Das Srimad Bhagavatam fährt fort:

> *tyaktva su-dustyaja-surepsita-rajya-laksmim*
> *dharmistha arya-vacasa yad agad aranyam*
> *maya mrgam dayitayepsitam anvadhavad*
> *vana maha-purusa te caranaravindam*

"Oh Höchster Herr, Du hast Dich sogar von der Glücksgöttin abgewandt und von ihrem großen Reichtum, dem man nur schweren Herzens entsagen kann und den selbst die Halbgötter für sich begehren. Weil Du den religiösen Grundsätzen auf vollkommene Weise Geltung verschaffen willst, hast Du Dich sogar in die Wälder zurückgezogen, um dadurch dem Fluch des Brahmanen Genüge zu tun. Und um die sündhaften Seelen zu erlösen, die sinnesverwirrenden Vergnügungen nachjagen, machst Du Dich auf die Suche nach ihnen und gewährst ihnen das Geschenk des hingebungsvollen Dienstes für Dich. Gleichzeitig bist Du auf der unablässigen Suche nach Dir selbst, auf der Suche nach Sri Krishna - der wunderschönen Wirklichkeit."

Srila Vishvanath Chakravarti Thakur hat in seiner Erklärung dieses Verses darauf hingewiesen, daß er auch auf Sri Chaitanya

Mahaprabhu zutreffen würde, obwohl er sich augenscheinlich auf den Höchsten Herrn Ramachandra bezieht, der Sein Königreich verließ und mit Sitadevi in die Wälder zog, um die Ihm von Seinem Vater auferlegten Pflichten zu erfüllen. Vishvanath Chakravarti Thakur hat die innere Bedeutung dieses Verses erhellt und ihn auf die lila von Sri Chaitanya Mahaprabhu bezogen: "*tyaktva su-dustyaja-surepsita-rajya-laksmin*" bedeutet danach, daß Er fürstlichen Wohlstand hinter sich ließ, den man nur schwer aufgeben kann. Im allgemeinen beziehen wir das auf den höchsten Herrn Ramachandra, aber Vishvanath Chakravarti Thakur erklärt weiter, daß *surepsita-rajya-laksmin* auf die kostbare, von Hingabe erfüllte Gemeinschaft von Vishnupriyadevi hinweise. Aus materieller Sicht mag das nur wenig bedeutsam erscheinen. Die Hingabe jedoch, die Vishnupriya in ihrem Herzen für Sriman Mahaprabhu empfunden hat, ist ungleich bedeutender als irgendein fürstlicher Lebensstandard. Und eben das mußte Er hinter Sich lassen. Nicht einmal in der gewiß nicht kleinen Gemeinschaft der Halbgötter findet sich jemals ein solches Ausmaß an Opferbereitschaft und Dienst. Zum Wohle der Allgemeinheit durfte Er die dienende und liebevolle Haltung von Vishnupriya nicht beachten.

In diesem Vers findet auch der Fluch eines Brahmanen (*brahmana*) Erwähnung. Jener Brahmane hatte sich an Sriman Mahaprabhu gewandt und zu Ihm gesagt: "Ich möchte an Deinen nächtlichen *kirtanas* teilnehmen, in denen Du die Ekstase des Krishna-lila kostest, aber die Türen sind verschlossen." Denn, wenn Sriman Mahaprabhu mit Seinen vertrautesten Gefährten zusammenkam, um gemeinsam Gott zu lobpreisen (*kirtana*) und um auf diese Weise in den Nektar des *vraja-lila* von Krishna einzutauchen, dann tat Er das hinter verschlossenen Türen in tiefster Nacht. Dieser Brahmane aber hielt sich selbst für einen besonders befähigten und religiösen Menschen, weil er sich ausschließlich von Milch ernährte. Und deshalb war er der Überzeugung: "Ich muß zu diesem *kirtana* Zutritt finden. Ich nehme nichts anderes zu mir als Milch; weshalb sollte es mir also nicht erlaubt sein?" Sri Chaitanya Mahaprabhu jedoch erwiderte: "Milch zu trinken ist keine Befähigung, um Zugang zum Krishna-Bewußtsein zu erlangen." Darauf entgegnete der Brahmane: "So verhänge ich über Dich den Fluch, daß Du die Annehmlichkeit Deines Familienlebens verlieren wirst!" "In Ordnung," antwortete Mahaprabhu und nahm den Fluch an. Später legte Er das *sannyas*-Gelübde ab und machte Sich auf die Suche nach denjenigen, die von Mayadevi fehlgeleitet worden waren, um sie zu retten. Gleichzeitig nahm Er die Gemütshaltung von Srimati Radharani an, obwohl Er selbst Krishna ist. Aus diesen beiden Gründen gab er Sein augenscheinlich weltliches Leben auf: Er handelte zum Wohl der Allgemeinheit und verbrachte, nachdem Er diese Aufgabe erfüllt hatte, die letzten zwölf Jahre Seines Lebens damit, das tiefe innere Sehnen von Srimati Radharani zu erleben und so nach Seiner eigenen innersten Süße zu suchen. Um der Welt dies zu zeigen, war Er gekommen. Auf diese verborgene und mystische Weise verkündet das Srimad Bhagavatam das großmütige Erscheinen von Sri Chaitanya Mahaprabhu in dieser Welt.

# Kapitel 2 - Eine mystische Offenbarung

Nachdem Sri Chaitanya Mahaprabhu das Gelübde der Entsagung abgelegt hatte und *sannyasi* geworden war, machte Er sich auf nach Jagannath Puri, um dort Seine Tage zu verbringen. Dort bekehrte Er den größten Gelehrten jener Zeit, Sarvabhauma Battacharya. So geschah es, daß nach einer Begegnung mit Sri Chaitanya Mahaprabhu dieser berühmte Gelehrte, Sarvabhauma Battacharya, seinen Schwager Gopinath Acharya nach dem *avatara* des gegenwärtigen Zeitalters des *kali-yuga* fragte. Gopinath hatte in Navadvip gelebt und er war ein Anhänger von Sri Chaitanya Mahaprabhu. Dabei zollte Sarvabhauma dem Sri Chaitanya Mahaprabhu großes Lob und pries Ihn als einen wunderschönen Mann und einen großen Gelehrten.

"Ich fühle mich sehr zu Ihm hingezogen," sagte er, "aber ich halte es nicht für sehr weise, daß Er in so jungen Jahren *sannyas* genommen hat und in den Lebensstand der Entsagung eingetreten ist. Vor Ihm liegt noch ein solch langes Leben. Wie sollte Er fähig sein, in Seinem Lebenswandel das Ansehen eines *sannyasi,* der ein Leben der Selbstverleugnung führt, aufrecht zu erhalten? Da kann ich nicht einfach nur dabeisitzen und zuschauen. Ich mag diesen Jungen sehr. Ich werde Ihm als Hüter beistehen müssen, damit Er Sein Ansehen nicht dadurch verliert, daß Er, angezogen von der fesselnden Wirkung weltlicher Vergnügen, Sein *sannyas* aufgibt."

Gopinath konnte all diese bevormundenden Ratschläge nicht ertragen. Er wandte sich daher an Sarvabhauma mit den Worten: "Dieser wunderschöne, anmutige und gelehrte junge

Mann hat deine Aufmerksamkeit auf Sich gezogen. Nun möchtest du Sein Hüter werden, um die Reinheit Seines Lebens zu bewahren. Glaubst du wirklich, daß du Ihm helfen mußt? Was denkst du dir eigentlich bei all dem, was du da sagst? Weißt du denn nicht, daß Er in Wirklichkeit die Erscheinung Gottes für dieses Zeitalter ist? Er ist der *avatara* des *kaliyuga*. Er ist der Begründer des *yugadharma*, des *nama-sankirtana*, in Navadvip und Sein Erscheinen wird in den Schriften erwähnt."

Sarvabhauma erwiderte: "Nein, nein! Bedenke was du sagst, ich bin nicht irgendeine dahergelaufene Person. Glaube nicht, daß du einfach irgend etwas daherreden kannst und daß ich es dann glauben werde. Ich bin eine harte Nuß zum Knacken. Was willst du mir da weismachen? Es gibt keinen *kali-yuga-avatara*! Einer von Vishnus Namen, der im *visnu-sahasra-nama* und im Mahabharata erwähnt wird, ist *triyuga*, das bedeutet: 'der Höchste Herr, der nur in drei Zeitaltern erscheint.' Das wiederum bedeutet, daß es im *kaliyuga* keine Erscheinung des Höchsten Herrn außer Kalki gibt, und das ist ein *lilavatara*, das heißt ein *avatara*, der nur ein ganz bestimmtes Spiel des Höchsten Herrn offenbart, und keinesfalls der *yugavatara*, die Erscheinung des Herrn für das gesamte Zeitalter."

Gopinath gab zur Antwort: "Du hältst dich für sehr gelehrt, aber obwohl du alle Schriften studiert hast und auf deine Gelehrsamkeit so stolz bist und obgleich das Mahabharata und das Srimad Bhagavatam für all jene, die den ewigen religiösen Grundsätzen nacheifern, die wichtigsten Quellen sind, besitzt du doch keine nennenswerte Erkenntnis darüber." Dazu zitierte Gopinath Acharya Textstellen aus dem Srimad Bhagavatam und dem Mahabharata (*krsna-varnam tvisakrsnam, suvarna varna hemango*). Auf diese Weise vertrat er mit Nachdruck seinen Standpunkt: "In der Person von Sri Chaitanya Mahaprabhu offenbart Sich ganz unzweifelhaft der *avatara* für das Zeitalter des *kali*. Er ist erschienen, um das gemeinschaftliche Singen der Heiligen Namen (*nama-sankirtana*) zu verbreiten. Er ist kein gewöhnlicher

Mensch, sondern die Höchste Persönlichkeit Gottes, Krishna Selbst." Aber Sarvabhauma gab nicht nach: "Nein, nein. Laß mich in Ruhe. Kümmere dich um deine eigenen Angelegenheiten. Glaube nicht, du könntest mich belehren." Auf diese Weise versuchte einer den anderen zu überzeugen.

Später wandte sich dann Sarvabhauma Battacharya an Sri Chaitanya Mahaprabhu und sagte: "Ich würde Dich gerne die Vedantaphilosophie lehren, damit Du den Anforderungen Deines entsagten Lebensstandes gerecht werden kannst. Ich möchte Dich lehren, daß diese Welt nichts zu bedeuten hat, damit Du nie wieder auch nur den allergeringsten Anreiz verspürst, Dich noch einmal auf das weltliche Leben einzulassen." Sri Chaitanya Mahaprabhu entgegnete: "Ja, du bist Mein Beschützer. Was immer Du sagst, das muß ich tun. Ich werde deshalb wann immer du es willst zu dir kommen und die Vedantaphilosophie von dir lernen."

Daraufhin meinte Gopinath Acharya zu Sri Chaitanya Mahaprabhu: "Sarvabhauma sagt das nur, weil er Deine wirkliche Identität nicht kennt." Und Sriman Mahaprabhu antwortete: "Wieso sprichst du gegen ihn? Er ist Mein Beschützer. Er war Klassenkamerad Meines Vaters und deshalb ist er auch Mir sehr zugetan. Diese Zuneigung ist der Grund, daß er die Rolle Meines Beschützers einnehmen möchte und sich um Mein Wohlergehen sorgt. Ich kann darin keinen Fehler finden."

Einige Tage später begann Sarvabhauma Battacharya mit dem Vedantaunterricht für Sri Chaitanya Mahaprabhu. Und während Sarvabhauma sprach, verharrte Chaitanya Mahaprabhu schweigend, wie ein guter Junge, so als würde Er in völlig ergebener Haltung zuhören. Aber nachdem er Sri Chaitanya Mahaprabhu sieben Tage lang unterrichtet hatte, stiegen in Sarvabhauma doch einige Zweifel auf. Er dachte: "Was ist hier los? Ich gelte als einer der größten Gelehrten des Vedanta und der Logik, und nach meinem besten Vermögen und mit all der mir zu Verfügung stehenden Intelligenz versuche ich, Ihm die innere Bedeutung des

Vedanta darzulegen. Doch all das löst nicht den geringsten Widerhall in Ihm aus. Statt dessen hört Er meinem Vortrag einfach nur still zu, ganz so, als wäre Er taub und stumm und ich kann nicht einmal behaupten, daß Er mich nicht versteht, denn Er hat einen scharfen Verstand. Da bin ich mir ganz sicher und dennoch zeigt Er keinerlei Anerkennung, ja nicht einmal die allergeringste Reaktion. Er stellt keine Fragen und läßt nicht im geringsten erkennen, ob Er verstanden hat oder nicht - gar nichts dergleichen. Was also tue ich eigentlich hier?" Da konnte er nicht mehr länger an sich halten und platzte direkt mit der Frage an den Höchsten Herrn heraus: "Seit mehr als sieben Tagen bemühe ich mich, Dir die innere Bedeutung des Vedanta zu erklären. Viele *sannyasis* kommen gerade deswegen zu mir, um den Vedanta zu lernen. Du aber hast keine einzige Frage zu meinem Vortrag und zu meinen Ausführungen. Du hüllst Dich in ein eigentümliches und wundersames Schweigen. Was ist der Grund dafür?"

Da offenbarte Sich Sri Chaitanya Mahaprabhu und sprach: "Was du da erklärst, Sarvabhauma, beruht auf der Philosophie Shankaras. Doch habe Ich gehört, daß Shankaracharya die tiefere Bedeutung des Vedanta auf Geheiß des Herrn verschleiert hat. Der Autor des Vedanta, Vyasadeva, ist vom Glauben an einen persönlichen Schöpfergott vollkommen durchdrungen und hat den Vedanta auch in diesem Sinne verfaßt. Doch alles, was du sagst, beruht auf atheistischer Gelehrsamkeit." Sarvabhauma, der ein äußerst intelligenter Mann war, hörte aus den Worten von Sri Chaitanya Mahaprabhu folgendes heraus: "Dieser junge Mensch möchte mir auf sehr liebenswürdige Weise zu verstehen geben, daß alles, was ich Ihm erklärt habe, Schwindel ist. Da bin ich nun während der letzten sieben Tage ganz gewissenhaft bemüht gewesen, Ihm den Vedanta bis an die Grenze meines geistigen Vermögens zu erklären; und jetzt bekennt Er Farbe und behauptet, daß alles, was ich erklärt habe, falsch sei. Was also meint Er wohl zu diesem Thema?" Zögernd, aber doch freundlich fragte daher Sarvabhauma Chaitanya Mahaprabhu: "Du behauptest, daß alles, was ich Dir in den letzten sieben Tagen dargelegt habe, wenig stichhaltig und nicht echt sei. Kannst Du denn die richtige Bedeutung darlegen? Wenn das alles wirklich unecht und falsch ist, was ist dann die wirkliche Bedeutung des Vedanta?"

Sri Chaitanya Mahaprabhu erwiderte demütig: "Wenn du Mich anweist, den Vedanta zu erklären, dann will Ich es versuchen. Die *sutras* oder Verse des Vedanta erhellen sich aus sich selbst. Sie sind ganz selbstverständlich. Das richtige Verständnis der sutras führt zum *parabrahman*, zu Krishna." Mit diesen Worten leitete Sri Chaitanya Mahaprabhu Seine Erklärung ein. Er sagte, das Srimad Bhagavatam sei die wirkliche Erklärung und der Kommentar zum Vedanta. Das wird auch im Garuda Purana erwähnt:

*atho`yam brahma sutranam, bharatartha-vinirnayah*
*gayatri bhasya rupo`sau, vedarthah paribrimhitah*

"Das Srimad Bhagavatam stellt den wahren Sinn des Vedanta-Sutra dar. Obgleich es sehr schwer ist, die wahre Bedeutung des berühmten Epos Maha-bharata herauszufinden, das über hunderttausend Verse umfaßt und ein Licht auf eine bedeutende Epoche der Weltgeschichte wirft, wurde das Srimad Bhagavatam offenbart, um dessen wirkliche Bedeutung zu erhellen. Die Mutter allen vedischen Wissens ist der *gayatri-mantra*. Das Srimad Bhagavatam veranschaulicht in umfassender Weise das, was den Wesenskern des *gayatri* ausmacht. Und daneben sind im Srimad Bhagavatam auch die Weisheiten der Veden zu finden, die das *gayatri* ergänzen." Deshalb muß man den Vedanta im Sinne der Wahrheit erklären, die im Srimad Bhagavatam zum Ausdruck kommt. Nur dann kann die wahre Bedeutung verstanden werden.

Als Sriman Mahaprabhu das Srimad Bhagavatam erwähnte, konnte Sarvabhauma, der ein gelehrter Pandit war, dessen Richtigkeit nicht leugnen. Er sagte: "Ja, auch ich schätze das Srimad Bhagavatam. Und einen dieser schönen Verse liebe ich ganz besonders." Und daraufhin begann Sarvabhauma, der sein verlorenes Ansehen wiederzugewinnen suchte, den *atmarama* Vers des Srimad Bhagavatam zu erklären:

*atmaramas ca munayo, nirgrantha apy urukrame*
*kurvanty ahaitukim bhaktim, ittham-bhuta guno harih*

"Sogar die befreiten Seelen, die in der Erkenntnis des eigenen Selbst die volle Befriedigung finden, werden unwiderstehlich von den herausragenden Eigenschaften Krishnas angezogen und ergeben sich Ihm in ungetrübter Aufopferung."

Sarvabhauma erklärte diesen Vers auf neun verschiedene Arten, während Sri Chaitanya Mahaprabhu - wie schon zuvor - still zuhörte. Nachdem er seine Ausführungen beendet hatte, dachte Sarvabhauma, er habe nun seine Stellung bis zu einem gewissen Grade wiedergewonnen. Doch aus Höflichkeit fragte er Sri Chaitanya Mahaprabhu: "Bist Du mit diesen Erklärungen zufrieden? Wenn Du noch mehr Licht in diesen Vers bringen kannst, will ich Dir gerne zuhören." Sri Chaitanya Mahaprabhu antwortete ihm: "Da du Mich dazu aufforderst, will Ich es versuchen." Dann erläuterte Er den Vers auf achtzehn verschiedene Arten, wobei Er die neun bereits von Sarvabhauma aufgezeigten Erläuterungen ganz außer acht ließ.

Und während Sarvabhauma den Erläuterungen Mahaprabhus lauschte, wurde ihm immer mehr bewußt, daß er seine Position als größter Gelehrter seiner Zeit verloren hatte. Sein Stolz lag darnieder. Erstaunt dachte er bei sich: "Dieser Jüngling, dieser junge Mann ist keine gewöhnliche Person. Kein normaler Verstand kann meine Beweisführung widerlegen. Er gab achtzehn wundervolle Erklärungen dieses einen Verses ab, wobei Er alle meine Versuche, diesen Vers zu erläutern, gänzlich außer acht ließ. Was kann das nur bedeuten? Das alles sind solch folgerichtige, unwiderstehliche, hingebungsvolle und wunderschöne Erläuterungen, daß sie all diejenigen weit hinter sich lassen, die ich mit so großem Nachdruck und solcher Anstrengung vorgebracht habe. Kein menschliches Wesen kann meine Erklärungen übertreffen. Kein menschlicher Verstand kann sich mit dem meinen messen. Das ist eine Erklärung ganz anderer Art. Sie ist allumfassend. Aber stammt sie wirklich von diesem Jüngling? Was kann das nur bedeuten?" Nach und nach verlor er sein Selbstvertrauen und wurde sehr verwirrt. Und da erinnerte er sich wieder daran, wie Gopinath Acharya gesagt hatte, daß Sri Chaitanya Mahaprabhu kein gewöhnliches menschliches Wesen sei und er dachte bei sich: "Einem Menschen ist es nicht möglich, Dinge in dieser Weise zu erklären - das ist etwas Übernatürliches."

In dem Augenblick offenbarte Sri Chaitanya Mahaprabhu dem Sarvabhauma Seine spirituelle Stellung als Narayana und Krishna zusammen. Wie in Trance sah Sarvabhauma all diese Dinge. Und er fiel wie ohnmächtig zu den Füßen des Herrn nieder. Als er wieder aus Seinem Trancezustand erwachte, da fand er diesen Jungen immer noch ganz demütig dasitzen, als ob Er nur ein einfacher Student wäre. Und Sri Chaitanya Mahaprabhu fragte ihn: "Kann Ich für heute gehen?" Sarvabhauma erwiderte: "Ja, Du kannst jetzt gehen!" Daraufhin entfernte Sich der Herr und Sarvabhauma blieb zurück. Nach einiger Zeit erlangte er seine Fassung zurück und dachte bei sich: "Was habe ich da gesehen? Den vierarmigen Narayana und dann Krishna, wie Er die Flöte spielt! Ich wurde also nicht von einem gewöhnlichen Sterblichen besiegt - das ist mein Trost." Sarvabhauma war ein völlig gewandelter Mensch geworden und verfaßte zwei Verse:

*vairagya-vidya-nija-bhakti-yoga, siksartham ekah purusah puranah*
*sri-krsna-caitanya-sarira-dhari,*
*krpambudhir yas tam aham prapadye*

"Es ist mein sehnlichster Wunsch, mich den Lotosfüßen von Sri Krishna Chaitanya Mahaprabhu hinzugeben, der einem Ozean der Barmherzigkeit gleicht. Er ist die ursprüngliche Persönlichkeit Gottes, Sri Krishna, und ist herabgekommen, um uns die wirkliche Bedeutung von Wissen, Entsagung und Hingabe an Ihn zu lehren."

*kalan nastam bhakti-yogam nijam yah, praduskartum krsna- chai-*
*tanya-nama avirbhutas tasya padaravinde,*
*gadham gadham liyatam citta-bhringah*

"Laß die Honigbiene meines Verstandes tief in die Lotos-füße Krishna Chaitanya Mahaprabhus eintauchen, der die Höch-ste Persönlichkeit Gottes ist, Krishna selbst. Er ist erschienen, um den Pfad der ungetrübten Hingabe wiederherzustellen, der durch dem Einfluß der Zeit beinahe verloren gegangen war."

Diese beiden von Sarvabhauma Battacharya verfaßten Verse bringen zum Ausdruck, daß Sri Chaitanya Mahaprabhu der Höchste Herr Selbst ist. Früh am Morgen des nächsten Tages lief Sriman Mahaprabhu mit etwas *prasadam* aus dem Jagannath Tempel zu Sarvabhauma, der noch im Bett lag. Dabei rief Er mit lauter Stimme: "Sarvabhauma - wie wunderbar ist dieses *prasa-dam*! Es hat einen außerordentlichen Geschmack. Bitte nimm es. Ich bin mit diesem *prasadam* extra zu dir gekommen." Eilig erhob sich Sarvabhauma, als Mahaprabhu ihm dieses *prasadam* anbot und es blieb ihm nichts anderes übrig, als es anzunehmen, ohne auch nur vorher seinen Mund gereinigt zu haben. Üblicherweise wird ein *brahmana-pandit* am frühen Morgen zuerst seinen Mund ausspülen, baden, verschiedene Gebete darbringen und dann erst *prasadam* zu sich nehmen. Als aber Sri Chaitanya Mahaprabhu persönlich zu ihm kam und ihm eigenhändig *prasadam* anbot, was hätte Sarvabhauma da anderes tun können? Er mußte dieses *prasadam* annehmen. Sri Chaitanya Mahaprabhu erklärte ihm: "Wir haben schon früher den Geschmack von Ghee, Reis, Süßig-keiten und Gewürzen gekostet. Wir alle wissen, welchen Wohlge-schmack sie haben, aber dies hier ist einfach wunderbar. Das haben die Lippen von Sri Krishna selbst berührt. Und deshalb ist es außergewöhnlich köstlich und geschmackvoll." Daraufhin aß Sarvabhauma das *prasadam* mit großem Eifer und sprach dazu einige *mantras*:

> *suskam paryusitam vapi, nitam va dura-desatah*
> *prapti-matrena bhoktavyam, natra kala-vicarana*

"Man sollte das *mahaprasada* von Sri Krishna zu sich nehmen, sobald man es erhält, ohne dabei Zeit oder Ort zu bedenken, ja sogar wenn es vertrocknet, abgestanden oder gar aus einem fernen Land gebracht worden ist."

> *na desa-niyamas tatra, na kala-niyamas tatha*
> *praptam annam drutam sistair, bhoktavyam harir abravit*

"Ein Mensch von Lebensart und Charakter wird das *prasadam* von Sri Krishna ohne Zögern zu sich nehmen, sobald er es erhält. Dabei gibt es bezüglich Zeit und Ort keine regulierenden Prinzipien zu bedenken. Dies ist die Anweisung der Höchsten Persönlichkeit Gottes."

Sarvabhauma aß also das *prasadam*. Und dann umarmten sich der Herr und Sein Diener und begannen in überschäumender Freude zu tanzen. Und während sie tanzten, wurden alle Anzeichen der höchsten Ekstase an beiden von ihnen sichtbar. Der Schweiß brach ihnen aus den Poren, sie zitterten und vergossen Ströme von Tränen. Von flammender Liebe überwältigt, sagte Sri Chaitanya Mahaprabhu: "Heute habe Ich die ganze Welt erobert, denn Ich habe einen solch großen Gelehrten wie Sarvabhauma Battacharya bekehrt. Er hat jetzt ein so tiefes Vertrauen in das *mahaprasadam*, daß er es aß, ohne irgendwelche vedischen Rituale auszuführen. Das beweist, daß Meine Mission erfolgreich ist!" Von diesem Tage an gab es für Sarvabhauma Battacharya nichts anderes mehr als die Lotosfüße von Sri Chaitanya Mahaprabhu. Und er vermochte die Schriften nicht mehr anders auszulegen als in völliger Übereinstimmung mit den Schlußfolgerungen der Hingabe.

Als Gopinath Acharya sah, daß Sarvabhauma sich dem Gefolge von Sri Chaitanya Mahaprabhu angeschlossen hatte, klatschte er in die Hände und tanzte. Er sagte: "Nun, Sarvabhauma, was denkst du jetzt?" Sarvabhauma entgegnete: "Gopinath, du bist mein wirklicher Freund, denn durch deine Gnade habe ich die Barmherzigkeit von Sri Chaitanya Mahaprabhu erlangt."

# Kapitel 3 - Ein Leben im Dienste Gottes

Es gehört zum Wesen der Gerechtigkeit, einen Maßstab bestimmter Anforderungen anzulegen; Barmherzigkeit jedoch kennt keine solchen Begrenzungen. Göttliche Barmherzigkeit macht sich nicht das allergeringste aus irgendwelchen Befähigungen; stattdessen ist sie immer bereit, Schwaches und Untaugliches auszugleichen. Es gibt nur eines, was zählt: unser aufrichtiges Bedürfnis, diese Barmherzigkeit zu empfangen. Im Chaitanya Charitamrita heißt es dazu:

*krsna-bhakti-rasa-bhavita matih, kriyatam yadi kuto'pi labhyate*
*tatra laulyam api mulyam ekalam, janma-koti-sukrtair na labhyate*

"Reinen hingebungsvollen Dienst für Sri Krishna können wir selbst dann nicht erlangen, wenn wir Millionen Leben lang fromme Handlungen ausführen. Ihn zu erlangen gibt es nur eine einzige Möglichkeit: unseren intensiven Wunsch danach. Wo immer also dieser Dienst für uns erhältlich ist, sollte man ihn augenblicklich aufnehmen. Keinerlei Befähigungen aus früheren Leben werden uns helfen Krishna-Bewußtsein zu erlangen; einzig unser brennender Wunsch und unser Glaube sind von Bedeutung. Und worin zeigt sich die Wirkung dieses Krishna-Bewußtseins?"

*bhidyate hrdaya-granthis, chidyante sarva-samsayah*
*ksiyante casya karmani, mayi drste 'khilatmani*

"Unser inneres Streben nach *rasa*, nach transzendentaler Verzückung, liegt in unserem Herzen verborgen und unser Herz ist gebunden und versiegelt. Wenn wir aber von der Herrlichkeit Sri Krishnas hören und Seinen Ruhm preisen, wird dadurch das Siegel des Herzens erbrochen und unser Herz erwacht, um Krishna - den Quell aller Freude, den Taumel des höchsten Entzückens selbst (*rasa vai sah, akhila rasamrta murtih*) - zu empfangen."

Höchstes Entzücken, Anmut und Süße - sie allein sind für unser Herz von Bedeutung. Und sie sind allein im Herzen spürbar, nicht im Kopf, und deshalb muß man dem Herzen die größte Bedeutung beimessen. Danach spüren wir die Wirkung des Krishna-Bewußtseins auch auf der Ebene des Wissens.

Wenn wir erst einmal die göttliche Süße gekostet haben, verlieren wir jegliches Mißtrauen (*rasa-varjam raso'py asya param drstva nivartate*). Wenn wir erst einmal den Geschmack von wirklichem Entzücken (*rasa*) gekostet haben, werden alle Zweifel geklärt sein. Wenn wir erst einmal einen Geschmack für Krishna-Bewußtsein entwickelt haben, nimmt dies unser Herz gefangen; und wenn das geschieht, beginnt *prema*, dieses höchste Entzücken der Gottesliebe, zu fließen. Auf diese Weise zufriedengestellt wird das Herz sagen: "Das ist es, wonach ich gesucht habe!" Und der Verstand wird dann nachfolgen und denken: "Ja, dies ist das höchste Ziel unserer Suche, daran kann es gar keinen Zweifel geben. Das hebt alles andere auf." Das Herz wird uns sagen: "Ich habe *prema* erlangt, die göttliche Liebe, und das ist das Allerhöchste! Nichts anderes mehr soll von diesem Moment an für mich von Bedeutung sein." Und danach wird das *karma* alle Tätigkeitsbereiche, in denen es Einfluß ausübt, verlieren.

Wenn wir also mit Krishna-Bewußtsein in Berührung gekommen sind, zeigt sich als erstes Ergebnis das Erwachen des Herzens. Und ist erst einmal das Herz davon erfüllt, wird auch der Verstand zustimmen und unser *karma*, das uns voller Tatkraft in die falsche Richtung gehen ließ, kommt zum Stillstand. Krishna-Bewußtsein ist also der wahre Reichtum des Herzens.

Es entspricht dem Wesen der göttlichen Barmherzigkeit, sich auszubreiten, ohne sich im geringsten um irgendwelche Gebote zu kümmern. Die einzige Überlegung, die zählt, ist unser Bestreben, sie anzunehmen. Barmherzigkeit wird auf folgende Weise angeboten: "Möchtest du dies?" Und wenn wir einfach zustimmen: "Ja, das ist wundervoll und außerordentlich köstlich," dann können wir sie erhalten. Wenn unser Gebet aufrichtig ist, dann brauchen wir nichts anderes. Es ist eine ganz einfache Sache. Wenn wir diese Barmherzigkeit haben wollen, dann werden wir sie bekommen. Krishna-Bewußtsein ist höchst einfach. Es ist nicht wichtig, ob jemand dafür geeignet oder ungeeignet ist. Jeder, der es sich einfach nur wünscht, kann es haben.

Was aber ist mit jenen, die dieses göttliche Geschenk nicht wollen? Für sie hält Sri Chaitanya Mahaprabhu eine ganz besondere Barmherzigkeit bereit, die man durch den großmütigsten all Seiner Werber, Sripad Nityananda Prabhu, erhalten kann. Nityananda Prabhu erlaubt nicht einmal jenen zu entfliehen, die es vermeiden wollen, mit Krishna-Bewußtsein in Berührung zu kommen. Falls jemand sagt: "Das möchte ich nicht," dann wird Nityananda Prabhu das nicht zulassen. Er wird sagen: "Nein! Du mußt es wollen. Ich bitte dich dringend - nimm es! Gebrauche es und du wirst die Fähigkeit erlangen, den Wert des Krishna-Bewußtseins wahrzunehmen."

Um den Markt zu erobern wird ein kluger Händler Gratismuster seines Produkts verteilen, wobei er zu den Leuten sagt: "Nehmen Sie eines umsonst! Sie brauchen dafür überhaupt nichts zu zahlen. Das verschenke ich einfach. Nutzen Sie es, und wenn Sie den Wert, den Nutzen meines Produkts erkennen - dann kaufen Sie es." Und am Ende werden viele es kaufen. In ähnlicher Weise reiste Nityananda Prabhu durch ganz Bengalen und richtete an jeden seine demütige und flehentliche Bitte. Nityananda Prabhu pflegte an die Türen der Häuser zu klopfen und sich den Menschen dort zu Füßen zu werfen, wobei er unter Tränen ausrief: "Bitte nehmt dies von mir entgegen, schickt mich nicht weg, jagt mich nicht fort. Bitte tut, was ich euch sage. Schenkt Gauranga all eure Aufmerksamkeit und ihr werdet dadurch über alle Maßen begünstigt werden. Das ist meine flehentliche Bitte an euch." Dabei strömten ihm heiße Tränen aus den Augen, er warf sich vor ihren Türen zu Boden und rief: "Ihr sträubt euch, dies anzunehmen, aber bitte habt keine Bedenken. Ich bitte euch inständig - nehmt-es an! Glaubt mir. Bitte gebt euch Gauranga hin!" Auf diese Weise pflegte Nityananda Prabhu auf beiden Seiten des Ganges entlangzuwandern, streifte hier und dort umher und predigte über Sri Chaitanya Mahaprabhu.

### Nityananda und Baladeva: Gaura-Lila und Krishna-Lila

Nityananda Prabhu kennt einzig und allein Gauranga. Im Krishna-*lila* erscheint er als Baladeva. Augenscheinlich nahm Baladeva selbst am *rasa-lila* teil, doch in Wahrheit war er innerlich allein damit beschäftigt, Vorkehrungen für den *rasa-lila* von Krishna zu treffen. Denjenigen, die wirkliche Kenntnis von wahrer Hingabe besitzen, verrät sein Wesen, daß er Krishna immer völlig hingegeben ist. Andernfalls wäre er nicht Baladeva. Er macht sich keinerlei Gedanken darüber, wie er sich selbst Genuß verschaffen könnte; doch sehnt sich jedes einzelne Atom seines Körpers ohne Unterlaß danach, Pläne zu schmieden, um Krishna Vergnügen zu bereiten. Und auf ganz ähnliche Weise kann man sagen, daß jedes einzelne Atom in Nityananda Prabhus Körper voll bewußter transzendentaler Wesenhaftigkeit ist. Und jedes einzelne Atom seines Körpers ist einzig und allein dem Dienst und der Zufriedenstellung von Sri Chaitanya Mahaprabhu gewidmet.

Eines Tages hatte Mahaprabhus Mutter Sacidevi einen Traum. Darin saßen Krishna und Balarama auf einem Thron und Nityananda Prabhu wandte sich an Baladeva mit den Worten: "Kommt von Eurem Thron herunter, Eure Tage sind vorüber.

Nun wird mein Herr, Gauranga, die Herrschaft übernehmen. Baladeva jedoch weigerte sich: "Nein. Ich bleibe meinem Herrn, Krishna, treu." Es gab einen Kampf, in dem sich Nityananda Prabhu als stärker erwies. Er zog Baladeva vom Thron herunter und sprach: "Deine Tage sind vorüber. Jetzt ist die Zeit meines Herrn, Gauranga, gekommen. Du bist ein Unbefugter, ein Thronräuber - komm herunter." Und Baladeva konnte sich gegen Nityananda, der ihn vom Thron herunterzog, nicht behaupten.

Das ist das Wesen der Beziehung von Nityananda Prabhu zu Sri Chaitanya Mahaprabhu. Er betrachtet nichts als sein eigen; sein ein und alles ist Sri Chaitanya Mahaprabhu. Was Baladeva für Krishna bedeutet, das bedeutet Nityananda Prabhu für Sri Chaitanya Mahaprabhu. Das Ziel der Herabkunft von Sriman Mahaprabhu war es, den hingebungsvollen Dienst von Vrindavan in höchst großzügiger Weise zu verteilen. Doch trotzdem pflegte Nityananda Prabhu zu singen: "*Bhaja gauranga, kaha gauranga laha gauranger nama, yei jana gauranga bhaje sei amara prana*: Verehre Gauranga, sprich nur von Gauranga, sing alle Zeit Gaurangas Namen. Wer immer Sri Gauranga verehrt, der ist mein Leben und meine Seele." Nityananda Prabhu versuchte sein Bestes, die Menschen insgesamt dazu zu bringen, sich Sri Chaitanya Mahaprabhu hinzugeben. Und was sprach er zu ihnen? "Schließt euch geradewegs der Sache von Sri Chaitanya an, und ihr wedet sicher Vrindavan erreichen."

Natürlich ist Navadvip, das Reich von Sri Chaitanya Mahaprabhu, nicht weniger wertvoll als Vrindavan, das Reich Krishnas. Der gleiche *rasa*, der in Vrindavan anzutreffen ist, ist auch in Navadvip gegenwärtig, nur in einem anderen Erscheinungsbild. Einige Gottgeweihte fühlen sich besonders zum Vrindavan-*lila* hingezogen, andere zum Navadvip-*lila*, und für eine dritte Gruppe ist die Anziehung von beiden gleich groß. Doch zeichnet sich Navadvip durch seine überwältigende Großzügigkeit aus. In Vrindavan werden die Spiele Krishnas allein einem vertraulichen Kreis offenbart. In Navadvip jedoch sind diese Spiele in unbegrenzter

Weise zugänglich. Das *gaura-lila* ist freizügiger als das *krsna-lila*.
Im Chaitanya Charitamrita (Mad. 25.271), erklärt Krishnadasa
Kaviraja Goswami seine Vorstellung vom Unterschied zwischen
*gaura-lila* und *krsna-lila*:

> *krsna-lila amrta-sara, tara sata sata dhara,*
> *dasa-dike vahe yaha haite*
> *se chaitanya-lila haya, sarovara aksaya,*
> *mano-hamsa caraha'tahate*

Er stellt fest: "Zweifellos finden wir den höchsten, nektargleichen Geschmack des *rasa* im *krsna-lila*. Was aber ist dann
*gaura-lila*? Im *gaura-lila* wird der Nektar des *krsna-lila* nicht nur
einem begrenzten Kreis zuteil; vielmehr wird dieser Nektar nach
allen Seiten hin großzügig verteilt. Es ist, als ob von allen zehn
Seiten des nektargleichen Sees des *krsna-lila* Hunderte von Strömen ihren Ursprung nähmen."

Unser höchstes Sehnen ist darauf gerichtet, den Dienst von
Srimati Radharani zu erlangen. Doch zunächst müssen wir uns
Sri Nityananda Prabhu durch seinen offenbarten Vertreter, den
*guru*, zuwenden. Nityananda Prabhu festigt die Grundlagen, die
uns dabei helfen, weiter auf dem Pfad der Hingabe voranzuschrei-
ten. Rascher Fortschritt, ohne eine gute Grundlage, fordert nega-
tive Reaktionen heraus. Deshalb ist die Barmherzigkeit Nityananda Prabhus unser vordringlichstes Bedürfnis. Diese Annäherung
erreicht im Dienst für Srimati Radharani ihren Höhepunkt
(*nitaiyer-karuna habe braje radha-krsna pabe*).

Ohne Wenn und Aber immer wieder als ein Diener des Dieners eingesetzt zu werden, das ist der Kern der Philosophie des
Gaudiya Vaishnavatums. Unser Ziel ist es nicht, mit Krishna eins
zu werden - das heißt, bedient zu werden - wir wollen Dienst darbringen. Der eine Teil der absoluten Wahrheit ist untergeordnete
Energie - die Kraft des Dienens - und der andere, bestimmende
und übergeordnete Teil der absoluten Wahrheit empfängt diesen

Dienst. Unser größter Vorteil liegt darin, wenn wir entsprechend unserem grundsätzlichen Wesen die uns angemessene Stellung in der Linie der Diener einnehmen, die dem untergeordneten Teil der absoluten Wahrheit angehören. Das heißt, daß es uns keinen Nutzen bringt, wenn wir uns als eins mit dem positiven, vorherrschenden Teil der absoluten Wahrheit betrachten.

Durch die Barmherzigkeit von Nityananda Prabhu fühlen wir uns mehr und mehr zu Sri Gauranga hingezogen. Und wenn wir dann der Gnade Sri Gaurangas teilhaftig werden, empfangen wir von allem das Beste. Dies ist der sicherste Weg, sich Radha-Govinda zu nähern. Wenn wir versuchen, auf irgendeine andere Weise zu Radha-Govinda zu gelangen, wird dieser Versuch schon seiner Natur nach künstlich und unzulänglich sein. Wenn wir uns direkt an Radha-Govinda wenden und dabei Sri Gauranga vermeiden, werden wir große Schwierigkeiten bekommen. Deswegen sollten wir alle unsere Energie im Dienst für Sri Gauranga verwenden. Dann werden wir uns wie von selbst auf die höchste Ebene erhoben finden. Prabodhananda Saraswati Thakur drückt das in einem Gebet so aus:

*yatha yatha gaura padaravinde,*
*vindeta bhaktim krta punya rasih*
*tatha tathot sarpati hrdy akasmat,*
*radha padambhoja sudhambhurasih*

"In dem Maße, wie wir uns den Lotusfüßen Sri Gaurangas hingeben, werden wir wie von selbst den nektargleichen Dienst von Srimati Radharani in Vrindavan erlangen. Wenn wir unsere Energie in Navadvipdhama zum Einsatz bringen, wird uns das wie von allein nach Vrindavan bringen. Auf welche Art und Weise wir aber dorthin gelangt sind, das wird uns verborgen bleiben. Doch all jene, die vom Glück begünstigt sind, verwenden alles, was ihnen zur Verfügung steht, für den Dienst von Gauranga. Und wenn sie dies tun, werden sie erkennen, daß dadurch alles den göttlichen Füßen von Srimati Radharani als Opfer dargebracht worden ist. Sie wird sie in den Kreis Ihrer vertrautesten Diener aufnehmen und mit folgenden Worten in diesem Dienst beschäftigen: 'Oh, du bist im Besitz einer guten Empfehlung von Navadvip; deshalb weise Ich dir augenblicklich diesen Dienst zu.'"

Srimati Radharani erscheint in der Form von Gauranga und zeichnet Sich dabei ganz besonders durch die Eigenschaft des Großmuts aus. Dabei kann sich keinerlei eigennützige Sinnlichkeit in unsere Betrachtung der Spiele von Gauranga einschleichen, denn dort erscheint Er als *sannyasi* und als Gottgeweihter. Wenn wir natürlich die Gestalt von Sri Chaitanya Mahaprabhu ganz genau untersuchen, dann werden wir feststellen, daß sich in Ihm Krishna manifestiert, dessen äußere Erscheinung Züge von Radharani trägt. Folgt man den Unpersönlichkeitsphilosophen, dann entsteht aus der Verbindung von positiver und negativer Kraft eine untrennbare Einheit. Im Gegensatz dazu stellt die Vaishnavaphilosophie fest, daß bei der Vereinigung der aktiv gestaltenden und der passiv dienenden Aspekte Gottes die Persönlichkeit als solche nicht verloren geht. Vielmehr wird die schöpferischgestaltende Kraft, wenn sie dem äußeren Anschein nach in passiv dienender Form in Erscheinung tritt, umgewandelt und beginnt in der Gemütsstimmung des Höchsten aller Suchenden nach Sich Selbst Ausschau zu halten. Gemäß dem Vaishnavatum geht aus der Verbindung des Aktiv-Schöpferischen mit dem Passiv-Empfangenden kein Gleichgewichtszustand hervor. Vielmehr bleibt die jeweilige innere Kraft und der innere Antrieb dieser beiden Grundaspekte des Göttlichen stets erhalten. Sri Chaitanya geht aus der Vereinigung von Radha und Govinda hervor, und durch die Barmherzigkeit von Nityananda Prabhu wird es uns möglich, uns zu Sri Gauranga hingezogen zu fühlen.

*Sri Gauranga - die Erscheinung des Höchsten Herrn*
*in der Gemütshaltung von Srimati Radharani*

Die Barmherzigkeit Nityananda Prabhus übersteigt dabei manchmal sogar die von Chaitanya Mahaprabhu. So kann Mahaprabhu - um Präzedenzfälle zu vermeiden - bestimmte gefallene Seelen nicht annehmen. Er muß neben ihrem Zustand auch noch andere Dinge beachten. Nityananda Prabhus Barmherzigkeit jedoch macht sich nichts aus irgendwelchen ungünstigen Umständen. Er verschenkt seine Gnade auf sehr verschwenderische Art und Weise, ja beinahe blind. Er macht keinen Unterschied zwischen den Sündern der verschiedenen Stufen. Seine Güte ist allumfassend. Sri Chaitanya Mahaprabhu kann über seine Empfehlung nicht einfach hinweggehen. Nityananda Prabhu gewährte sogar denen Schutz, die Sri Chaitanya Selbst zurückgewiesen hatte, und nach und nach mußte auch Mahaprabhu sie anerkennen. Daher steht die Barmherzigkeit von Nityananda sowohl dem Grade als auch dem Umfang nach für uns an erster Stelle, und das ist für uns sehr tröstlich. Denn durch seine Gnade können sogar die gefallensten Seelen das höchste Ziel erreichen.

So belehrte Sri Chaitanya Mahaprabhu Selbst einmal Seine Gefolgsleute: "Auch wenn man Nityananda Prabhu in Gemeinschaft mit einem Straßenmädchen der niedrigsten Art finden sollte, wie er gerade mit ihr Wein in einem Weinkeller trinkt, dann solltet ihr trotzdem verstehen, daß er über all diese Dinge erhaben ist. Obwohl ihr ihn vielleicht dabei antreffen mögt, wie er augenscheinlich mit niedrigen Handlungen beschäftigt ist, so ist er selbst doch niemals darin verwickelt. Mit wie vielen verachtenswerten Tätigkeiten er auch immer in Verbindung zu stehen scheint, ihr solltet euch immer dessen bewußt sein, daß ihm allzeit von Brahma, dem Schöpfer des Universums, und anderen herausragenden Gottgeweihten Verehrung zuteil wird. Die Barmherzigkeit Nityananda Prabhus ist so machtvoll, daß jemand, der auch nur ein winziges Stück seines Lendentuches an sich nimmt und es voller Achtung an seinem Körper trägt, von allen Störungen der weltlichen Sinne errettet ist." Das ist der Grund, warum wir beten: "Möge mein Geist immerdar Halt finden an seinen heiligen Füßen; ohne Unterlaß will ich meine Ehrerbietungen Sri Nityananda Prabhu darbringen."

Sri Chaitanya Mahaprabhu trat zum Segen all jener Seelen, die von *maya* verschlungen wurden, in den Lebensstand der Entsagung ein (*sannyas*). Er lief und jagte unermüdlich hinter diesen gefallenen Seelen her, um sie von der Illusion zu befreien, indem Er ihnen den heiligen Namen Krishnas schenkte. Und Nityananda Prabhu lief wie Sein Schatten hinter Ihm her, wohin auch immer Er sich wandte. Er ergab sich Ihm völlig und identifizierte sich gänzlich mit Mahaprabhus Mission. Deswegen müssen wir uns vor Nityananda Prabhu verbeugen. Sri Chaitanya Mahaprabhu ging völlig darin auf, die Süße des Spiels (*lila*) von Radha-Govinda zu erfahren. Und während Er tief in jene Wirklichkeit eingetaucht war, wollte Er dennoch zur gleichen Zeit all die Seelen erlösen, deren Herzen von den falschen Vorstellungen über Entsagung und Ausbeutung irregeleitet wurden.

Deshalb wies Er Nityananda Prabhu an: "Geh nach Bengalen und versuche, sie zu erlösen - schenke ihnen die göttliche Liebe zu Radha und Krishna." Er trug Nityananda Prabhu auf, die göttliche Liebe zu Radha-Govinda zu verbreiten, stattdessen jedoch begann Nityananda über Sri Gauranga zu predigen. Er dachte bei sich: "Für sie wird es besser sein, Gauranga zu verehren. Denn das wird ihnen helfen, von den Vergehen, die sie in ihrer jetzigen Lage begehen, frei zu werden. Dadurch werden sie ganz von allein eine Position im Spiel (*lila*) von Radha-Govinda erlangen." Es war ihm aufgetragen worden, über den heiligen Namen Krishnas zu predigen, stattdessen jedoch begann er den Namen Gaurangas zu verkünden. Zu unserem eigenen Wohl verbeugen wir uns deshalb mit all der uns zur Verfügung stehenden Demut vor Nityananda Prabhu.

Wir beten: "Oh Nityananda Prabhu, oh *gurudeva*, bitte

schenk mir einen Tropfen festen Glaubens in Sri Gauranga, der in Seiner Gestalt die Einheit von Radha-Govinda zum Ausdruck bringt und immerfort die Süße des göttlichen Nektars der Spiele von Vrindavan genießt. Schenk mir nur einen einzigen Tropfen dieses Vertrauens, damit ich vielleicht eines Tages göttliche Liebe erlangen und in dieses Reich eintreten darf." Wenn wir Nityananda Prabhu und Sri Chaitanya Mahaprabhu gering schätzen, dann wird unsere Sehnsucht, Radha-Govinda zu dienen, nur ein Traum, eine abstrakte Vorstellung ohne jede Wirklichkeit bleiben. Nityananda Prabhu ist die Zuflucht aller gefallenen Seelen. Er ist der großherzigste Aspekt des *guru-tattva*. Vor ihm müssen wir unser Haupt neigen, um seine heiligen Füße darauf ruhen zu lassen, und wir müssen uns ihm vollständig hingeben.

Im spirituellen Reich von Vaikuntha erscheint Nityananda Prabhu in der Gestalt von Shankarshana, jenes Aspektes des Höchsten Herrn, der als der Ursprung alles Seienden angesehen wird. Jede erdenkliche Form des Daseins wird allein durch seine Energie erhalten. Nityananda Prabhu entspricht dem ursprünglichen Baladeva, der Höchsten Persönlichkeit Gottes. Deshalb sollten wir die Spiele von Nityananda Prabhu im vollen Bewußtsein seiner außerordentlich würdevollen Position betrachten. Und das, obwohl er scheinbar ziellos herumzustreifen pflegte, wobei er sich mit Tränen in den Augen im Staub der Straße wälzte und ausrief: "Nimm den Namen von Gauranga von mir und ich werde ganz dir gehören." Obwohl er also in einer solch niederen Rolle auftrat, sollte er dennoch im Lichte der Würde seines eigentlichen Ranges betrachtet werden. In dieser Haltung sollten wir uns ihm hingeben.

Balarama erscheint in verschiedenen Teilen der spirituellen Welt in unterschiedlichen Aspekten. In unsere Welt kam er zusammen mit Sri Chaitanya Mahaprabhu als Nityananda Prabhu. Die Wahrheit über Nityananda Prabhu wurde im Chaitanya Charitamrita und im Chaitanya Bhagavat erschöpfend erläutert. Dort wird dargestellt, wie er sein Leben und seine Spiele zusammen mit seinem eigenen jüngeren Bruder genoß. Vor diesem Nityananda müssen wir unser Haupt neigen.

Die göttliche Liebe Sri Krishnas (*prema*) ist ihrem Wesen nach gänzlich unfaßbar, und doch schenkt sie unendlich viel Freude und Entzücken. Große Heilige, die an dieser wunderbaren Substanz Geschmack gewonnen haben, weisen alle anderen Bestrebungen zurück, einschließlich des Trachtens nach Befreiung, die in den Veden überschwenglich gepriesen wird. So ist Nityananda Prabhu, obwohl er mit Baladeva eins ist, zugleich größer als jener. Doch wie kann das sein? Das ist so, weil er göttliche Liebe verteilt. Was aber ist göttliche Liebe? Sie ist so bedeutend und wertvoll, so unermeßlich viel erhabener als alles, was man sonst erreichen kann, daß jemand, der diese göttliche Liebe verschenken kann, unvergleichlich viel höher einzuschätzen ist als jene, die ehrenvolle Aufgaben, Reichtum, Sinneslust, ja sogar Befreiung aus den Banden dieser Welt (*dharma, artha, kama, moksa*) zu verleihen vermögen. Falls wir uns vorzustellen vermögen, daß Krishna hinter Sri Chaitanya Mahaprabhu zurücksteht, dann muß natürlich auch Balarama eine geringere Bedeutung haben. In jeder anderen Hinsicht sind sich die beiden ähnlich, wenn man jedoch der Gestalt des Balarama Großmut hinzufügt, dann wird er zu Nityananda Prabhu.

Zuerst also muß der Rang der göttlichen Liebe festgelegt werden: Die großen Heiligen geben den Wunsch nach allen anderen Dingen, ja sogar den nach Befreiung, auf, sobald sie auch nur den leisesten Hauch dieser göttlichen Liebe verspüren. Zuerst muß man sich einmal darüber klar werden, welche überragende Bedeutung die göttliche Liebe hat. Erst dann können wir verstehen, daß jemand, der sie zu schenken vermag, notwendigerweise über denen stehen muß, die alles andere zu gewähren vermögen. Deshalb steht Nityananda Balarama an Bedeutung sowohl über Karanadakasayi Vishnu, der Überseele aller geschaffenen Universen, als auch über Garbhodakasayi Vishnu, der Überseele unseres Universums, als auch über Ksirodakasayi Vishnu, der Überseele aller Lebewesen. Und dieser Balarama ist zu uns gekommen als Nityananda Pabhu, um göttliche Liebe zu verteilen, ohne jede Erhabenheit, Pracht oder Macht, sondern in einfacher menschlicher Gestalt. Doch er ist es, der Gauranga verschenkt. Allein durch diese Tatsache schon ist seine Größe erwiesen. Das können wir noch besser verstehen, wenn wir die verschiedenen Aspekte seines Lebens Schritt für Schritt untersuchen.

## Gauranga und Nityananda

Nityananda Prabhu war in Ekachakra geboren worden und verbrachte dort auch seine Kindheit. Seine Eltern, Freunde und Nachbarn waren von ekstatischer Freude erfüllt und fanden Gefallen an seinen süßen kindlichen Spielen. Von Geburt an erfüllte er die ganze Atmosphäre von Ekachakra mit Freude, und in dieser glückserfüllten Atmosphäre verbrachte er die Jahre seiner Kindheit. Eines Tages - Nityananda war noch ein Knabe - kam ein *sannyasi* zum Hause seiner Eltern und bat darum, ihn mit sich nehmen zu dürfen. Der *sannyasi* war auf der Wanderschaft zu verschiedenen heiligen Plätzen, und er erbat sich Nityananda als Almosen. Er nahm ihn in seine Obhut und Nityananda Prabhu gelangte so an fast alle heiligen Stätten, während er diesem *sannyasi* folgte. Es heißt, daß dieser *sannyasi* Madhavendra Puri gewesen sei.

Da geschah es eines Tages jedoch, daß von tief innen begeisternde Freude in sein Herz strömte und Nityananda Prabhu begriff, daß Sri Chaitanya in Na-vadvip seine *sankirtana*-Spiele begonnen hatte. Dieser Eingebung folgend machte er sich auf nach Navadvipdhama. Am gleichen Tage, als Nityananda Prabhu nach Navadvip kam, bemerkte Mahaprabhu zu Seinen Gefolgsleuten: "Ich träumte, daß ein außergewöhnlich bedeutender Mann in einem Streitwagen, den die Palmbaumflagge von Balarama zierte, an Meine Tür kam und sagte - 'Wo ist das Haus von

*Nityanada Prabhu*

Nimai Pandit?' Zwei-, drei-, viermal - wieder und wieder fuhr er fort zu fragen - 'Wo ist das Haus von Nimai Pandit?'" Mahaprabhu fuhr fort: "Diese großartige Persönlichkeit muß in der letzten Nacht nach Navadvip gekommen sein. Versucht, ihn zu finden." Sie suchten eine lange Zeit an allen nur denkbaren Plätzen, doch sie konnten ihn nicht finden. Daraufhin sagte Mahaprabhu zu ihnen: "Laßt es Mich versuchen." Er führte sie geradewegs zu dem Haus von Nandanacharya, und als Sri Chaitanya Mahaprabhu mit Seinen Gefolgsleuten unvermutet dort ankam, fanden sie Nityananda Prabhu auf der Veranda sitzen. Als Nityananda Prabhu Sri Chaitanya Mahaprabhu erblickte, starrte er Ihn eine Weile ganz gespannt an, so, als würde er seinen Anblick ganz in sich aufnehmen, und wurde dann ohnmächtig. Auf diese Weise wurde er an einem einzigen Tag der vertrauteste Gefährte Sriman Mahaprabhus. Als ihm von Sriman Mahaprabhu aufgetragen worden war, Krishna-Bewußtsein an jedermann zu verschenken, da begann er Gauranga-Bewußtsein zu verbreiten, die göttliche Liebe zu Sri Gauranga. Dieser Nityananda Prabhu ist der Erlöser aller gefallenen Seelen, ohne dabei auch nur im geringsten auf das unterschiedliche Maß ihres Gefallenseins zu achten. Deswegen verneigen wir uns vor seinen heiligen Füßen.

Einmal führte Sri Chaitanya Mahaprabhu in Jagannath Puri ein vertrauliches Gespräch mit Nityananda Prabhu. Als Nityananda Prabhu dann später nach Bengalen zurückging und heiratete, hieß es darüber, daß Mahaprabhu ihn gebeten habe zu heiraten. Wir sind der Meinung, daß es in diesem Gespräch darum ging, daß Nityananda Prabhu angewiesen wurde, sich den einfachen Leuten zu nähern, weil die Menschen der sogenannten Oberschicht von Stolz und Eitelkeit geradezu durchtränkt waren. Weil nun Nityanada Prabhu angewiesen worden war, mit den einfachen Menschen auf eine sehr familiäre Art und Weise umzugehen, um mit seiner Predigt Erfolg zu haben, schien es notwendig zu sein, daß er heiratete. Denn andernfalls hätte es nur zu leicht geschehen können, daß Anschuldigungen gegen das Ausmaß seiner Entsagung laut geworden wären, wenn er sich zu vertraulich mit Menschen eingelassen hätte, die der häuslichen Atmosphäre soviel Gewicht beimessen. Um sein Predigtvorhaben zu unterstützen mußte also eine bestimmte Vorgehensweise wählen und ein entsprechendes Verhalten an den Tag legen. Das führte dazu, daß er schließlich heiratete. Es mag sein, daß Sri Chaitanya Mahaprabhu ihn angewiesen hatte, sich so zu verhalten. Es muß nicht sein eigener Entschluß gewesen sein. Denn selbstverständlich war es für ihn von keinerlei Bedeutung, ob er nun verheiratet war oder nicht.

Wie er seiner ewigen Gemahlin Jahnavadevi begegnete, wird im Bhakti-ratnakara beschrieben. Es scheint, daß er während seiner ausgedehnten Predigtarbeit, die ihn in ganz Bengalen herumführte, auch im Hause von Suryadasa Pandit predigte, dem Vater von Jahnavadevi. Dieser war ein Bruder von Gauridasa Pandit, der bereits ein Anhänger von Gaura-Nityananda war. Suryadasa unterstützte seinen Werbefeldzug für Gauranga auf ganz besondere Weise, indem er sein Haus uneingeschränkt als Stützpunkt zur Verfügung stellte. Suryadasa, der zwei Töchter hatte, bot eine dieser Töchter Nityananda zur Frau. Letztlich sind Sri Nityananda Prabhu und Srimati Jahnavadevi ewig miteinander verbunden, und obwohl ihre Hochzeit aufgrund augenscheinlich äußerer Notwendigkeit zustande kam, war sie in Wirklichkeit Teil ihres ewigen Spieles (*lila*).

Natürlich gibt es sogenannte *sannyasis*, die dergleichen als Vorwand benützen, um ihr Gelübde der Ehelosigkeit zu brechen und zu heiraten. Diese führen dann die Hochzeit von Nityananda als Entschuldigung an. Es ist jedoch keineswegs eine bewiesene Tatsache, daß Nityananda Prabhu überhaupt ein *sannyasi* war. Und tatsächlich ist der Name 'Nityananda' ein *brahmachari*-Name. '*Ananda*' ist eine Nachsilbe, die man dem Namen eines *brahmachari* hinzufügt. Ananda, Svarupa, Prakasa und Chaitanya sind verschiedene Arten von Namen für *brahmacharis*. Es gibt den Namen Ananda auch für die *sannyas*-Stufe des Lebens, jedoch finden wir nirgendwo eine Erwähnung darüber, daß Nityananda Prabhu den *sannyas*-Titel geführt habe. Auch gibt es nirgendwo einen Hinweis auf einen *sannyas-guru* für Nityananda Prabhu. Doch wissen wir, daß sein *diksa-guru* Madhavendra Puri gewesen ist, der *guru* von Advaita Prabhu und Ishvara Puri.

Nityananda Prabhu ist als *avadhuta* bekannt. Avadhuta weist nicht auf einen *sannyasi* hin, sondern auf jemanden, der es mit seinen nach außen hin sichtbaren Tätigkeiten nicht sehr genau nimmt und manchmal Dinge tut, die man besser nicht tun sollte. Wenn eine hochgestellte Persönlichkeit mit niederen Tätigkeiten beschäftigt ist, dann wird sie als *avadhuta* angesehen. Man geht dann davon aus, daß sie über dem steht, was sie tut, daß ihre Handlungen jedoch von niederer Art sind. *Ava* bedeutet niedrig und *dhuta* bedeutet, daß sie sich davon entweder loslösen oder reinigen kann.

Nityananda brach den aus einem Stück bestehenden *sannyas*-Stab (*ekadanda*) in drei Teile. Das deutet darauf hin, daß wir, wenn wir in die Lebensstufe der Entsagung (*sannyasa*) eintreten, nicht nur einen, sondern drei *dandas* annehmen sollten. Diese drei *dandas* symbolisieren die vollständige Hingabe von Körper, Vernunft und Worten im Dienst des Höchsten Herrn. Und auch Bhakisiddhanta Saraswati Thakur Prabhupada fühlte sich durch die Handlung von Nityananda Prabhu dazu angeregt, seinen Anhängern *sannyas* in Form des *tridanda* zu geben, im Gegensatz zum *ekadanda*, der zuvor in Bengalen üblich gewesen war. Der Brauch des *tridanda sannyas* war in Südostindien von den Vaishnavas gepflegt worden, die Ramanujacharya nachfolgen, und Srila Bhaktisiddhanta führte diesen Brauch in die Neuzeit ein.

Nityananda Prabhus Methode war ein wenig eigentümlich. Seine Strategie bestand darin, diejenigen zu erheben, die am tiefsten gefallen waren. ähnlich wie Napoleon, dessen Taktik es war, die jeweils stärkste Stellung der gegnerischen Armee anzugreifen, wollte Nityananda Prabhu diejenigen für sich gewinnen, die die schlimmsten Sünden auf sich geladen hatten. Im allgemeinen gehen wir davon aus, daß ein Heiliger dieser Welt der Illusion (*maya*) zu entrinnen sucht und sich an einen einsamen Platz begibt, wo er sich in eine Höhle zurückziehen und in Meditation versinken kann. So predigen indische Heilige für gewöhnlich: "Gib alles auf, geh an einen einsamen Platz im Dschungel, finde eine Höhle und beschäftige dich fortan mit nichts anderem als dem Bemühen, Gott zu verstehen."

Unser Guru Maharaja jedoch unterschied sich davon. Wie Mahaprabhu und Nityanada Prabhu wollte er *maya* direkt angreifen. Deshalb erklärte er nach Art und Weise eines großen Generals der Illusion den totalen Krieg. Und nicht nur ihr, sodern zugleich auch allen bereits bestehenden Vorstellungen von Religion. "Warum gibt es all diese Mißverständnisse und falschen Vorstellungen?" dachte er. "Alles gehört doch Krishna: *isavasyam idam sarvam.* Das ist doch eine klare und einfache und zugleich so angenehme Tatsache. Wie können wir nur annehmen - 'Dies ist für mich, und jenes ist für Ihn?' Warum nur sollten wir eine solch falsche Vorstellung bestehen lassen? Machen wir uns über sie her und schlagen sie in Stücke!"

Ferner lehrte er uns: "Die wahre Bedeutung von *kirtana* ist es, gegen solche Fehlauffassungen zu predigen. Als Soldaten müßt ihr von Tür zu Tür gehen und über Krishnabewußtsein - sämtliche Belange und Anliegen von Krishna - die gesamte Vorstellung von Krishna predigen. Wenn die Menschen verstehen, daß alles für Krishna bestimmt ist, dann werden sie gerettet werden. Diese Wahrheit ist klar und deutlich und einfach. Warum sollten sie das nicht verstehen? Versucht sie zu gewinnen, sie zu erlösen aus der Welt falscher Vorstellungen und Mißverständnisse, in der sie gegenwärtig unter den Reaktionen auf ihr früheres Tun und Lassen zu leiden haben."

Auf diese Weise haben wir vor nichts Angst. Ein Vaishnava, der das zurückgezogene Leben liebte, fragte einmal unseren Guru Maharaja: "Warum hältst du dich in Kalkutta auf? Dies ist ein Ort des Satans, wo der Kampf um eigennützige Interessen vorherrschend ist. Geh weg von dort, komm zum heiligen *dhama*." Srila Bhaktisiddhanta Saraswati Thakur hatte jedoch diesen Platz eigens ausgewählt und er sagte: "Ich ziehe es vor, Sri Chaitanya Mahaprabhus Weltanschauung an einem besonders unreinen Ort zu vertreten." Aus diesem Grunde wollte er seine Schüler in den Westen schicken. "Der Osten ist vom Zauber der westlichen Zivilisation in Bann geschlagen," sagte er. "Und deshalb muß die westliche Zivilisation zuallererst überwunden werden. Dann wird ihr Zauber dahinschwinden und die ganze Welt wird sich der Mission der göttlichen Liebe von Sri Chaitanya Mahaprabhu anschließen." Das war die gleiche Geisteshaltung, mit der Nityananda Prabhu die gefallenen Seelen dieser Welt umworben hat bei dem Versuch, sie zu den Lotosfüßen von Sri Chaitanya Mahaprabhu zu führen.

# Kapitel 4 - Gott wandelt auf Erden

Zur Zeit der Herabkunft von Sri Chaitanya Mahaprabhu war Krishna-Bewußtsein in Bengalen fast ganz in Vergessenheit geraten. Die Menschen jener Zeit waren so verderbt, daß sie ihre Zeit damit verbrachten, Geld wie Wasser zu verschwenden, um der Hochzeit von Katzen beizuwohnen. Von der Verehrung des höchsten Herrn, Sri Krishna, abgewichen, huldigten sie für gewöhnlich dem Schlangengott Visahari oder dem Beherrscher der Dämonen Kali. Nur selten war der Name Krishnas aus ihrem Munde zu vernehmen. Nur einige wenige ehrenhafte und charakterstarke Hindus sangen die heiligen Namen von Govinda, Hari oder Krishna, wenn sie im heiligen Ganges ihr Bad nahmen. Und Navadvipdhama, der Ort, an dem Sri Chaitanya Mahaprabhu erschien, stand zu jener Zeit unter mohammedanischer Herrschaft. In Navadvip war der Kazi an der Macht und die religiösen Gefühle der Hindus wurden durch die schwere Hand seiner islamischen Herrschaft unterdrückt.

Advaita Acharya war ein berühmter Gelehrter und der älteste von Sri Chaitanya Mahaprabhus Anhängern. Er war in Navagrama in Sri Hatta, der östlichen Provinz von Bengalen, erschienen und lebte in Santipura. Seinem ursprünglichen Wesen nach ist Sri Advaita Acharya der *avatara* von Mahavishnu, der den materiellen Kosmos durch die wirkende Kraft seiner trügerischen, verblendenden Energie erschafft. Advaita Acharya ist derjenige der Geweihten Sri Chaitanya Mahaprabhus, der Ihn ganz dringend darum bat, in diese Welt als *yugavatara* herabzusteigen, um sich des Wohlergehens aller Seelen anzunehmen. Er begann, den

Höchsten Herrn mit Gangeswasser und Tulasiblättern zu verehren und erflehte Seine Barmherzigkeit, indem er betete: "Oh Höchster Herr, bitte erscheine und erlöse diese Menschen. Die Zeit ist reif, sie durch die Gabe des süßen heiligen Namens von Krishna zu erlösen. Komm herab, mein Herr, sie sind höchst bedauernswert!" Auf diese Weise begann er, indem er sich mit inständigen Bitten für die gefallenen Seelen einsetzte, Sri Chaitanyas Aufmerksamkeit zu erwecken. Natürlich war ohnehin die Zeit für das Erscheinen der göttlichen Manifestation dieses Zeitalters, des *yugavataras*, gekommen, aber dennoch erfüllte Advaita Acharya die Aufgabe, Sri Chaitanya Mahaprabhu einzuladen und Ihn willkommen zu heißen. Als es dann an der Zeit war, daß der Höchste Herr erscheinen sollte, fühlte Advaita in seinem Herzen: "Mein Gebet wird erfüllt werden, Er kommt!"

Und schließlich entdeckte er, daß Sri Chaitanya Mahaprabhu, die Höchste Persönlichkeit Gottes, im Haus von Sri Jagannath Mishra und Sacidevi in Gestalt ihres neugeborenen Jungen Nimai Vishvambhara erschienen war. Und so machte sich Advaita Acharya an diesem göttlichen Erscheinungstag auf, um dem Kind und Seinen Eltern die ihnen gebührende Ehre zu erweisen. Als der Junge schon etwas größer war, kam Sri Advaita Prabhu herbei, um sich vor den Füßen des kleinen Nimai zu verneigen. Dies ließ Sacidevi, Nimais Mutter, erschaudern: "Was machst du da? Du bist ein altehrwürdiger *pandita*, ein vedischer Gelehrter. Wenn du meinem Jungen auf solche Art Ehre erweist, wird dies seine ganze Zukunft ruinieren. Was machst du also da?" Von Advaita Acharya hieß es, daß, wann immer er sein Haupt vor einer Bildgestalt Gottes verneigte, diese in Stücke sprang, wenn sie eine bloße Nachahmung war, das heißt, wenn der Herr nicht wirklich in ihr gegenwärtig war. Hier jedoch, als Advaita sein Haupt vor den Füßen des Jungen neigte, stellte Nimai einen Fuß auf den Kopf von Advaita Acharya. Alle waren erstaunt und wunderten sich: "Über welche Art spiritueller Kraft verfügt dieses Kind? Ein so großer Vaishnavalehrer und hervorragender Mensch wie Advaita hat sich vor diesem Kind verneigt und dieses Kind hat gar Seinen Fuß auf Advaitas Kopf gesetzt. Und dabei zeigt sich dieses Kind noch ganz unbeeindruckt! Wer ist dieses Kind?"

Als Nimai ein kleiner Junge war, verkleidete Er sich manchmal mit einer Decke und begab sich in den Bananenhain beim Hause eines Nachbarn. Dort pflegte Er mit einem Stoß Seines Kopfes die Bananenbäume niederzubrechen. Die Nachbarn eilten herbei und dachten bei sich: "Ein Stier muß in unseren Garten eingedrungen sein und ihn verwüstet haben!" Durch diese Spiele lehrte der Herr Seine Geweihten: "Ich zerstöre all jene eurer Bananenbäume, die zu irgendeinem anderen Zweck als dem Dienst für Mich verwendet werden." Vom höchsten Blickwinkel aus betrachtet seid ihr Meine ewigen Gefährten und deswegen bin Ich berechtigt, mit euren Besitztümern ganz nach meiner Laune zu verfahren, um Mir Abwechslung zu verschaffen." Manchmal schnappte Er Sich Früchte aus der Hand von Sridhar Pandit und sagte: "Oh, gib Mir diese Banane, aber Ich werde dich nicht bezahlen können." Sridhar Pandit pflegte Ihm zu antworten: "Warum machst Du das? Du bist ein Brahmanenjunge - ich kann es Dir nicht abschlagen. Aber Du solltest so etwas nicht tun. Ich bin ein armer Mann. Wenn Du mir die besten Dinge wegnimmst, wie soll ich dann meinen Lebensunterhalt verdienen?" So offenbarte Nimai auch in diesem Früchtestehlen Seine Spiele.

### Sri Chaitanya Mahaprabhu und Advaita Acharya

Als Nimai Pandit heranwuchs, pflegte Er Advaita Acharya die höchsten Ehrerbietungen zu erweisen. Doch Advaita konnte das nicht ertragen. Er sagte: "Ich weiß, daß Du kein gewöhnlicher Mensch bist. Du bist eine übernatürliche, transzendentale Persönlichkeit von höchstem Rang. Doch in weltlichem Sinne bist Du jünger als ich und deshalb erweist Du mir auch Ehrerbietungen. Aber das kann ich nicht ertragen. Es ist zu viel für mich." Aber was konnte Advaita tun? Nimai fuhr damit fort, Advaita Prabhu bei jeder Begegnung Seine förmlichen Ehrerbietungen darzubringen. Deshalb faßte Advaita einen Plan, um das zu beenden, und dachte bei sich: "Ich werde sehen, wie klug Du bist."

Er verließ Navadvip, ging zurück nach Santipura und begann dort gegen die Lehre vom hingebungsvollen Dienst zu predigen. Auch Nimai erreichte die Kunde, daß Advaita Acharya, der so lange Zeit ein großer Gottgeweihter gewesen war, gegen die Lehre vom hingebungsvollen Dienst predigte. Er verkündete, daß *jnana*, Wissen, höher als Hingabe sei. "Hingabe rückt den Höchsten Herrn in die Ferne," behauptete er, "und mit Hilfe des Wissens kann man den Versuch unternehmen, Ihn wieder näher heranzubringen. Wenn jemand über Wissen verfügt, dann denkt er: 'Ich möchte Dich, oh Herr, erfahren.' Hingabe jedoch bedeutet, 'Er ist *adhoksaja* - transzendental. Er kann mit Hilfe unserer Sinne nicht erkannt werden.' Deshalb rückt Hingabe Ihn ganz weit in die Ferne, indem sie feststellt: 'Es ist einzig Sein süßer Wille, der uns mit Ihm verbinden kann.' Doch gemäß dem Pfad des Wissens befindet sich die höchste Autorität in dir, in deinem Herzen. Die Lehre von der Hingabe ist demnach ganz klar zweitrangig." Auf diese Weise nun predigte Advaita Acharya.

Und als dies Nimai Pandit zu Ohren kam, ging Er mit Nityananda dorthin, um Advaita zu bestrafen. Sie sprangen in den Ganges und schwammen den ganzen Weg nach Santipura, wo sie Advaita Acharya vorfanden. Nimai trat ihm mit den Worten entgegen: "Was machst du eigentlich, *acarya*? Warum hast du Mich eingeladen herabzukommen? Mit Gangeswasser und Tulasiblättern hast du um Mein Erscheinen gefleht, und jetzt treibst du deinen Spaß mit Mir? Du sprichst dich gegen die Hingabe aus, gegen Mich? Was ist mit dir los?" In solcher Weise machte Nimai Pandit dem Advaita Vorwürfe. Dann begann Er sogar, ihn zu schlagen. Die alte Frau von Advaita Acharya fing an zu jammern: "Was machst Du da? Bring diesen alten Mann nicht um!"

Nityananda Prabhu aber lächelte und Haridasa Thakur, der

völlig verwirrt und bestürzt war, stand in einiger Entfernung und versuchte zu verstehen, was da vor sich ging. Doch Advaita Acharya fühlte daraufhin große Befriedigung. Er sprach: "Ich habe Dir nun eine Lektion erteilt, denn Du bist gekommen, um mich zu bestrafen. Du bist besiegt! Ich habe einen Sieg über Dich errungen!" Advaita Acharya fing an zu tanzen. "Heute habe ich Dich besiegt, mein Herr! Du hast mich sogar bestrafen müssen. Was ist nun aus dieser förmlichen Ehrerbietung geworden, die Du mir sonst immer entgegengebracht hast?" Auf diese Weise frohlockte er und bot Mahaprabhu ein Festmahl Seiner Lieblingsspeise, *sak*, an.

Der Herr erwies Advaita Prabhu so viel Gnade, daß Er ihn, obwohl er ein alter Gelehrter und *acarya* war, sogar mit Schlägen bestrafte. Es ist undenkbar, daß wir jemanden, den wir verehren, bestrafen oder geringschätzen, es sei denn, es wäre ein ganz vertraulicher Freund. Mißachtung und Geringschätzung ist nur dort möglich, wo trotz allem eine tiefe Vertrautheit vorhanden ist. Reine Geweihte wünschen sich geradezu Bestrafung. "Bestrafe uns!" beten sie. Aber Bestrafung von der höchsten Instanz zu erhalten, ist keine billige Sache.

Viele Jahre später, kurz bevor Sri Chaitanya Mahaprabhu Seine letzten Spiele göttlicher Ekstase zu offenbaren begann, schrieb Advaita Acharya Prabhu einige geheimnisvolle Zeilen eines Gedichtes, die er dem Herrn durch Jagadananda Pandit zusandte:

> *baulake kahiha - loka ha-ila baula,*
> *baulake kahiha - hate na vikaya caula*
> *baulake kahiha - kaye nahika aula,*
> *baulake kahiha - iha kahiyache baula*

"Sag unserem Prabhu, der sich wie ein Verrückter benimmt, daß alle ihren Verstand verloren haben und Reis, einst hoch im Preis, nun wertlos ist. Eine halb verrückt gewordenen Menschheit

- trunken vor Gottesliebe - legt wenig Wert auf diese Welt und alles, was ihr einst lieb und teuer war; sag Ihm, ein Verrückter bringe Ihm dies zu Gehör."

Nachdem Sri Chaitanya Mahaprabhu dieses geheimnisvolle Gedicht gelesen hatte, wurde Er sehr nachdenklich. Svarupa Damodara, der gerade anwesend war, fragte: "Was steht da geschrieben?" Mahaprabhu entgegnete: "Die tiefere Bedeutung verstehe Ich selbst nicht, aber Advaita Acharya ist ein bedeutender Gottesdiener, und eine gewisse Gruppe dieser Gottesdiener vertritt die Auffassung: 'Wir werden die Gottheit zu uns einladen und eine Zeitlang versuchen, Sie hier zu behalten, um Sie zu verehren. Doch zuletzt, wenn unser Dienst zu Ende ist, werden wir Ihr Lebewohl sagen.' Vielleicht meint Advaita, daß es Zeit sei für die Gottheit zu gehen. Den tieferen Sinn dieser Zeilen verstehe ich nicht, aber vielleicht wollte er das damit sagen." Daraufhin nahm Svarupa Damodara das Gedicht, las es und wurde sehr nachdenklich: "Oh, Advaita Prabhu gibt uns zu verstehen, daß das Erscheinen von Sri Chaitanya Mahaprabhu seinen Zweck erfüllt hat und es deshalb Seiner - der Offenbarung des Höchsten Gestalt gewordenen Gottes in diesem Zeitalter - nicht länger bedarf, um den heiligen Namen Krishnas zu predigen. Die Aufgabe des *avataras* ist vollbracht und so kann Er jetzt gehen."

### Mahaprabhus letzte zwölf Jahre in dieser Welt

Danach weilte Chaitanya Mahaprabhu weitere zwölf Jahre in dieser Welt, aber anders als zuvor. Seine Gemütsstimmung war gänzlich verwandelt. Von diesem Tage an offenbarte Er die Gemütshaltung von Radharani und empfand den überwältigenden Schmerz der Trennungsgefühle von Krishna. Eine Woge von göttlichem Wahnsinn nahm von Ihm Besitz und Seine Beziehungen zur äußeren Welt kamen fast vollständig zum Erliegen. Zu jener Zeit waren Ramananda Raya und Svarupa Damodara Seine

Gefährten. Sonst pflegte Er keinerlei gesellschaftliche Beziehungen mehr. In Ihm brannte das Feuer, das Feuer der Trennung. Er ging völlig auf in der Suche Radharanis nach Sri Krishna, nachdem dieser Vrindavan verlassen hatte. In dieser Gemütsstimmung göttlicher Verzücktheit verbrachte Er zwölf Jahre fast ausschließlich in einem geschlossenen Raum in einem der Häuser auf dem Anwesen des Kasi Misra.

Manchmal geschah es, daß Er, ohne Sich dessen bewußt zu sein, mitten in der Nacht über die Mauer stieg, die das Anwesen umgab, und loslief, um Sich mit Sri Jagannath zu treffen. Wenn dann Svarupa Damodara oder einer Seiner anderen Diener plötzlich feststellten, daß der Klang von Krishnas Namen nicht mehr aus Seinem Zimmer zu hören war, fingen sie an, Ihn zu suchen: "Mahaprabhu ist nicht mehr da, wohin mag Er gegangen sein?" Manchmal fanden sie Ihn zusammengesunken vor dem Haupttor des Jagannath Tempels. Seine Beine und Hände schienen dann in Seinen Körper zurückgezogen wie die Glieder einer Schildkröte, wenn sie sich in den Panzer zurückzieht. Dann war ein äußerst süßer Duft wahrzunehmen, der von Ihm ausströmte, und die Kühe drängten sich um Ihn herum und schnupperten an Seinem Körper. Während Mahaprabhu in diesem Trancezustand darniederlag, erlebte Er im Innersten die Spiele Radha Govindas und der *gopis* am Govardhana. Dann versuchten Svarupa Damodara und andere ihr Bestes, Ihn aus Seiner Trance zu erwecken, indem sie den Heiligen Namen Krishnas sangen. Sobald Mahaprabhu erwachte, klagte Er: "Was habt ihr getan? Ich war dabei, eine Erfahrung höchster Glückseligkeit zu machen, und ihr habt einen solchen Tumult veranstaltet und Mich wieder hier herunter gezogen." Und wodurch war dieser Tumult entstanden? Durch das Singen von 'Hare Krishna'. Und wer hatte Krishnas Namen gesungen? Svarupa Damodara und andere, die ihm ebenbürtig waren. Doch die Intensität der Erfahrung Chaitanya Mahaprabhus in Seiner göttlichen Trance war so überwältigend, daß Er das Singen von 'Hare Krishna' als Lärm empfand. Darum mag es sein, daß auch wir den Heiligen Namen Krishnas singen und es sich anhört, als sei es nichts als Lärm. Aus einem anderen Blickwinkel jedoch betrachtet zeigt es sich, daß *krsna-nama* einen solch unermeßlichen Wert besitzt, daß ihm sogar der Vorzug gegenüber einer direkten Teilnahme am Krishna-*lila* gegeben wurde. Die Anweisung aber, die uns von unseren *acaryas*, den spirituellen Lehrern unserer Schülernachfolgelinie gegeben wird, lautet, daß wir unser eigenes Singen des heiligen Namens lediglich als Lärm betrachten sollen.

Eines Tages wanderte Sri Chaitanya Mahaprabhu am Meeresstrand entlang. Ein Mädchen sang inbrünstig ein Loblied auf Sri Jagannath, und Sri Chaitanya Mahaprabhu lief geradewegs auf die Quelle dieses Klanges zu. Dabei rannte Er mitten durch Gestrüpp und Dickicht mit gefährlichen Dornen. Seinem Diener und Begleiter Govinda gelang es schließlich, Ihn irgendwie aufzuhalten. Als Mahaprabhu wieder zu Sich gekommen war, sagte Er: "Was, es ist nur ein Mädchen, das singt? Govinda hat Mir das Leben gerettet."

Manchmal spürte Er ganz plötzlich, daß Krishna mit den *gopis* in der Yamuna spielte. In dieser Gemütsstimmung stürzte Er Sich jedesmal in den Ozean und schrie: "Krishna!" Er stürzte Sich ins Meer und verlor das Bewußtsein, wenn die Wellen mit Ihm spielten. Sobald Seine Gefährten feststellten, daß Er verschwunden war, überlegten sie: "Wo ist Mahaprabhu?", und angeführt von Svarupa Damodara begannen sie alsbald, Ihn zu suchen. Einmal war die Nacht schon beinahe vorüber und sie hatten Ihn immer noch nicht finden können. Schließlich kam ein Fischer angerannt, der sich wie verrückt gebärdete und rief: "Krishna, Krishna, Krishna!" "Was ist geschehen?" fragte Svarupa Damodara. Der Fischer antwortete: "Jede Nacht fange ich Fische; diese Nacht habe ich mein Netz ausgeworfen und etwas sehr Schweres gefangen. Als ich anfing, es einzuziehen, dachte ich, es sei ein großer Fisch. Als ich es aber ans Ufer brachte, fand ich eine große menschliche Gestalt darin. Und als ich den Körper aus meinem

Netz befreien wollte, berührte ich Ihn irgendwie; und jetzt bin ich halb verrückt." Darauf sagte Svarupa Damodara: "Du mußt unseren Sri Chaitanya Mahaprabhu gesehen haben." "Nein, den habe ich schon früher gesehen," sagte der Fischer. "Er hat eine wunderschöne Gestalt. Das ist nicht Er. Das ist jemand anderes." Svarupa Damodara wies ihn daraufhin an: "Wie auch immer, zeige uns, wo Er ist." Sie gingen hin und sahen die große Gestalt des Herrn mit ausgerenkten Gliedern bewußtlos im Sand liegen. Svarupa Damodara und die anderen begannen, Ihm die Heiligen Namen Krishnas ins Ohr zu singen, bis Er wieder zur Besinnung kam. Und dann beschrieb ihnen Sri Chaitanya Mahaprabhu das *lila* von Krishna, das Er in Seinem Trancezustand erlebt hatte. Auf diese Weise lebte Sri Chaitanya Mahaprabhu - nachdem Ihm Sri Advaita Acharyas Gedicht zugesandt worden war - Seine letzten zwölf Jahre in der Gemütsstimmung jener überwältigenden Trennungsgefühle, die Srimati Radharani für Krishna empfand.

### *Nimai Pandits Wandel vom Gelehrten zum Diener Gottes*

Ein solch hohes Maß an göttlichem Wahnsinn offenbarte sich in Sri Chaitanya Mahaprabhu während Seiner letzten Tage in dieser Welt. Aber schon während Seiner Zeit in Navadvip, als Mahaprabhu noch der bedeutende jugendliche Gelehrte Nimai Pandit gewesen war, hatte jeder gedacht, Er sei verrückt geworden, nachdem Er aus Gaya zurückgekehrt war und angefangen hatte, Zeichen der Hingabe zu Krishna erkennen zu lassen. Die normal denkenden Menschen jener Tage sagten: "Dieser Nimai Pandit ist ein guter Mensch gewesen, ein Ehrenmann. Seit Er aber aus Gaya zurückgekehrt ist, hat Er Sich völlig verändert und tut so viele Dinge, die gar nicht wünschenswert sind. Er will so viele neue Ideen predigen. Was soll das? Er ist verrückt geworden. Er kümmert Sich um keinerlei Regeln und Regulierungen, soziale Bräuche oder alte Schriften - immer nur 'Krishna, Krishna, Krishna'. Vor kurzem war Er noch normal, jetzt ist Er verrückt geworden. Natürlich besitzt Er einen überaus machtvollen Verstand. Als Professor machte Er Sich nicht das geringste aus der Gelehrsamkeit selbst der berühmtesten *panditas*. Mit Leichtigkeit besiegte Er den Meistergelehrten Kesava Kasmiri und viele andere. Aber jetzt haben wir Ihn verloren. Jetzt ist Er anders. Die Brahmanen oder die Schriften, denen wir folgen, sind Ihm gleichgültig. Er ist zu einer neuen Überzeugung gelangt und die stellt Er der Welt vor. Seine Methoden sind völlig unbegreiflich."

Die Nachbarn beklagten sich bei Seiner Mutter: "Sacidevi, was ist geschehen? Früher war Nimai nicht so; aber jetzt kümmert Er Sich nicht mehr um uns. Nicht einmal mehr Seine Frau kann Ihn noch bezaubern. Was ist aus Ihm geworden? Du bist die Tochter eines angesehenen Mannes, aber sieh nur Dein Unglück! Was kann man da tun? Tatsache ist, Saci: dein einziger Sohn, der solch hervorragende Fähigkeiten aufwies, ist verrückt geworden. Du mußt dich um eine angemessene medizinische Behandlung kümmern."

Daraufhin rief Sacidevi nach dem Kaviraj, dem Arzt. Der Arzt traf Vorkehrungen, ein kleines Badebecken aus Backstein mit Vishnuöl zu füllen, das eine sehr wohltuend kühlende Wirkung haben soll. Und Nimai Pandit wurde gebeten, in diesem Becken zu baden. Er tat es und fing plötzlich an, in dem Becken zu lachen und herumzuspielen. Während Er in dem Öl herumschwamm und tauchte, lachte Er wie besessen. In dem Moment kam Srivas Thakur zu einem Besuch vorbei und fragte: "Wie geht es Nimai Pandit?" Sacidevi antwortete ihm: "Sieh nur mein Unglück! Mein Nimai ist völlig verrückt geworden. Ich habe den Arzt gerufen und der hat diese Behandlung verordnet." Als sie Srivas zeigte, wie Nimai in dem Becken spielte, fragte er: "Was soll das?" Saci erwiderte: "Meine Nachbarn haben mir dazu geraten." Srivas sagte: "Du bist eine sehr liebenswürdige Frau. Doch du verstehst es nicht, mit anderen umzugehen. Was Nimai hat - das wünsche ich mir! Dein Junge besitzt *krsnaprema*, die intensivste

Liebe zu Krishna und ich wünsche mir nichts sehnlicher als nur einen einzigen Tropfen davon mein eigen zu nennen. Wenn es uns doch nur vergönnt sei, einige Tage länger zu leben, dann werden wir Gelegenheit haben, viele wundervolle Spiele von Krishna mitzuerleben."

Da wurde Nimai fürs erste wieder vernünftig und sagte zu Srivas: "Wenn auch du festgestellt hättest, daß Ich verrückt sei, wäre Ich zum Ganges gelaufen und hätte Meinem Leben ein Ende gesetzt. Wenigstens du hast verstanden, was mit Mir los ist; das ist Mein Trost, Srivas. Wenn du den Leuten gesagt hättest: 'Er ist verrückt', hätte Ich erkennen müssen, daß es nicht einen einzigen Menschen hier gibt, das anzunehmen, was zu geben Ich gekommen bin. Dann hätte Ich in den Fluß springen und Mich ohne Zögern ertränken müssen."

Bevor Nimai Pandit Sich nach Gaya aufmachte, war Er ein großer Gelehrter gewesen. Als Er dann von Hingabe durchdrungen von Gaya zurückkehrte, fing Er von neuem an, ganz wie zuvor, Grammatik zu lehren. Doch jetzt war es Sein einziges Ziel, in und durch die Grammatik, Krishna zu offenbaren. Von da an pflegte Er die Wurzeln der Grammatik des Sanskrit in einer Weise darzulegen, die die Beziehung zwischen Sanskrit und Krishna aufzeigte. Er erklärte, daß Klang einzig eine Schwingung sei, und diese Schwingung sei gleichbedeutend mit der Kraft Krishnas. Es ist Krishnas Kraft, die alles läutert, die alles bewegt. Wird diese Kraft zurückgezogen, ist alles tot und vorbei. Auf diese Weise wollte Nimai Pandit die Grammatik in Kategorien von Krishna erklären. Das beunruhigte Seine Schüler sehr. "Was soll das!", dachten sie. "Wir sind gekommen, um von Nimai Pandit Sanskrit zu lernen. Doch jetzt werden unsere wissenschaftlichen Bedürfnisse nicht mehr befriedigt. Andererseits hat es solche Anweisungen, wie wir sie von Ihm erhalten haben, noch nie zuvor irgendwo gegeben. Deswegen können wir Ihn nicht einfach verlassen. Wie aber können wir Ihn dazu bringen, daß Er uns wieder anständig unterrichtet. So wandten sie sich an Gangadasa Pandit, den früheren Lehrer von Nimai Pandit. Er war in Nimais Kindheit Sein Erzieher gewesen.

Gangadasa sprach: "Ihr alle seid doch vom Glück geradezu gesegnet, daß ihr Schüler von Nimai Pandit sein dürft. Er ist so ein freundlicher Lehrmeister. Worüber also beklagt ihr euch?" Die Schüler erwiderten: "Wir waren sehr froh, bei Nimai Pandit studieren zu dürfen. Jetzt aber, seit Er aus Gaya zurückgekehrt ist, erklärt Er alles auf eine völlig neue Weise. Er lehrt Sanskrit in Begriffen des Heiligen Namens von Krishna. Er besitzt ein tiefgehendes Verständnis eines hochentwickelten philosophischen Systems, aber das hilft uns nicht dabei weiter, die Grammatik zu lernen. Seine Philosophie ist bestimmt wertvoll, aber sie hilft uns bei unseren Studien nicht. Ersuche Ihn bitte, Seine Methode zu ändern. Er achtet dich, weil du Sein Lehrer bist. Du allein hast Einfluß auf Ihn." "In Ordnung," stimmte er zu. "Bittet Ihn, morgen zu mir zu kommen."

Die Schüler kehrten zu Nimai Pandit zurück und erzählten Ihm :"Dein früherer Lehrer hat nach Dir verlangt. Er wünscht, Dich zu sehen." Nimai erwiderte: "Ja, ich werde zu ihm gehen." Und etwas später am selben Tag begab Er Sich zu Gangadasa Pandit und brachte ihm Seine respektvollen Ehrerbietungen dar. Gangadasa fragte Ihn: "Wie geht es Dir, mein Junge? Ich bin glücklich zu hören, daß Du nach Gaya gegangen bist, um Deine religiösen Pflichten gegenüber Deinen Vorfahren zu erfüllen. Das ist sehr gut, aber wie steht es sonst? Deine Schüler beklagen sich bei mir. Ist es wahr, daß es Dich nicht kümmert, sie richtig zu unterweisen? Warum achtest Du nicht mehr darauf, sie in der Weise zu lehren, wie Du es früher getan hast? Sie alle haben Deine Unterweisungen geschätzt. Seit Du jedoch aus Gaya zurückgekehrt bist, hast Du eine neue Art des Unterrichtens eingeführt. Bitte, mach damit nicht weiter. Ich rate Dir, lehre sie ordentlich. Ich höre von den Leuten, daß Du ein Gottgeweihter geworden bist. Aber waren Deine Väter und Vorväter nicht auch Gottgeweihte? Natürlich, Du bist ein Gottgeweihter von **ganz** ungewöhnlicher Art geworden. Aber gerate nicht auf Abwege. Was Du über Hingabe zu sagen weißt, scheint unnötig - das hat nichts mit richtiger Grammatik zu tun. Glaubst Du, Deine Deutungen würden ein besseres Licht auf all diese Dinge werfen? Glaubst Du, Deine früheren Lehrer seien alle Dummköpfe gewesen? Was hast Du dazu zu sagen?" Nimai blieb still. "Also gut. Gerate nicht auf Abwege. Bleibe ruhig, folge Deinen Vorgängern nach und lehre die Knaben gut, damit wir in Zukunft keine Klagen mehr über Dich hören müssen. Deine Schüler wollen in keine andere Schule gehen. Sie mögen Dich sehr gern, also unterrichte sie gut." Da berührte Nimai Pandit den Staub zu Füßen Seines Lehrers und sprach zu ihm: "Ja, Ich werde versuchen, deiner Anweisung zu gehorchen. Kraft des Staubes deiner Füße kann es niemand mit Meiner Gelehrsamkeit aufnehmen. Sei unbesorgt. Ich werde sie gut unterweisen."

Wenige Tage später fing Nimai Pandit an, während eines Trancezustandes in völliger Hingabe den Namen 'Gopi, Gopi' zu singen. Einige angesehene Gelehrte, die einen hohen Rang in der Gemeinschaft einnahmen, begaben sich zu Ihm und sagten: "Nimai Pandit! Du warst ein großer Pandit und bist jetzt ein Gottgeweihter. Das tut nichts zur Sache. Aber weshalb singst Du den Namen 'Gopi, Gopi'? Sing doch den Namen von Krishna. Den Schriften zufolge wird Dir das einen gewissen Nutzen einbringen. Du aber singst 'Gopi, Gopi'. Welchen Gewinn wirst Du davon haben? Du bist verrückt." Nimai antwortete: "Wer ist dieser Krishna? Warum sollte Ich Ihn verehren? Er ist ein Bandit und Frauenheld!" Und Nimai nahm einen Stock und jagte sie davon.

Später begannen sie, sich miteinander über diesen Vorfall zu unterhalten und sagten: "Nimai Pandit ist völlig verrückt geworden. Wir waren zu Ihm gegangen, um Ihm einen guten Rat zu geben, Er jedoch nahm einen Stock und wollte uns töten! Wir sind nicht die Söhne von irgendwelchen gewöhnlichen Menschen - wir besitzen eine hohen gesellschaftlichen Rang und unsere Familienehre. Wir werden es Ihm zeigen!" Und sie verschworen sich miteinander, um Nimai Pandit eine tüchtige Tracht Prügel und einen Denkzettel zu verpassen.

Zur gleichen Zeit schrie Nimai plötzlich auf: "Ich habe Mir die größte Mühe gegeben, diese unglücklichen Seelen zu erlösen. Jetzt aber muß Ich erkennen, daß sie einfach nur noch mehr Sünden auf sich laden, indem sie Mich mißbrauchen und sich heimlich verschwören, Mich zu bestrafen. Warum bin Ich überhaupt gekommen? Was ist ein wirksames Mittel, sie zu erlösen? Ich muß die Rolle eines *sannyasi* annehmen. Andernfalls denken sie, Ich sei einfach nur einer von ihnen, ein Haushälter. Wenn Ich aber ein *sannyasi* werde, ein Prediger, dann werden sie vielleicht etwas mehr Respekt zeigen. Sie werden sagen: 'Wir sind alle Haushälter, Er aber ist ein *sannyasi* geworden. Deshalb sollte Er verehrt werden.' Aus dieser Haltung der Verehrung werden sie dann einen gewissen Nutzen ziehen. Andernfalls werden sie zur Hölle fahren müssen, weil sie glauben, Ich sei ein gewöhnlicher Mensch. Ich werde also die Rolle eines *sannyasi* annehmen müssen, um eine gewisse Ehrfurcht hervorzurufen, die ihnen dann zugute kommen kann." Und so enthüllte Er Nityananda Prabhu und einigen anderen: "Am letzten Tag des ersten Monats in diesem Jahr werde Ich in den Lebensstand der Entsagung eintreten."

# Kapitel 5 - Abschiednehmen von der Welt

Dem Lauf der Sonne nach war es der Tag von *makara-sank-ranti*, einer glückverheißenden Gestirnskonstellation, an dem Sich Nimai Pandit nach Katwa aufmachte, um in den Lebensstand der Entsagung (*sannyas*) einzutreten. Von da an war Er den Menschen nur noch als Sri Chaitanya Mahaprabhu bekannt. Er schwamm über den Ganges und lief in nassen Kleidern auf Katwa zu. Kurz davor hatte Er nur einigen wenigen Freunden, darunter Nityananda Prabhu, Gadadhara Pandit, Mukunda und anderen zu verstehen gegeben: "Die Zeit, da Ich das Gewand der Entsagung annehmen werde, ist sehr nah."

Nur wenige Tage vor diesem Ereignis hatte sich eine Gruppe zusammengetan, die gegen Nimai Pandit eingestellt war. Jene, die an die materielle Natur als höchstes Prinzip glaubten und davon überzeugt waren, daß Bewußtsein aus Materie hervorgehe, begannen Nimai Pandit zu beschimpfen. Er dachte bei Sich: "Ich bin herabgekommen, um die niedrigsten der Menschen zu erlösen; doch wenn sie Vergehen gegen Mich begehen, besteht keinerlei Hoffnung, daß sie Vergebung erlangen könnten." Plötzlich aber sagte Er: "Ich habe die Medizin mitgebracht, welche größtmögliche Erleichterung zu verschaffen vermag. Doch muß Ich jetzt feststellen, daß sich ihre Krankheit rasch verschlechtert und auf keinerlei Behandlung mehr anzusprechen scheint. Sie wird wohl außer Kontrolle geraten und sie ins Verderben reißen. Die Patienten vergehen sich sogar gegen ihren Arzt, indem sie ihn beschimpfen. Sie treffen Vorkehrungen, um Mich zu beleidigen. Sie sehen in Mir einen Mann, der an Seine Familie gebunden ist - so, als sei

Ich ihr Neffe - und behandeln Mich als ihresgleichen. Ich habe die wirksamste Medizin für das gegenwärtige entartete Zeitalter mitgebracht. Doch jetzt muß Ich feststellen, daß sie Ränke gegen Mich schmieden. Damit sind sie dem Untergang geweiht. Aber Ich muß ihnen wenigstens zeigen, daß Ich nicht einer der Ihren bin." Er dachte bei Sich: "Ich werde Mein Familienleben aufgeben, *sannyas* annehmen, von Dorf zu Dorf und von Stadt zu Stadt wandern und dabei den Heiligen Namen Krishnas predigen." So lautete Seine Entscheidung und innerhalb weniger Tage machte Er Sich nach Katwa auf, um dort von Keshava Bharati Maharaja die Einweihung in den Lebensstand der Entsagung (*sannyas*) zu empfangen.

### Der Abschied von der Mutter und den Gefährten

Und genau einen Tag bevor Er Sich aufmachte, um *sannyas* zu nehmen, fand im Haus von Nimai Pandit vom Nachmittag bis in den Abend hinein ein spontanes Treffen von Gottgeweihten statt. Dieser Tag wurde in Bengalen jedes Jahr als Lakshmipuja begangen, ein Feiertag zu Ehren der Glücksgöttin, an dem besonderes Gebäck zubereitet und verteilt wurde. Nimai, der wußte, daß Er Navadvip am nächsten Morgen verlassen würde, um *sannyas* zu nehmen, strahlte eine solche Anziehung auf Seine Anhänger aus, daß beinahe jeder bedeutende Gottgeweihte herbeieilte, um Ihn an jenem Abend noch einmal zu treffen. Sie kamen mit Blumengirlanden und vielen anderen Opfergaben, die sie dem Herrn darbringen wollten. Nimai nahm ihre Girlanden an und hängte sie den Geweihten um, die sie Ihm geschenkt hatten. Nur vier Seiner vertrautesten Geweihten wußten, daß Er weggehen würde; die gewöhnlichen Geweihten jedoch ahnten nicht, daß dies Seine letzte Nacht in Navadvip sein würde. Eigenhändig bekränzte Er die Nacken Seiner Geweihten mit Girlanden und bat sie: "Singt immerzu den Namen Krishnas. Unter gar keinen Umständen solltet ihr diesen Krishna-Namen aufgeben. Und nichts anderes sollt ihr tun. Während ihr arbeitet, eßt, schlaft oder wacht, bei Tag oder Nacht - was immer ihr auch tut - entsinnt euch fortwährend des Namens Krishnas. Sprecht immer über Krishna und über nichts anderes. Wenn ihr auch nur ein wenig echte Zuneigung für Mich empfindet und euch auch nur ein bischen an Mir liegt, dann befolgt Meine Bitte und tut nichts, ohne dabei den Namen Krishnas zu singen. Entwickelt Krishnabewußtsein. Krishna ist unser aller Ursprung. Er ist unser Vater; wir sind aus Ihm hervorgegangen. Der Sohn, der seinem Vater keine Dankbarkeit entgegenbringt, wird mit Gewißheit Geburt um Geburt bestraft werden. Singt immerzu diese Namen des Herrn:

*Hare Krishna, Hare Krishna, Krishna Krishna, Hare Hare*
*Hare Rama, Hare Rama, Rama Rama, Hare Hare*

Es bedarf keiner anderen religiösen Regel. Singt einfach Hare Krishna. Das ist nicht irgendein gewöhnliches *mantra*, sondern es ist das Maha-Mantra, das bedeutendste unter allen großen *mantras*, die eigentliche Essenz aller *mantras*, die der Welt offenbart wurden. Nehmt immerdar bei ihm Zuflucht, dann müßt ihr keine andere Vorschrift befolgen. Erinnert euch an euren Herrn, an euer Zuhause. Dies hier ist ein fremdes Land; hier gibt es nichts, wonach es sich zu verlangen lohnt. Versucht immer, nach Hause zurückzukehren, zurück zu Gott." Auf diese Weise sprach der Herr zu ihnen und alle Seine Geweihten kamen einer inneren Eingebung folgend zu Ihm, weil es Nimai Pandits letzte Nacht in Navadvip war.

Spät in der Nacht traf ein Geweihter namens Sridhar Kholaveca bei Ihm ein. Dieser handelte für gewöhnlich mit den verwertbaren Teilen des Bananenbaumes und seinen Früchten. Er verkaufte diese Früchte in reifem oder grünem Zustand und ebenso die großen Blätter, die als Teller Verwendung finden. Manchmal bezahlte ihm Nimai weniger für seine Früchte, als diese wert waren, und manchmal schnappte Er ihm die besten Früchte einfach weg. Sridhar kam spät in der Nacht zu Ihm zu Besuch, um Ihm einen auserlesenen Kürbis anzubieten. Und Nimai dachte bei Sich: "Ich habe fast Mein ganzes Leben damit verbracht, ihm so viele Dinge wegzuschnappen, und nun hat er Mir - in dieser letzten Nacht - diesen wunderschönen Kürbis gebracht. Ich kann nicht widerstehen." Er fragte Sacidevi: "Mutter, Sridhar hat Mir diesen Kürbis geschenkt. Bitte überlege dir, wie er zubereitet werden kann." Zur Schlafenszeit kam jemand mit etwas Milch. Nimai sagte: " Mutter, bitte bereite mit dieser Milch und diesem Kürbis ein wenig süßen Reis zu." Also bereitete Sacidevi süßen Kürbisreis zu. Gekochten Kürbis mit Milch, Reis und Zucker.

Spät nachts, etwa um drei Uhr morgens, machte Sich Nimai auf den Weg. Er ließ Vishnupriyadevi schlafend im Bett zurück. Seine Mutter Sacidevi, die spürte, was geschehen würde, hatte die ganze Nacht wachend an der Tür verbracht. Nimai verbeugte Sich vor ihr und ging fort. Und wie eine Steinfigur saß Mutter Sacidevi dort beim Tor, als Nimai sie verließ. Sie konnte keinen Ton hervorbringen, es hatte ihr die Sprache verschlagen. Kurz nach drei Uhr morgens schwamm Nimai über den Ganges und ging mit Seinen nassen Kleidern geradewegs nach Katwa, das etwas vierzig Kilometer entfernt liegt. Er erreichte es etwa gegen neun oder zehn Uhr. Dort angekommen wandte Er Sich an Keshava Bharati, um von ihm die Einweihung in den Lebensstand der Entsagung zu empfangen.

Am frühen Morgen kamen Gottgeweihte, um nach Nimai zu sehen, und fanden Sacidevi einer Statue gleich vor der Tür sitzen. Die Tür war offen. Alles war leer. "Was ist geschehen, Sacidevi?" fragten sie. Sie erwiderte: "Ach, ich habe auf euch Gottgeweihte gewartet. Ihr könnt das Haus in Besitz nehmen. Ich werde irgendwo anders hingehen. Ich kann dieses Haus nicht mehr betreten. Ihr seid Seine Geweihten; ihr seid Seine wahren Erben. Nehmt es in Besitz." Sie begannen, sich um sie zu scharen und sie zu trösten. "Du willst fortgehen? Was aber wird dann aus der jungen Frau, die Er zurückgelassen hat? Das Mädchen ist erst vierzehn Jahre alt. Wer wir sie beschützen? Du kannst der Verantwortung, die dir übertragen wurde, nicht ausweichen. Sie liegt auf deinen Schultern." So redeten sie ihr zu, versuchten Sacidevi zu trösten und ihr etwas Hoffnung zu vermitteln. Doch plötzlich erfuhren sie, daß Nimai Pandit, Sri Gauranga, Navadvip verlassen hatte. Sie begriffen, daß Er nach Katwa gegangen war, in Keshava Bharatis *asrama*, um *sannyas* zu nehmen, und den Menschen von Navadvip für immer Lebewohl gesagt hatte. Da legte es sich wie ein dunkler Schatten über sie. Einige begannen zu weinen und nach Ihm zu rufen. Und viele rannten gar auf schnellstem Wege Richtung Katwa.

Nimai Pandit war ein beispielloser Gelehrter mit wunderschönen Eigenschaften, hochgewachsen, von schöner Gestalt und gütig. Er hatte die Menschen bereits mit dem Heiligen Namen Krishnas angesteckt. Er hatte die zwei großen Sünder Jagai und Madhai aus ihrem schlimmen Leben erlöst. Er hatte dem Kazi, dem mohammedanischen Herrscher, der ihre Trommel (*mrdanga*) zerbrochen hatte, die Stirn geboten. Als berühmter Pandit hatte Er über viele Gelehrte triumphiert, die gekommen waren, um Navadvip zu erobern, welches für Seinen hohen Grad geistiger Bildung, ganz besonders der Logik bekannt war. Zu jener Zeit standen in Navadvip Logik (*nyaya*), die Verehrung der materiellen Energie (*tantra*) und der offizielle Hinduismus (*smrti*) in hoher Blüte. Navadvip war für seine Gelehrsamkeit weithin berühmt. Kein Pandit konnte Berühmtheit erlangen, wenn er nicht die Gelehrten von Navadvip im Wettstreit besiegen konnte. So war auch Keshava Kashmiri aus dem fernen Kashmir gekommen, um die Bestätigung dafür zu erlangen, daß er ein Pandit war. Und auch er war von Nimai Pandit besiegt worden. Keshava Kashmiri war ein solch hervorragender Pandit, daß das Gerücht ging, er sei das Lieblingskind von Saraswati, der Göttin der Weisheit. Niemand konnte ihm die Stirn bieten. Und doch wurde auch er von Nimai Pandit im Wettstreit besiegt.

Nimai Padit aber verließ Navadvip für immer und trat in den Lebensstand der Entsagung (*sannyas*) ein, weil die Menschen von Navadvip Ihn nicht zu schätzen wußten. Er gelangte nach Katwa, wo sich gerade zu der Zeit ein *sannyasi* an den Ufern des Ganges aufhielt: Keshava Bharati. Nimai ging zu ihm und bat ihn, Ihn in den Lebensstand der Entsagung einzuweihen. Keshava Bharati bemerkte plötzlich, daß sein *asrama* in einem geheimnisvollen Glanz erstrahlte. Zuerst schien es, als ob die Sonne vor ihm aufgehen würde; dann erkannte er, daß sich ihm eine Person näherte, von der ein Leuchten ausging. Er erhob sich von seinem Platz und trat verwundert näher, wobei er angestrengt versuchte, etwas zu erkennen. "Was ist das?" fragte er sich. Dann wurde ihm klar, daß der große Gottgeweihte und Gelehrte Nimai Pandit gekommen war. Er trat vor ihn hin und sagte: "Ich möchte *sannyas* von dir annehmen." Doch Keshava Bharati wollte Nimais Bitte nicht erfüllen. Er sagte: "Ich bin von Deiner Schönheit und Deiner Persönlichkeit bezaubert. Aber Du bist noch sehr jung, erst vierundzwanzig Jahre alt. Was ist mit Deiner Mutter, Deiner Frau und denen, die um Dein Wohl besorgt sind? Ich kann es nicht wagen, Dir das Gewand der Entsagung zu verleihen, ohne mich vorher mit ihnen beraten zu haben."

In der Zwischenzeit waren viele Menschen herbeigekommen, um im heiligen Wasser des Ganges ein Bad zu nehmen, denn es war *makara-sankranti*, ein hoher Feiertag. Sie hatten sich dort versammelt, und wie ein Lauffeuer verbreitete sich das Gerücht: "Nimai Pandit aus Navadvip ist gekommen, um *sannyas* zu nehmen." Da strömten immer mehr Leute herbei, bis sich eine riesige Menschenmenge gebildet hatte. Sie alle widersetzten sich der Absicht Mahaprabhus, in den Lebensstand der Entsagung einzutreten. Einige von ihnen erhoben protestierend ihre Stimmen: "Du, Keshava Bharati! Wir werden es nicht zulassen, daß du diesem jungen Mann *sannyas* verleihst. Er hat Familie, eine Mutter und eine Ehefrau. Wir werden es nicht erlauben. Wenn du diesem bezaubernden, jungen und wunderschönen Jüngling *sannyas* verleihst, werden wir unverzüglich deinen *asrama* niederreißen. Es darf nicht sein!"

Nimai Pandit aber bestürmte ihn weiter mit der Bitte, Ihn in den Lebensstand der Entsagung einzuweihen. Zuletzt fragte Ihn Keshava Bharati: "Du bist also dieser Nimai Pandit, über den wir so viel gehört haben? Viele große Gelehrte kamen herbei, um Navadvip, diesen weithin berühmten Sitz des Wissens, zu erobern, doch Du hast sie alle besiegt. Bist Du dieser Nimai Pandit?" "Ja", sagte Nimai. Daraufhin sprach Keshava Bharati zu Ihm: "Ich kann Dich in den Lebensstand der Entsagung aufnehmen, doch mußt Du zuvor die Erlaubnis Deiner Mutter einholen - andernfalls werde ich es, darf ich es nicht tun." Da machte sich Nimai augenblicklich auf den Weg und rannte in Richtung Navadvip, um diese Erlaubnis zu erbitten. Keshava Bharati aber dachte bei sich: "Er ist eine solch gebieterische Persönlichkeit, Er kann alles erreichen." So ließ er Nimai zurückrufen. Keshava Bharati sagte zu Ihm: "Du bist eine solch außergewöhnliche Persönlichkeit, daß Du erreichen kannst, was immer Dir beliebt. Du wirst dorthin gehen, diejenigen, denen Dein Wohl am Herzen liegt, verzaubern, die Erlaubnis erhalten und zurückkehren. Für Dich ist nichts unmöglich." Das gewöhnliche Volk war äußerst aufgebracht und bedrängte Keshava Bharati mit den Worten: "Swamiji, wir können es dir nicht gestatten, diesem jungen Burschen *sannyas* zu verleihen. Das ist unmöglich! Wenn du das tust, dann werden wir deinen *asrama* zerstören." Da begann Sri Chaitanya Mahaprabhu einen *kirtana* zu veranstalten, sang Hare Krishna und tanzte wie wild. Der wütende Menschenhaufen wuchs ständig an und es kam immer wieder zu Störungen. Auf diese Weise verging der ganze Tag, ohne daß eine Entscheidung gefallen wäre. Und auch die Nacht verging in einem ununterbrochenen *sankirtana*. Und am nächsten Tag gewann der Wille Nimais die Oberhand, obwohl es immer noch einigen Widerstand gab.

Nach und nach trafen auch Nityananda Prabhu, und Chandrasekhara, Nimais Onkel mütterlicherseits, Mukunda Datta und Jagadananda Pandit am Ort des Geschehens ein. Und an jenem Nachmittag begann die Zeremonie für die Erhebung in den *sannyas*-Stand. Chandrasekhara Acharya wurde gebeten, die Zeremonie für Nimai durchzuführen, der anfing zu singen und zu tanzen und die Zuhörer zu bezaubern.

*laksa locanasru-varsa-harsa-kesa-kartanam*
*koti-kantha-krsna-kirtanadhya-danda dharanam*
*nyasi-vesa-sarva-desa-ha-hutasa-kartaram*
*prema-dhama-devam eva naumi gaura-sundaram*
*(Prema-Dhama Deva Stottram, Vers 16)*

"Während Tränenströme aus den Augen von Millionen hervorbrachen, schwelgte Er in einem Taumel des Entzückens, als Ihm Sein wunderschönes Haar geschoren wurde. Millionen von Stimmen sangen zum Ruhme Krishnas, als Sri Krishna Chaitanya den Stab der Entsagung nahm. Von diesem Tage an brach jeder, der Ihn im Gewand des *sannyasi* sah, in kummervolles Weinen aus, wohin auch immer Er Sich wandte. Ich besinge den Ruhm jenes wunderschönen goldenen Gottes, dem Spender der göttlichen Liebe."

Dies alles geschah in Katwa, wo vor mehr als fünfhundert Jahren Sri Chaitanya Mahaprabhu in den Lebensstand der Entsagung eintrat. Er war jung und wunderschön, von hohem Wuchs. Er war erst vierundzwanzig Jahre alt und hatte herrliches, gelocktes Haar. Ein Barbier wurde gebeten, Ihm den Kopf kahl zu rasieren. Dieser trat an Ihn heran, zog sich dann aber wieder zurück. Er wagte es nicht, Nimais Körper zu berühren. Er begann zu jammern: "Wie könnte ich einen solch herrlichen Kopf seines wunderschönen Haares berauben?" Und viele andere klagten ebenfalls mit lauter Stimme: "Was für eine furchtbare Sache geschieht hier! Wer ist der Urheber dieses *sannyas*-Standes? Wer ist so hartherzig, daß er den *sannyas-asrama* geschaffen hat, in dem man alles aufgeben muß, was einem lieb und teuer gewesen ist, und von Tür zu Tür gehen muß, um zu betteln und die eigenen Freunde und Verwandten hilflos weinend zurückläßt? Was für eine Schöpfung des Höchsten Herrn ist das? Ist das logisch? Ist das etwas, was glücklich macht? Das ist doch äußerst grausam!"

Nimai Pandit aber lächelte. Nachdem der Barbier wiederholt dazu aufgefordert worden war, wurde er schließlich doch irgendwie dazu bewogen, Nimais Kopf zu rasieren. Zuerst wagte er es nicht, Sein Haar zu berühren und sagte: "Ich darf Ihn nicht berühren." Doch schließlich mußte er den Dienst ausführen und dieses herrlich gelockte Haar vom wunderschönen Kopf des vierundzwanzigjährigen begabten jungen Mannes schneiden. So machte er sich denn mit seinen Scheren an die Arbeit. Eine ganze Reihe von Leuten konnte diesen Anblick nicht ertragen. Einige wurden sogar toll dabei. Inmitten des Weinens, Klagens und Jammerns des bedrohlichen Menschenhaufens wurde es schließlich vollbracht. Nimai Pandit war wie von Sinnen. Nachdem Er erst halb rasiert war, stand Er auf und hub an, den Lobpreis Gottes anzustimmen (*kirtana*) und in begeisterter Freude zu tanzen. Als Er fertig rasiert war, gab der Barbier das Versprechen: "Nie wieder werde ich jemanden mit dieser Hand rasieren. Eher werde ich vom Betteln leben. Das war mein letzter Dienst als Barbier." Und von da an verdiente er sich seinen Lebensunterhalt mit der Herstellung von Süßigkeiten.

Schließlich besänftigten Nimais flehentliche Bitten den Mob, und kurz vor Mittag vollzog sich Schritt für Schritt das Unvermeidliche: die *sannyas*-Zeremonie wurde durchgeführt. Chandrasekhara Acharya, Nimai Pandits Onkel mütterlicherseits, war die Aufgabe übertragen worden, die Aufsicht über die rituellen Handlungen bei der *sannyas*-Zeremonie zu führen. In dem Augenblick, als der *mantra* verliehen werden sollte, fragte Nimai

Pandit den Keshava Bharati: "Ist das der *mantra*, den du Mir geben willst? Ich hörte ihn in einem Traum." Daraufhin flüsterte Er den *mantra* in das Ohr Seines *guru*, der dies geschehen ließ und Ihm antwortete: "Ja, das ist der *mantra*, den ich Dir geben werde." Und daraufhin wurde Ihm der *mantra* offenbart. Und auch der Name dieses *sannyasi* wurde nicht auf gewöhnliche Weise verliehen. Ein höchst eigentümlicher Name strömte durch Keshava Bharati hindurch: "Krishna Chaitanya." Nimai Pandit wurde keiner der zehn üblichen *sannyas*-Namen verliehen, vielmehr wurde Ihm der Name Krishna Chaitanya gegeben. Und kaum hatte die Menge diesen Namen gehört, schrie sie auf: "Sri Krishna Chaitanya Mahaprabhu *ki jay*! Alle Ehre sei Sri Krishna Chaitanya."

Der Vater von Srinivasa Acharya war mit Nimai Pandit befreundet. Unterwegs hörte er davon, daß Nimai Pandit gekommen war, um *sannyas* zu nehmen. Er lief so schnell er konnte zum Ort des Geschehens. Und als er Zeuge des Vorgangs geworden war, verschlug es ihm die Sprache - er war überwältigt und verlor schier den Verstand. Danach kam nichts anderes mehr über seine Lippen als: "Chaitanya." Nachdem er den Namen "Krishna Chaitanya" vernommen hatte, sprach er nur noch ein Wort: "Chaitanya!" - egal, was irgendjemand zu ihm gesagt hatte. Er war verrückt geworden. Von da an wurde er Chaitanya dasa gerufen. Sein früherer Name verschwand und jeder pflegte ihn Chaitanya dasa zu nennen. Er hatte es nicht ertragen können mitzuerleben, wie Nimai Pandit *sannyasi* wurde.

Sri Chaitanya Mahaprabhu, der nun ganz neu in rote Gewänder gekleidet war, umarmte Seinen *guru*, und beide begannen zu tanzen, wobei sie den Namen Krishnas sangen. Und nach einer Weile wurde auch die wahre Bedeutung des neuen Namens offenbart. Keshava Bharati Maharaja sprach: "Sri Krishna Chaitanya bedeutet, daß Du in der ganzen Welt Krishna-Bewußtsein erwecken wirst. Du bist herabgekommen, um alle Menschen krishnabewußt zu machen. Deshalb kann der Name, der allein für

*Sri Chaitanya als Sannyasi*

Dich geeignet ist, nur Sri Krishna Chaitanya sein."

Mahaprabhu wurde sehr fröhlich und dachte: "Ich werde jetzt viele Seelen aus ihrer ewigen Not und ihrem ewigen Kummer befreien. Ich habe versprochen, die ganze Welt aus diesem Ozean der Trübsal zu erlösen und alle Lebewesen in jenes spirituelle Reich, das voller Nektar ist, zu führen. Und jetzt endlich ist es so weit, daß Ich mit dieser Aufgabe beginnen kann." So frohlockte Er, doch um Ihn herum waren alle in einen Ozean der Verzweiflung und des Kummers eingetaucht.

Einige Gelehrte weisen betont darauf hin, daß Chaitanya Mahaprabhu von Keshava Bharati *sannyas* angenommen habe, einem Anhänger der Unpersönlichkeitslehre (*mayavadi*). Obwohl aber Keshava Bharati in einer solchen Weise aufgetreten sein mag, zeigt es sich, daß er, sobald er mit Mahaprabhu in Verbindung getreten war, zu einem Gottgeweihten wurde. Wir können uns aber andererseits auch vorstellen, daß er ein Gottgeweihter war, der im Gewand eines Unpersönlichkeitsphilosophen erschien, um die Predigtarbeit von Mahaprabhu dadurch zu unterstützen, daß er Ihm bei dem - für die Gesellschaft wichtigen - förmlichen Schritt des Eintritts in den Lebensstand der Entsagung Beistand leistete. In jener Zeit standen in ganz Indien die *mayavadi sannyasis* in höherem Ansehen als die *vaisnava sannyasis*. Keshava Bharati gehörte bereits diesem *sannyas*-Stand an. Man kann also durchaus sagen, daß Mahaprabhu aus ganz eigenen Beweggründen von ihm das Gewand und die Rolle des *sannyas* annahm, um auf diese Weise Seine eigene Predigtaktivität zu fördern. Sicher kann man den ganzen Vorgang auf ganz verschiedene Art und Weise erklären. Auf jeden Fall aber begann Keshava Bharati zusammen mit Sri Chaitanya Mahaprabhu zu tanzen und zu singen, kaum daß dieser *sannyas* angenommen hatte. Er beteiligte sich an Seinem *sankirtana* und war augenblicklich wie verwandelt.

# Kapitel 6 - Getrennt und doch vereint:
## Die höchste Stufe transzendentaler Liebe

Auf diese Weise trat Nimai Pandit in den Lebensstand der Entsagung (*sannyas*) ein. Was aber ist die wahre Bedeutung Seines Schrittes? War er überflüssig, hilfreich oder gar ein notwendiger Bestandteil des spirituellen Wachstums? War er gar etwas Wünschenswertes? Obwohl nur wenige das Ganze augenscheinlich als angenehm hatten, besaß es dennoch seine eigene Notwendigkeit. In der auf Krishna bezogenen Vorstellung des Theismus gibt es eine tief verwurzelte Wechselbeziehung zwischen der Vorstellung vom Einssein mit dem Herrn und der Trennung von Ihm. Ohne Trennung kann das Einssein keine besonders tiefen Wurzeln haben. Denn die Qual der Trennung kann viel mächtiger im Herzen wirken als Fröhlichkeit es je vermöchte. Eine solche Art des Begreifens erhöht unser Gefühl des Erfülltseins. Denn je stärker unser Wunsch ist, desto intensiver wird auch unsere Befriedigung sein. Und das gilt ganz besonders, wenn es um Liebe geht. Wenn für irgend etwas keine Notwendigkeit besteht, dann ist es wertlos. Dieses Prinzip kann man überall wiederfinden. Ein Glas Wasser ist etwas ganz Gewöhnliches, doch entsprechend dem Maß, in dem man seiner bedarf, wird sein Wert gesteigert. Das Maß der Bedürftigkeit ist deshalb äußerst wichtig. Bedürftigkeit wird in der Trennung am stärksten empfunden. Bedürftigkeit ohne Aussicht auf Erfüllung bedeutet Trennung, Hunger.

Das Erleben des Getrenntseins spielt sowohl in Navadvip als auch im Vrindavan-*lila* die wichtigste Rolle. Wie viele Jahre waren Krishna und die *gopis* vereint? Krishna befand Sich nur im

Alter zwischen sieben und zwölf Jahren in Vrindavan, also fünf Jahre. Danach begab Er Sich nach Mathura. Natürlich wird im Padma Purana erwähnt, daß in besonderen oder außergewöhnlichen Fällen Reife daran zu messen sei, daß man das Alter mit eineinhalb multipliziert. Wenn Krishna also acht Jahre alt ist, dann sollte Er wie zwölf angesehen werden. Und wenn er zwölf ist, dann sollte Er wie ein Achtzehnjähriger betrachtet werden. Seiner Entwicklung und Reife entsprechend hielt Krishna Sich deshalb in Vrindavan von Seinem zwölften bis zu Seinem achtzehnten Lebensjahr auf, gemäß Seinen Lebensjahren jedoch nur von Seinem siebten bis zu Seinem zwölften Jahr.

Krishna lebte lange Zeit in Dvaraka. Insgesamt weilte Er einhundertfünfundzwanzig Jahre hier auf Erden. Nachdem Er im Alter von zwölf Jahren Vrindavan verlassen hatte, fühlten die *gopis* ihr ganzes Leben hindurch die Qualen der Trennung. Ihr lang andauerndes Gefühl des Getrenntseins verleiht ihrer Hingabe eine solche Würde. Erst die Prüfung des Getrenntseins zeigt, ob es wahre Liebe ist. Eine so lang andauernde Trennung und eine so schwere Prüfung wird uns nirgens sonst in der Geschichte überliefert. Dennoch verminderte sich die Tiefe ihrer Gefühle überhaupt nicht. Vielmehr zeigt uns das Beispiel der *gopis* eine unbegreifliche, ständig anwachsende Tiefe der göttlichen Liebe.

Die Umstände der göttlichen Spiele von Navadvip und Vrindavan ähneln sich sehr stark. In Navadvip gab Mahaprabhu Sein Familienleben auf, um den Sieg über die gegnerische Partei zu erringen. Und im Vrindavan-*lila* ist es fast das gleiche. Dort kam der Widerstand aus Mathura in Gestalt von Agha, Baka, Putana, Trinavarta und anderen Dämonen, die von König Kamsa gesandt worden waren. Um diesen Widerstand gänzlich auszumerzen, mußte Sich Krishna nach Mathura begeben. Und als Er Sich dorthin wandte, entdeckte Er, daß der Widerstand weit verbreitet war. Kamsas Schwiegervater Jarasandha sowie Kalayavana, Sisupala, Dantavakra und viele andere standen Krishna feindlich gegenüber. Deshalb versprach Krishna den *gopis*, daß Er, sobald

Er Seine Feinde vernichtet habe, nach Vrindavan zurückkehren würde, um Sich mit ihnen auf friedvolle Weise zu erfreuen. Krishna mußte weggehen, um die gegnerische Partei zu vernichten. Und Er erklärte den *gopis* in Kurukshetra: "Ich habe noch einige andere Feinde; doch wenn Ich mit ihnen fertig bin, werde Ich wieder mit euch vereint sein." Diese Hoffnung war es, die den *gopis* in Kurukshetra geschenkt wurde.

Im Falle Mahaprabhus mußte dieser Navadvip verlassen, um über die gegnerische Partei zu siegen. Fünf Jahre später, als Er nach der Überwindung vieler indischer Gelehrter und religiösen Eiferer der verschiedenartigsten Glaubensrichtungen und Überzeugungen nach Navadvip zurückkehrte, war jedermann wie verwandelt. Die Menge war außer sich und begrüßte Ihn mit einem Eifer, der an Wahnsinn grenzte. Es ist schwer, sich vorzustellen, mit welchem Maß an Tollheit die Menschenmenge sich Chaitanyadeva, dem Kind aus ihrem eigenen Dorf, näherte. Sie überquerten den Ganges. Soweit man sehen konnte, ragte ein Kopf dicht neben dem anderen aus dem Ganges hervor. Aus allen Richtungen rannten sie auf Ihn zu, so daß es aussah, als sei der Dschungel durch die Menschenfüße gerodet worden. Einige wenige Tage lang hielt Sich Chaitanya Mahaprabhu in der Nähe von Vidyanagara auf, und dann machte Er Sich auf den Weg in Richtung Vrindavan, wobei Er unablässig den Heiligen Namen Krishnas sang. Tausende von Gottgeweihten liefen hinter Ihm her und gruben den Boden auf, um den Staub Seiner heiligen Füße zu erhaschen, wobei tiefe Löcher in der Erde zurückblieben.

Etwa achtzehn Jahre lang führte Sri Chaitanya Mahaprabhu als Nimai Pandit das Leben eines Gelehrten. Danach wanderte Er ungefähr sechs Jahre lang kreuz und quer durch ganz Indien, wobei Er auch nach Vrindavan kam. Die letzten achtzehn Jahre Seines Lebens hielt Er Sich ununterbrochen in Jagannath Puri auf. In den ersten sechs Jahren Seines Aufenthalts in Puri, die Er als *sannyasi* verbrachte, stand Er in Kontakt mit der breiten Öffentlichkeit. Die letzten zwölf Jahre Seines Lebens zog Er Sich fast gänzlich aus der menschlichen Gesellschaft zurück und vertiefte Sich darin, den Geschmack der Einheit in Trennung zwischen Radha-Govinda zu kosten. Und viele außerordentlichen Merkmale der Ekstase, die nie zuvor erfahren worden waren oder von denen man auch nur gehört hätte, wurden an Ihm offenbar. Denn die Erfahrung des Getrenntseins kann wunderbare Wirkungen an Körper und Geist hervorbringen.

## Die Erscheinung des Höchsten Herrn als Sri Gauranga

Der Gauranga-*avatara* besitzt eine doppelte Eigenschaft: Der augenscheinliche Grund Seiner Herabkunft besteht darin, die Menschen im allgemeinen aus dem Stand der Sünde zu erlösen und ihnen die höchste Errungenschaft des Lebens zu vermitteln - sie mit nach Vrindavan zu nehmen, zum Vraja-*lila,* indem Er ihnen Krishnas heiligen Namen schenkt. Das ist die eigentliche Aufgabe des *yugavataras,* der Manifestation Gottes in diesem Zeitalter. Der Höchste Herr erscheint, um den göttlichen Klang zu verbreiten und zu zeigen, wie man durch diesen göttlichen Klang die höchste Verwirklichung erlangen kann.

Doch Mahaprabhu hatte noch eine andere Aufgabe zu erfüllen. Einmal an jedem Lebenstag Brahmas - in einem ganz besonderen *kaliyuga* - erscheint Krishna Selbst in der Gemütshaltung Radharanis, um nach Sich Selbst zu suchen. Er möchte die Stimmung Radharanis kosten, um die Natur der inneren Sehnsucht nach Krishna zu verstehen und um zu erfahren, wie Sie die Süße Krishnas in der Tiefe Ihres Gemüts kosten kann und wie die Freude beschaffen ist, die Sie daraus gewinnt. Krishna wollte erfahren, warum Radharani sich so sehr nach Ihm verzehrte. Er dachte: "Was ist nur an Mir, das Mich für Sie so unermeßlich begehrenswert macht? Wie kommt es, daß Sie durch Mich ein solches Maß an Seligkeit gewinnt? Ich kann es nicht ergründen." Er wollte in der Gemütsstimmung von Sri Radhika Gestalt annehmen und versuchen, mit dieser Wesensart Sein eigenes Selbst zu erfahren. Deshalb erschien Er als Sri Chaitanya.

Es heißt, daß Srimati Radharani, nachdem Er die Vorstellung von einem solchen Erscheinen in der Welt entwickelt und Ihr diese Idee unterbreitet hatte, Ihm erwiderte: "Du wirst Dich zuweilen wild auf dem Boden wälzen, während Du meinen Namen rufst, und das werde ich nicht ertragen können. Ich werde deshalb Deinen Körper mit dem goldenen Glanz meines eigenen Wesens verhüllen. Ich werde Dir nicht erlauben, Dich auf dem Boden zu wälzen. Ich will Dich in meiner Umarmung bergen."

So wird es von denen verkündet, die das eigentliche Wesen von Sri Mahaprabhu kennen: "Ich bringe Sri Chaitanya Mahaprabhu meine Ehrerbietungen dar, der in der Gemütsverfassung und mit der äußeren Ausstrahlung von Radharani erscheint und dessen innerstes Wesen Krishna ist, auf der Suche nach Sich Selbst, Sich Selbst genießend bei dem Versuch zu verstehen, warum Radharani geradezu versessen darauf ist, Ihn zu erleben, und zu erfahren, welche Art von Süße sie in Ihm findet (*radha bhava dyuti suvalitam naumi krsna svarupam*)."

Sri Chaitanya Mahaprabhu weilte achtundvierzig Jahre lang in dieser Welt. Und die letzten zwölf Jahre Seines Lebens war Er mit größtem Eifer damit beschäftigt, Sich Selbst zu erfahren. So wie jedermann geradezu toll danach ist, Glückseligkeit zu erfahren, ist auch Krishna - die Glückseligkeit in Person - darauf versessen, Sich Selbst zu genießen. Die Beobachtung der eigenen inneren Vorgänge dient dem Zweck, sich selbst zu erkennen. Bewußtsein offenbart sich nur dem Bewußtsein. Und genauso wie jemand seinen eigenen Körper zu fühlen oder Bewußtsein sich eine Vorstellung von sich selbst zu machen vermag, kann die Ekstase selbst auch die Ekstase genießen. Dies wird von Chaitanya Mahaprabhus persönlichem Sekretär, Svarupa Damodara Prabhu, bestätigt, der als eine Erscheinung von Lalita *sakhi* gilt, der engsten Freundin von Srimati Radharani in den Spielen von Krishna. Er brachte zum Ausdruck, was das wahre Wesen von Sri

Chaitanya Mahaprabhu ist:

*radha krsna-pranaya-vikrtir hladini saktir asmad*
*ekatmanav apo bhuvi pura deha-bhedam gatau tau*
*caitanyakhyam prakatam adhuna tad-dvayam caikyam aptam*
*radha-bhava-dyuti-suvalitam naumi krsna svarupam*

"Ich verehre Sri Chaitanya Mahaprabhu, der Krishna Selbst ist, geschmückt mit den Gefühlen und dem strahlenden Glanz von Radharani. Radha und Krishna sind zwei gleichwertige Teile des einen Ganzen: ein bestimmender, aktiver Teil und ein zurückhaltender, passiver Teil. Sie sind auf ewig eins und besitzen doch eine voneinander getrennte jeweils individuelle Persönlichkeit. In der Gestalt von Sri Krishna Chaitanya haben Sie Sich nun wieder vereint. Diese unbegreifliche Umwandlung der inneren freudespendenden Energie des Herrn ist der Liebesbeziehung von Radha und Krishna entsprungen."

In diesem Vers offenbart Svarupa Damodara, daß die Spiele von Radha-Krishna wie auch die von Sri Chaitanya Mahaprabhu einem gemeinsamen Muster folgen und ewiglich sind. Ob der Winter dem Sommer vorausgeht oder der Winter nach dem Sommer kommt, ist schwer zu sagen. In ähnlicher Weise bewegen sich die ewigen Spiele des Höchsten Herrn in einem Kreis. Deshalb stellt Svarupa Damodara fest: "Ob der Chaitanya-*avatara* vor dem Krishna-*avatara* kommt oder ob der Krishna-*avatara* dem Chaitanya-*avatara* vorangeht, ist schwer zu sagen - beide sind ewig."

Wer aber ist dann Sri Radha? Sie ist die Entfaltung der Süße, die Krishna Selbst entspringt. Diese Süße, die in der Erscheinung Radhas Gestalt annimmt, quillt aus dem innersten Wesen Krishnas hervor. Srimati Radharani ist eine ganz eigene Kraft, die in Krishna Selbst ihren Ursprung hat: *hladini sakti*. Deshalb darf man sich Radha und Krishna nicht als zwei getrennte Wesen vorstellen. Beide sind ein und dasselbe. Dennoch heißt es, daß Sie Sich in unvordenklicher Zeit in zwei geteilt haben. Und dann haben Sich beide in der Gestalt Sri Chaitanya Mahaprabhus erneut vereint, in dessen strahlendem Glanz und in dessen Gemüt Srimati Radharani und in dessen Wesen und innerer Wirklichkeit Sri Krishna zum Ausdruck kommt. Feuer und Hitze kann man nicht voneinander trennen. Sonne und Licht können nicht getrennt voneinander bestehen. Sie sind ein und dasselbe. Die absolute Wahrheit ist eine absolute Substanz (*advaya-jnana*) und doch erscheinen Radha und Govinda manchmal getrennt und dann wieder vereint. Wenn Sie zusammen sind, erfreuen Sie einander, und manchmal erleben Sie auch eine qualvolle Trennung, ohne die Möglichkeit, Sich wieder zu vereinen. Das entspricht Ihrer göttlichen Natur. Sri Rupa Goswami erklärt dies wie folgt:

> *aher iva gatih premnah, svabhava-kutila bhavet*
> *ato hetor ahetos ca, yunor mana udancati*

Er sagt, daß so wie eine Schlange sich natürlicherweise vorwärts windet, sozusagen im Zick-Zack, es dem Wesen der Liebe entspricht, ebenfalls gewundenen Pfaden zu folgen. Liebe ist niemals gradlinig. So streiten sich die Partner, die es angeht, manchmal mit und manchmal ohne Grund und es kommt zur Trennung. Und eine solche Trennung gehört auch zum transzendentalen Wesen der Spiele von Radha und Krishna.

### Trennungsgefühle

Es gibt vier Arten der Trennung: *purva-raga, mana, prema-vaicittya* und *prabasa*. *Purva-raga* bedeutet ein Gefühl der Trennung schon bevor die Begegnung wirklich stattgefunden hat. Das geschieht, wenn Radha und Govinda sich nicht wirklich treffen, sondern in eine wie auch immer geartete noch so schwache Berührung mit dem Namen, dem Bild oder etwas ähnlichem des jeweils anderen kommen. Wenn Radha den Namen Krishnas hört

- oder den Klang Seiner Flöte - so findet keine wirkliche Begegnung statt und dennoch entsteht eine gewisse Verbindung. Der Klang von Krishnas Flöte, ein Bild Krishnas oder Sein Name können die Erfahrung des *purva-raga* hervorrufen. Und Krishna geht es manchmal ähnlich, wenn Er nur den Namen von Srimati Radharani hört. Auf diese Weise entstehen bereits schmerzliche Trennungsgefühle obwohl doch in Wirklichkeit noch gar keine Begegnung stattgefunden hat. Der Name selbst ist so voller Lieblichkeit, daß es weder Ihm noch Ihr gelingt, Ihre Gefühle zu zügeln. Wenn der Heilige Name Krishnas an Radharanis Ohr dringt, verwirrt Sie das augenblicklich und Sie denkt: "Kann es in dieser Welt überhaupt einen Namen geben, der so voller Süße ist wie dieser?" Das ist Ihre tiefste Empfindung, doch gleichzeitig spürt Sie auch Schmerz. Sie fühlt: "Ich kann Ihm nicht wirklich begegnen." Und das Gefühl des Getrenntseins fährt wie ein stechender Schmerz in Ihr Herz. Das ist *purva-raga*, der Schmerz der Trennung, der schon entsteht, ehe noch eine wirkliche Begegnung stattgefunden hat.

*Mana* ist eine weitere Art, Trennung zu empfinden. *Mana* bedeutet, daß während Ihres Zusammenseins irgendwelche Meinungsverschiedenheiten über unbedeutende Kleinigkeiten trennend zwischen Ihnen stehen. Auch das gehört zur wahren Natur der Liebe. Das veranlaßt Srila Rupa Goswami festzustellen, die Pfade der Liebe seien gewunden wie eine Schlange. Daran ist nichts Krankhaftes, vielmehr ist dies das eigentliche Wesen des Pfades der Liebe. Manchmal keimt in Ihr aus unbedeutendem Anlaß oder gar völlig grundlos ein Gefühl auf, etwa der Art: "Er vernachlässigt Mich; Er versucht Mich zu meiden." Und auf diese Weise kommt Srimati Radharani zu dem Schluß: "Auch Ich will keinen Umgang mit Ihm haben." Und obwohl sie eine so tief ausgeprägte Wertschätzung füreinander empfinden, werden vorübergehend aus verborgenen Motiven gänzlich unvereinbare Empfindungen wach. Die Gefühle der Beiden geraten in Widerstreit und jeder will die Gesellschaft des anderen meiden.

Im Zustand des *prema-vaicittya* steigert sich die Eifersucht in einem solchen Maße, daß sich sogar während Ihres Zusammenseins irgendwelche Gedanken einschleichen und Sie glauben macht, Sie seien in Wirklichkeit weit voneinander entfernt. All diese verschiedenen Arten der Trennung gibt es nur im *madhurya-rasa*. *Prema-vaicittya* ist der Zustand, der entsteht, wenn Krishna anwesend ist und Radharani Sich ganz dicht neben Ihm befindet, doch sobald Sie Ihres eigenen Schattens gewahr wird, der auf Krishnas Gestalt fällt, Sie eine solch quälende Eifersucht empfindet, daß Sie glaubt eine andere Frau bei Ihm zu sehen. Auf diese Weise wird Sie von quälenden Trennungsgefühlen aufgewühlt und denkt: "Was ist das? Da ist eine andere Frau!" Ihr Gemüt gerät in Aufruhr. Doch Ihre Freundin Lalita macht Sie aufmerksam: "Was sagst Du da? Das ist doch nur das Abbild Deiner eigenen Gestalt, das widergespiegelt wird. Kannst Du das denn nicht sehen?" Daraufhin kommt Radharani wieder zu Sich. Und dann wird Sie Sich auch Ihrer eigentümlichen Wahrnehmung bewußt: "Ach, das ist ja Mein eigener Schatten." Und dann ist dieses Gefühl augenblicklich verschwunden. Das ist ein Beispiel der *prema-vaicittya*. All dies sind äußerst hohe transzendentale Themen, und obwohl man darüber nicht in allen Einzelheiten sprechen sollte, zeigt sich darin doch das Wesen der göttlichen Liebe im Zustand des Einsseins und der Trennung. Beide sind wechselseitig voneinander abhängig, der eine kann ohne den anderen nicht sein und die Trennung wird geradezu gewollt herbeigeführt, um das Erleben des Vereintseins zu steigern.

Eine weitere Art der Trennung wird *prabasa* genannt. Es gibt zwei Formen dieses Trennungsgefühls: im einen Fall besteht die Trennung nur für eine begrenzte Zeit; der andere Fall tritt ein, wenn jemand seine Heimat verlassen und sich an einen weit entfernten Ort begeben hat, wie Krishna, als Er nach Mathura aufgebrochen war, um Sich anderen Aufgaben zu widmen. So werden also vier Formen quälender Trennungsgefühle zwischen dem Liebenden und dem innig Geliebten beschrieben.

Natürlich sind dies ganz erhabene transzendentale Themen und wir sollten keinesfalls unachtsam in ihnen schwelgen. Denn wenn wir weltliche Eigenschaften auf die höhere geistige Ebene übertragen, wird unsere zukünftige spirituelle Entwicklung Schaden nehmen. Unsere irdischen Erfahrungen werden dazu beitragen, uns herunterzuziehen, deshalb müssen wir Vorsicht walten lassen. Welche Vorstellung auch immer wir uns zum gegenwärtigen Zeitpunkt machen - nichts davon ist auf der Ebene von Krishnas Spielen zu finden. Dort ist eine weit höhere Ebene des Daseins als der Bereich der Erfahrung, den wir gewohnt sind. Unsere Wahrnehmungsfähigkeit ist verfälscht. Wir besitzen nur eine getrübte Vorstellung der ursprünglichen Sache. Das müssen wir im Auge behalten und dürfen uns mit dergleichen Themen nur befassen, wenn wir der warnenden Mahnung stets eingedenk sind.

Es ist sicherer, sich mit dem Gegenstand der Trennung von Radha und Govinda zu befassen als mit Ihrem Vereintsein. Und natürlich müssen wir auch verstehen, daß die schmerzlichen Trennungsgefühle, die Radha und Govinda erfahren, nichts mit dieser weltlichen Ebene gemein haben. Und deshalb mögen wir, solange wir der Warnung gedenken, bis zu einem gewissen Grade über die Trennung sprechen. Doch ist es für uns ganz und gar nicht ungefährlich, darüber zu diskutieren oder auch nur darüber nachzudenken, wie Radha-Govinda und Ihre intimen Freunde zusammen sind und Sich Ihrer wechselseitigen Gegenwart erfreuen. Denn wenn in unsere Beschäftigung mit den Spielen von Radha und Krishna auch nur die allergeringste weltliche Vorstellung einfließt, werden wir ein schweres Vergehen auf uns laden. Deshalb ist es für uns sehr viel gefährlicher, uns den Zustand des Einsseins von Radha und Govinda vorzustellen, als Gefühle der Trennung zu entwickeln, wie sie Mahaprabhu durch Sein eigenes Beispiel offenbart hat.

Im Zustand der Trennung von Krishna denkt Mahaprabhu: "Ohne Krishna kann ich nicht einmal Mein eigenes Leben ertragen! Ohne Seine Barmherzigkeit, ohne Seine Gesellschaft kann

Ich Mein Dasein, das so wenig wünschenswert ist, nicht länger aufrechterhalten." Diese Art der Gemütshaltung ist hilfreich für uns, und dennoch sollten wir sie nicht nachahmen; vielmehr müssen wir sie voller Achtung als unser höchstes Ideal akzeptieren. Das wird uns dabei helfen, unsere scheußlichen, unerwünschten Gewohnheiten (*anarthas*) zu beseitigen. Auch wenn uns dabei Tränen kommen mögen, sollten wir nicht glauben, wir hätten bereits die höchste Stufe erreicht.

Eine solche Haltung sollten wir unbedingt vermeiden. Sri Chaitanya Mahaprabhu Selbst stellte fest: "Nicht ein Tropfen göttlicher Liebe ist in Mir, denn wie könnte Ich sonst Mein weltliches Leben weiterleben?" So trat Er in den Lebensstand der Entsagung ein, damit die Einwohner von Navadvip durch die Macht der Liebe gleichsam auf diese hohe Stufe der Trennungserfahrung hinaufgezogen würden. Seine alte Mutter Sacidevi weinte verzweifelt. Seine junge Gemahlin Vishnupriya Devi verbrachte den Rest ihrer Tage im Zustand der Hoffnungslosigkeit. Mahaprabhu nahm *sannyas* mit dem Ziel, einen Zustand großer Erregung hervorzurufen, um die Herzen der Menschen mit der göttlichen Liebe zu durchbohren, die zu schenken Er gekommen war. Diese Menschen dachten: "Wer war dieser Nimai Pandit? Welch große Gunst wollte Er uns erweisen?" Daß Er alles hinter Sich gelassen hatte, machte sie Ihm geneigt. All diese Gründe bewogen den Herrn, in den Lebensstand der Entsagung (*sannyas*) einzutreten.

### Sri Chaitanyas transzendentale Ekstase

Nachdem die *sannyas*-Einweihungszeremonie beendet war, geriet Sri Chaitanya Mahaprabhu ganz außer Sich: "Ich muß so schnell wie möglich nach Vrindavan eilen," dachte Er, "Ich habe jede Verbindung zu dieser Welt aufgegeben. Sie übt keinerlei Anziehungskraft mehr auf Mich aus. Ich muß nach Vrindavan eilen, um Mich ausschließlich dem Dienst für Krishna zu widmen." In einem tranceähnlichen Zustand begann er einen Vers aus dem Srimad Bhagavatam zu singen, in dem Krishna Seinem Freund Uddhava eine Beschreibung vom Lebensstand der Entsagung gibt. Der Vers selbst stammte ursprünglich von einem Bettelmönch, einem *tridandi-bhiksu*. Mahaprabhu zitierte diesen Vers und dachte dabei: "Ich habe Mich in dieses Gewand eines *sannyasi* gekleidet, weil dies für Mein spirituelles Leben von Vorteil ist. Deshalb kann nun niemand mehr in der Gesellschaft Ansprüche an Mich geltend machen und Ich werde imstande sein, Mich ausschließlich dem Dienst für Sri Krishna zu widmen. Ich gehe nach Vrindavan und bin aller Verpflichtungen und Bindungen gegenüber jedermann ledig." So begann Er voller Verzückung zu singen und zu tanzen, daß es schien, als sei Er verrückt geworden. Keshava Bharati Maharaja umarmte Ihn und beide, *guru* und Schüler, sangen und tanzten zusammen. Dabei trug Mahaprabhu den Vers jenes Brahmanen vor, der im letzten Abschnitt seines Lebens in den Stand des *tridandi-sannyasi* eingetreten war und infolgedessen die Grausamkeiten der Gesellschaft erdulden mußte. Er sagte:

*etam sa asthaya paratma-nistham,*
*adhyasitam purvatamair maharsibhih*
*aham tarisyami duranta-param,*
*tamo mukundanghri-nisevayaiva*

"Vorangegangene große Heilige haben den Pfad des *sannyas* betreten und auf beispielhafte Weise vorgelebt. Auch Ich habe nun diese Lebensweise auf Mich genommen. Und jetzt werde Ich nach Vrindavan eilen und alles andere hinter Mir lassen. Dort werde Ich den Ozean der Unwissenheit überqueren, einzig indem Ich dem Namen Mukundas, Krishnas, huldige. Indem Ich die *maya* dieser Welt überquere, werde Ich Vrindavan erreichen und dort gänzlich im Dienst für Krishna aufgehen."

Das Gewand eines *sannyasi* dient im wesentlichen dazu, sich nach außen kenntlich zu machen, die tiefere Bedeutung dieser

Lebenshaltung liegt darin, Mukunda zu dienen. Und mit diesem Vers praktisch noch auf den Lippen, machte Er Sich ganz plötzlich von Katwa aus auf den Weg nach Vrindavan. Nahe den Ufern des Ganges betrat Er den Dschungel und dachte: "Jetzt ist es Meine Pflicht, Vrindavan so schnell wie möglich zu erreichen, um dort - an einem einsamen Ort - zu sitzen und den heiligen Namen Krishnas zu singen und zu lobpreisen." So eilte Sri Chaitanya Mahaprabhu Vrindavan entgegen und betrat noch vor dem Abend den Dschungel. Nityananda Prabhu, Chandrasekhara Acharya, Mukunda Datta und Jagadananda folgten Ihm durch den Dschungel.

Während Er so dahinlief, geschah es immer wieder, daß Er plötzlich zu Boden fiel und laut ausrief: "Krishna, Krishna!" Wenn Er dann abrupt wieder aufstand, begann Er erneut zu laufen, ohne eine ersichtliche Richtung einzuhalten, nach Norden, Osten, Westen und Süden. Dann wiederum lief Er so rasch davon, daß Seine Gefährten Ihn nicht mehr aufspüren konnten, vor allem nachts, wenn sie Ihn in der Dunkelheit verloren hatten. Dann waren sie alle enttäuscht und dachten: "Sri Chaitanya Mahaprabhu, unser Herr und Meister, hat uns verlassen!" Doch dann hörten sie Ihn plötzlich wieder von weit her in einem herzzerreißenden, kummervollen Tonfall rufen: "Krishna, Krishna, Krishna!" Dann rannten sie in diese Richtung und sahen Ihn auf dem Boden liegen und weinen.

*kahan mora prana natha murali-vadana*
*kahan karon kahan pan vrajendra-nandana*

"Wo ist Mein geliebter Krishna? Ich kann diese Trennung von Ihm nicht mehr ertragen. Wo ist der Herr Meines Lebens, der auf Seiner Flöte spielt? Was soll Ich jetzt tun? Wohin soll Ich Mich wenden, um den Sohn von Maharaja Nanda zu finden?"

So weinte Er mit mitleiderregender, herzzerreißender Stimme. In völlig verwirrtem Zustand, ohne Sich einer bestimmten

Richtung bewußt zu sein, fragte Er: "Wer seid Ihr? Ich bin auf dem Weg nach Vrindavan. Warum stört ihr Mich?" Nachdem sie sich, so gut es eben ging, um Ihn gekümmert hatten, brachen sie wieder nach Westen auf, in Richtung auf Vrindavan. Und Sri Chaitanya Mahaprabhu irrte weiterhin wie in einem Trancezustand umher. Doch die starke Verbundenheit mit Ihm, die Seine Geweihten empfanden, hinderte Ihn daran, wirklich nach Westen zu gelangen. Denn indem Nityananda Prabhu sich den Trancezustand Mahaprabhus zunutze machte, überredete er Mahaprabhu irgendwie, Sich in Richtung Shantipur zu wenden.

Im Chaitanya Bhagavata wird erwähnt, daß sie von Katwa aus westwärts gingen, bis sie einen Platz in der Nähe von Vakresvara erreichten, etwa zehn Kilometer nordöstlich von Dubrarajpura im Distrikt von Birbhum. In Visramatala, auf der anderen Seite des Flusses Adjai, gibt es einen Platz, auf dem Sri Chaitanya Sich niedergelassen haben soll. Dort, so heißt es, habe Sri Chaitanya Mahaprabhu Sein Gesicht von Westen nach Osten gewendet, oder von Vrindavan nach Shantipura. Sie wanderten die ganze verbleibende Nacht hindurch und dann noch einen Tag und eine Nacht. Schließlich kehrte Er am Abend des dritten Tages über Kalna nach Shantipura zurück. Dies war einem Einfall Nityananda Prabhus zuzuschreiben, der vor Mahaprabhu im roten Gewand eines Asketen erschien. Und obwohl Sri Chaitanya Mahaprabhu ein äußerst vertrauensvolles Verhältnis zu ihm hatte, konnte Er Nityananda nicht erkennen. Stattdessen sah Er einen *sannyasi* vor Sich und dachte: "Ich bin auf dem Weg nach Vrindavan und da steht ein *sannyasi* vor Mir." Er sagte: "Sripad *Sannyasi*, wohin gehst du?" " Ich werde Dich nach Vrindavan begleiten." "Wie weit liegt Vrindavan von hier entfernt?" Da wies Nityananda auf den Ganges nahe bei Kalna und sagte: "Sieh nur, da ist die Yamuna." Mahaprabhu erwiderte: "Ach so nahe sind wir der Yamuna schon gekommen." Daraufhin nahm Er in der Yamuna Sein Bad, wobei Er diesen Vers sang:

*cid-ananda-bhanoh sada nanda-sunoh*
*para-prema-patri drava-brahma-gatri*
*aghanam lavitri jagat-ksema-dhatri*
*paciri-kriyan no vapur mitra-putri*

"Oh Tochter der Sonne, obwohl du in der Gestalt des Wassers erschienen bist, bist du dem Sohne Nandas, der die spirituelle Sonne darstellt, sehr lieb. Du zerstreust die Sünden aller Sünder. Bitte läutere diesen sterblichen Körper." (Kavi Karnapura: Chaitanya Chandrodayanataka 5.13)

Kurz bevor Sri Chaitanya Mahaprabhu das Ufer des Ganges erreichte, hatte Nityananda Prabhu Chandrasekhara vorausgesandt um Advaita Acharya herbeizuholen. Als Mahaprabhu Advaita Acharya fragte: "Bist du das, Advaita? Woher weißt du, daß Ich in Vrindavan bin?", antwortete Advaita Acharya: "Du machst da bestimmt einen Scherz, denn wo immer Du bist, da ist Vrindavan. Und es ist mein Glück, daß Du hierher in die Nähe des Ganges gekommen bist." "Ach, das ist der Ganges?" "Ja." Da wurde Sich Mahaprabhu der Außenwelt wieder bewußt und sagte: "Ach, dann ist das eine Verschwörung von Nityananda Prabhu. Der hat Mich hierher zu den Ufern des Ganges gebracht und Mir erzählt, das sei die Yamuna. Dann ist also alles ein Schwindel! Und Ich bin diesem Schwindel zum Opfer gefallen."

Doch Advaita Acharya widersprach: "Nein, nein, Nityananda Prabhu hat nichts Unwahres gesagt. Du hast tatsächlich in der Yamuna gebadet, denn der Zusammenfluß von Yamuna und Ganges liegt in Allahabad und es ist in den vedischen Schriften erwähnt, am westlichen Ufer sei die Yamuna, und am östlichen Ufer der Ganges. Du aber hast am westlichen Ufer gebadet und demnach hast Du gemäß den Schriften in der Yamuna gebadet. Und deshalb hat Nityananda Prabhu Dir keine Lüge erzählt. Wie dem auch sei, ich habe Dir diese frischen Kleider mitgebracht. Zieh Deine nassen Kleider aus und lege dieses frische Gewand an. Ich habe auch etwas für Dich gekocht. Du hast nun drei Tage lang gefastet und heute mußt Du als *sannyasi* in meinem Haus Almosen annehmen. Ich bin ein armer Mann," sagte er, mit gefalteten Händen, "dennoch mußt Du kommen." Sie brachten Ihn mit dem Boot nach Shantipura zum Hause von Advaita Acharya. Am nächsten Morgen kam Sacidevi, und Mahaprabhu verbrachte etwa zehn oder zwölf Tage in Shantipura, tief in *kirtana* versunken.

### Vrindavan - ein transzendentaler Bewußtseinszustand

Was genau ist Vrindavan? Es ist ein Bewußtseinszustand. Auf verschiedenen Stufen des Bewußtseins gibt es verschiedene subjektive Wirklichkeiten. Alles entspringt dem Willen des Höchsten Herrn. Er ist das höchste erkennende, mit Bewußtsein ausgestattete und handelnde Ich, und Seine Kraft und Sein süßer Wille gründet allein in Ihm. Der Herr sprach: "Es werde Licht!" - und es ward Licht. Er sprach: "Es werde Wasser!" - und es ward Wasser. Er sprach: "Es werde Erde!" - und es ward Erde. Wenn das höhere Wesen, einem Hypnotiseur gleich, dem niederen Wesen etwas vor Augen führen will, muß jenes zwangsläufig zur Erkenntnis dessen gelangen. Wir alle befinden uns in einer einzig auf die eigene Person bezogenen, nur in der Vorstellung existierenden Welt. Aber jenseits dieser Vorstellung existiert eine Ebene der Wirklichkeit, die über der eigennützig persönlichen liegt. Krishna offenbart Sich also dem, der ein reines Bewußtsein entwickelt hat, und auf dieser Stufe reinen Bewußtseins kann man die wahre Natur der subjektiven Wirklichkeit erkennen. (*sattvam visuddham vasudeva sabditam*).

Um uns zu zeigen, daß Vrindavan überall ist, irrte Mahaprabhu in einem Zustand der Verzückung von einer Richtung in die andere. Als sie sich trafen, versicherte Ihm Advaita Prabhu: "Du hast bestimmt einen Scherz gemacht, als Du sagtest, Du seiest auf dem Weg nach Vrindavan. Denn wo immer Du Dich befindest - dort ist auch Vrindavan. Wir haben diese Erfahrung

gemacht. Deshalb wirkt das, was Du jetzt sagst, auf uns sehr selt-
sam: 'Ich bin auf dem Weg nach Vrindavan'. Du benimmst Dich
sicherlich nur deswegen so, um uns die wahre Bedeutung von
Vrindavan zu lehren."

Vrindavan, die höchste Ebene der Göttlichkeit, ist ein
Bewußtseinszustand. Jenseits der Ebene von ehrfürchtiger Scheu
und Ehrerbietung, die man in Vaikuntha vorfindet, liegt Vrinda-
van, das Land der Schlichtheit und göttlichen Liebe. Zu den
Eigentümlichkeiten der Bewohner dieser höchsten Ebene des
Bewußtseins gehört es, daß sie nicht so empfinden, als seien sie in
Vrindavan. Das ist *aprakrta*, überweltlich.

Erkenntnis selbst wurde in fünf Kathegorien eingeteilt. Am
niedrigsten steht die Erkenntnis, die man durch seine eigene Sinneswahrnehmung gewinnt: *pratyaksa* - das, was wir durch unsere
Sinne erfahren haben. Das ist die erste Stufe.

Die nächst höhere Stufe ist Erkenntnis, die wir nicht durch
unsere eigenen Sinne, sondern durch die Erfahrung von anderen
gewonnen haben (*paroksa*), geradeso wie auch die Wissenschaftler
ihre Erfahrungen gemacht haben und wir wiederum aus ihren
Erfindungen und Entdeckungen einiges an Wissen gewonnen
haben.

Die dritte Stufe liegt über der Ebene menschlicher Erfahrung (*aparoksa*). Sie ist tiefem Schlaf vergleichbar. Wen wir aufwa-
chen, sagen wir: "Ich habe vortrefflich geschlafen; ich habe einen
sehr guten gesunden Schlaf gehabt." Wenn wir uns aber in tiefem,
traumlosem Schlaf befinden, sind wir uns dieses Zustands nicht
bewußt. Wenn wir aus tiefem, traumlosen Schlaf erwachen,
mögen wir ein gewisses Bewußtsein dieser Erfahrung zum Ausdruck bringen können, das jedoch sehr unklar und verschwom-
men ist. *Aparoksa* ist eine Art undeutlicher Erfahrung, die ziem-
lich verworren ist, in der erkennendes Ich und die Erscheinung
der materiellen Welt, auf die sich das Erkennen richtet, zusam-
menfließen und das materielle Objekt im erkennenden Ich aufgeht. Shankaracharya, der große Verfechter der Unpersönlich-

keitslehre, erklärt die Abstufungen des Bewußtseins bis hin zu diesem Punkt.

Andererseits sind große Gottgeweihte, die gleichzeitig auch große Gelehrte sind, wie Ramanujacharya und auch andere *vaishnava-acaryas*, der Meinung, daß es jenseits davon eine vierte Stufe gebe. Diese Ebene wird *adhoksaja* genannt, transzendental oder das, was jenseits der Reichweite unserer Sinne liegt, seien sie nun grob- oder feinstofflich. Es ist dies eine Ebene, die wir einzig dann erfahren können, wenn diese Erfahrung - Seinem süßen Willen folgend - auf unsere grobe Ebene des Verstehens herabkommt. Wenn sie sich zurückzieht, dann sind wir hilflos; wir können sie dann nicht wahrnehmen. Wir können nicht sagen, die Absolute Wahrheit stehe unter der Kontrolle unseres Wissens. Wir können sie nicht auf diese Weise messen. Sie ist unabhängig. Sie mag durch ihren eigenen süßen Willen herabkommen und wir vermögen dann diesen höheren Bereich zu erfahren. Wenn sie sich aber zurückzieht, dann sind wir ganz hilflos, wir können überhaupt nichts tun. Wir mögen weinen oder beten. Doch mittels unserer eigenen Kraft können wir dort nicht gewaltsam eindringen. Das ist die vierte Ebene des Bewußtseins, und sie ist großartig, allmächtig und alles erleuchtend. Einzig wenn sie sich uns selbst offenbart, wird uns eine gewisse Erfahrung von der Ebene, die als Vaikuntha bekannt ist, zugänglich, der grenzenlosen spirituellen Region der göttlichen Majestät und Macht. Das ist die *adoksaja*-Ebene.

Es gibt also *pratyaksa*, direkte Erfahrung durch Sinneswahrnehmung, dann *paroksa*, ein Lernen durch die Erfahrung anderer, dann *aparoksa*, die passive Ebene verschwommenen Bewußtseins und schließlich die vierte Dimension: *adhoksaja*. Stellen wir uns einmal vor, wir seien unter der Erdoberfläche. Wirkliches Wissen gibt es oben, auf der Oberfläche, jenseits unserer Erfahrung. Wenn wir die dicken Umhüllungen durchstoßen können, die unsere Erfahrungen regelrecht einmauern, können wir mit dieser anderen Ebene des Bewußtseins in Verbindung treten: das ist *adhoksaja. Adhoksajam indriyam jnanam: adhoksaja* bedeutet das höhere überlegenere Wissen, das unsere Kenntnis aus den Erfahrungen dieser Welt bezwingen kann. Dieses transzendentale, übersinnliche Wissen ist die vierte Stufe der Erkenntnis. Diese Ebene ist in jeder Hinsicht anders. Sie besitzt keinerlei Ähnlichkeit mit dieser Welt.

Doch durch das Srimad Bhagavatam und durch Sri Chaitanya Mahaprabhu erfahren wir, daß es auch noch eine fünfte Stufe der Erkenntnis gibt, die dieser irdischen Welt sehr ähnelt, doch nicht weltlich ist. Sie wird *aprakrta* genannt. Damit ist Goloka gemeint, die ausgereifte Vorstellung von einem persönlichen, von außen auf die Welt einwirkenden Schöpfergott, die allein in Krishnas Reich zu finden ist. Die höchste Erkenntnis über das Absolute muß selbst mit der tiefsten Stufe der weltlichen Schöpfung in Verbindung stehen. Sie muß fähig sein, selbst den schlimmsten Teil der trügerischen Welt mit dem Ganzen in Einklang zu bringen. Das ist als *aprakrta* bekannt, als überirdisch. Jenes höchste Reich zu betreten ist allein durch göttliche Liebe möglich. Allein durch Liebe kann alles aufgewogen werden. Es gibt ein Redensart die besagt, daß eine liebende Mutter glaubt, ihr blindes Kind besitze wunderschöne Lotosaugen. Ihre Zuneigung macht sie blind. In gleicher Weise kann etwas Geringes und Minderwertiges nur durch Liebe aufgewogen werden - sie erstrahlt in äußerster Schönheit. Das ist *prema* oder göttliche Liebe. Aus Barmherzigkeit, aus Mitgefühl oder aus Gunst mag ein König dazu kommen, mit einem Gassenjungen zu spielen. Zuneigung kann es möglich machen. Auf dieser Stufe verschwindet der Unterschied zwischen hoch und niedrig.

Die Einwohner von Vrindavan betrachten sich selbst als gewöhnliche Menschen. Diese Haltung entspricht der *jnana-sunya-bhakti,* der göttlichen Liebe, die völlig frei von jeglicher Berechnung ist und nicht einmal den Reichtum oder die Macht des Höchsten Herrn in Betracht zieht. Diese Hingabe führt weit über die Ebene von Vaikuntha hinaus und entwickelt sich unter dem Einfluß von *yogamaya*, der spirituellen Kraft, die so sehr zu bezaubern vermag. Es ist die besondere Fähigkeit von *yogamaya*, daß jene, die die höchsten Stellungen innehaben, sich selbst für völlig unbedeutend halten. Liebe hebt den Unterschied zwischen groß und klein, hoch und niedrig auf. Vrindavan ist die Offenbarung einer solchen Ebene der Existenz. Dort finden wir jene Hingabe, die auch von der allergeringsten Spur von Berechnung völlig frei ist (*jnana-sunya-bhakti*). Und nicht einmal die Einwohner von Vrindavan vermögen ihre eigene erhabene Position zu erkennen.

Sri Advaita Prabhu sagt zu Chaitanya Mahaprabhu: "Wo immer Du bist, da ist auch Vrindavan." Und Narottama Dasa Thakur stellt fest, daß überall dort, wo wir auf einen wahren Geweihten Krishnas stoßen, Vrindavan sei (*yata vaisnavagana sei sthana vrindavan; Prema-Bhakti-Chandrika*). Nach außen hin mögen sie uns zunächst wie Angehörige dieser normalen Welt erscheinen. Doch ihr alleiniges Gesprächsthema und der Mittelpunkt ihrer Handlungen ist Vrindavan. Und dennoch, obwohl sie sich bereits in Vrindavan befinden, fühlen sie sich überhaupt nicht so, als wären sie dort. Sie sind sich ihrer eigenen erhabenen Stellung überhaupt nicht bewußt. Es verhält sich mit ihnen in etwa so wie mit einem König, der sich seiner eigenen Macht nicht sehr bewußt ist und der von sich glaubt, er wäre eine gewöhnliche Person. Oder jemand mag ein großer Arzt sein, und doch mag er aufgrund einer besonderen Zuneigung zu seinem Patienten die Tätigkeit einer Krankenschwester ausüben. Wegen seiner Liebe und Zuneigung zu einem Patienten mag er sich bereit finden, eine solch geringe Arbeit auszuführen, und dennoch bleibt er ein bedeutender Arzt.

So beschaffen ist die wunderschöne Natur des Lebens in Vrindavan. Es ist großartig und dennoch frei von jeglichem inneren oder äußeren Gehabe von Größe. Obwohl es sich hier um wirklich erhabene Lebewesen handelt, erwecken sie doch einen recht unscheinbaren Eindruck. Vrindavan - das ist Macht, geschmückt mit Zuneigung und Liebe und gekleidet in Demut. Und genauso steht es mit Navadvip. Das Srimad Bhagavatam und Sri Chaitanya Mahaprabhu stellen fest, daß dies der Platz ist, an dem zu leben für uns das Beste ist und uns zum höchsten Lobe gereicht. In den Wäldern dort leben die Höchste Persönlichkeit Gottes Sri Krishna und die *gopis*. Wir finden dort keine äußere Pracht oder großartige Gebäude. Wenn wir aber ein waches Auge für wirkliche Herrlichkeit haben, dann werden wir sie in Vrindavan erkennen können. Bei einer unparteiischen Beurteilung der Fakten wird die erhabene Stellung jener Lebewesen sichtbar; und dennoch sind sie gerade wegen ihrer Bescheidenheit auf unsere Ebene herabgestiegen und haben sich offenbart. Es ist eine sehr angenehme und wunderschöne Art des Lebens, die wir in Vrindavan vorfinden. Und Mahaprabhu erschien, um uns diese Erkenntnis durch das Srimad Bhagavatam zu offenbaren. Krishna ist der Herr dieses Landes, und die Kühe, die Hügel, die Wälder und der Yamunafluß - sie alle tragen zu der vielversprechenden Atmosphäre jenes Ortes bei.

Mahaprabhu nahm also *sannyas* an, um uns zu lehren, um uns mitzunehmen und zu ständigen Bewohnern dieses Ortes zu machen. Er sagt, daß unser wirkliches Selbst tatsächlich jener Ebene angehöre, sich unser Bewußtsein jedoch unglücklicherweise nach außen gerichtet habe. Dadurch seien wir von den irdischen Aspeken dieser Schöpfung gefangen und glauben, wir würden leiden, doch ist das einzig und alleine eine Täuschung. Von diesem Wahn müssen wir befreit werden. Dieser Wahn bedingt Verrücktheit, und jetzt sind wir von solcher Verblendung geradezu besessen. So wie ein Verrückter sein Zuhause verläßt und die Straßen entlangirrt, um Papier und Stoffetzen einzusammeln, sind wir allein auf diese äußere Welt ausgerichtet. Wenn jedoch diese Verrücktheit von uns weicht, werden wir wieder in unserem eigenen Zuhause erwachen.

Wir müssen zurückkehren zu Gott, zurück nach Hause. Sri Chaitanya Mahaprabhu stellt fest: "Euer Zuhause ist ein wunderschönes Land. Ihr müßt euch darum bemühen, dorthin zu gelangen. Warum macht ihr euch immer so viele Sorgen um die Schrecken des Krieges, der Seuchen, der Erdbeben, lästiger Krankheiten, des Diebstahls, des Banditentums und der Streitigkeiten mit all den vielen Nachbarn? Der Grund für all dies ist die Tatsache, daß ihr euch mit dieser materiellen Welt und dem Körper aus Fleisch und Blut identifiziert habt. Ihr müßt euch eurer Herkunft bewußt werden und in euer Zuhause zurückkehren." Das allein ist notwendig. Unsere Heimat ist solch ein wunderschöner und lieblicher und göttlicher Ort.

Sri Chaitanya Mahaprabhu hat einzig und allein für uns *sannyas* angenommen und zwar um uns nach Hause zurückzuführen, wo wir die Erquickung und die Lieblichkeit des Zuhauseseins erfahren können. Wenn wir auch nur ein ganz klein wenig vom Bewußtsein eines Zuhauses in uns tragen, dann müssen wir ein solches Angebot zu schätzen wissen: Ein wirkliches Zuhause, das uns vollständig glücklich macht. Der Eintritt Sri Chaitanya Mahaprabhus in den Lebensstand der Entsagung war für Seine Geweihten und Seine Familienmitglieder offensichtlich ein Schritt, der ihnen sehr grausam vorkam. Doch war er einzig und allein dazu bestimmt, uns in unser Zuhause zurückzuführen. Damit die intensive Erfahrung der Vereinigung offenbar würde, war es für Sri Chaitanya Mahaprabhu notwendig, die Trennung von Seinen Geweihten und Seinen Verwandten sichtbar werden zu lassen. Trennung und Einssein sind einander wechselseitig von Nutzen. Der Eintritt Mahaprabhus in den Lebensstand der Entsagung ist seinem Wesen nach eine unfaßbare Tragödie der Trennung.

# Ausklang

Als Mahaprabhu, fünf Jahre nachdem Er in den Lebensstand der Entsagung eingetreten war, nach Navadvip zurückkehrte, waren alle Männer, Frauen und Kinder wie verrückt danach, Ihn zu sehen, und sei es nur, um wenigstens den Schimmer Seines Gesichts zu erhaschen. Es war Srila Bhaktivinoda Thakur, der im 19. Jahrhundert die Bewegung für Krishnabewußtsein neu gegründet hat, der in seiner geistigen Auffassung eine Parallele zwischen den Spielen Chaitanya Mahaprabhus und den Spielen Krishnas in Kurukshetra gezogen hat. Dort trafen Krishna in Seiner Form als Krishna von Dvaraka und die *gopis* von Vrindavan einander wieder und die *gopis* und *gopas* wollten Krishna von Dvaraka wieder zurück nach Vrindavan bringen. Bhaktivinoda Thakur bringt ein ähnliches Sehnen zum Ausdruck. Als Sri Chaitanya Mahaprabhu nach Navadvip zurückkehrte und die Menge herbeieilte, um Ihn zu sehen, stand Er auf dem Dach des Hauses von Vacaspati Pandit, gekleidet in das rote Gewand eines *sannyasi* und Bhaktivinoda Thakur stellte sich vor, wie Sri Chaitanya Mahaprabhu hoch oben auf dem Dach stand. Dabei versetzte er sich selbst in die Rolle eines ständigen Einwohners von Navadvip und eines Mitgliedes der Gemeinschaft von Srivas Angam. Als Krishna damals fort nach Dvaraka gegangen war und nicht nach Vrindavan zurückkehren wollte, wurden die Herzen aller Geweihten schwer vor Kummer.

In ähnlicher Weise betete Bhaktivinoda Thakur voller Leidenschaft: "Wann wird der Tag kommen, an dem Nimai Pandit das Gewand der Entsagung ablegt, zurückkehrt und Sich wieser unserem *kirtana* im Hause des Srivas anschließt? Jetzt kann Er nicht kommen. Als *sannyasi* kann Er nicht in Sein altes Heim zurückkehren. Wir wurden von Ihm verlassen, doch unser Sehnen bleibt dies: Geradeso wie die *gopis* wünschten, daß Krishna Sein königliches Gewand ablegen und Sich wieder in Sein einfaches Gewand als Kuhhirte kleiden möge - damit sie Ihn wieder mit nach Vrindavan nehmen könnten, um sich dort im Spiel mit Ihm zu erfreuen - sehnen wir uns danach, daß Mahaprabhu Sein Mönchsgewand auszieht und wieder Seine frühere Kleidung anlegt. Auf diese Weise werden wir unseren Nimai Pandit zurückbekommen, der einer von uns ist, hier in Srivas Angam. Und wir würden uns wieder am gemeinsamen Singen von Krishnas Heiligen Namen erfreuen. Ach, wann wird dieser Tag für mich kommen?"

# Teil II
## Shikshashtakam
## Die Unterweisungen Sri Chaitanya Mahaprabhus

# Vers 1 - Krishnas Heiliger Name

*ceto-darpana-marjanam bhava-maha-davagni-nirvapanam*
*sreyah-kairava-candrika-vitaranam vidya-vadhu-jivanam*
*anandambudhi-vardhanam prati-padam purnamrtasvadanam*
*sarvatma-snapanam param vijayate sri-krsna-sankirtanam*

Krishnas Heiliger Name
reinigt den Spiegel des Herzens
und löscht im Wald der Geburten und Tode
das Feuer des Elends aus.

Und so wie der Lotus, der des Abends erblüht
in den kühlenden Strahlen des Mondes,
beginnt auch das Herz aufzublühen
im Nektar des Heiligen Namens.

Zuletzt erwacht auch die Seele
Und findet ihren wahren inneren Reichtum -
Ein Leben der Liebe mit Krishna.

Und wieder und wieder den Nektar kostend
Taucht die Seele in den immer größer werdenden Ozean
Ekstatischer Freude ein und wieder aus ihm auf.

Alle Aspekte des Selbst,
Die wir uns nur irgend vorstellen können,
Werden völlig zufriedengestellt und geläutert
Und zuletzt gänzlich in Besitz genommen
vom allglücksverheißenden Einfluß
des Heiligen Namens von Sri Krishna.

# Erläuterung

Sri Chaitanya Mahaprabhu ist der Wegbereiter des *sankirtana* von Sri Krishna. Er sagte: "Ich bin erschienen, um das Singen von Krishnas Heiligem Namen einzuführen, und dieser Name wird in alle Ecken und Enden des Universums dringen (*prthivite ache yata nagaradi-grama sarvatra pracara haibe mora nama*)." Was aber ist die Bedeutung dieses *sankirtana*? *Samyak* bedeutet "voll" und *kirtana* bedeutet "singen, sprechen". Diese beiden Worte zusammen formen das Wort *sankirtana*, und das bedeutet ganz allgemein: "gemeinsames Singen oder Sprechen von Krishnas Heiligem Namen." *Samyak* bedeutet aber nicht nur voll im Hinblick auf Größe oder Umfang, sondern auch im Hinblick auf die Beschaffenheit und den inneren Wert. Voll im Hinblick auf Quantität bezeichnet eine bedeutende Anzahl: also bei versammelter Gemeinde als Gottesdienst. Umfassende Qualität bedeutet vollendete Lobpreisung. Vollendete Lobpreisung kann sich aber einzig auf die Verherrlichung Krishnas beziehen und nicht auf die irgendwelcher anderer Götter.

*Sankirtana* bedeutet also: Vollkommener *kirtana*, ein Gesang zum Lob des vollkommenen Ganzen, der absoluten Wahrheit; alles andere bezieht sich lediglich auf einen Teil der absoluten Wahrheit und ist deshalb immer bis zu einem gewissen Grade unzulänglich. Deshalb sollte Krishna gepriesen werden. Seine Herrlichkeit sollte besungen werden, denn Er ist alles. Er ist der Meister; derjenige, der sowohl Gutes als auch Schlechtes gewährt, der die letztendliche Kontrolle über alles hat. Alles ist Ihm zu verdanken. Die Erfüllung allen Lebens ist allein in Ihm möglich. Ein

Pferd mag Zügel tragen, damit man seine Bewegungen steuern kann, doch wenn man ihm die Zügel schießen läßt, wird es ungehemmt und frei losrennen. In gleicher Weise wird Lobpreis, der durch keinerlei irdische Absichten eingeschränkt wird, sich geradewegs auf die höchste Ursache, Krishna, richten.

Das Wort Sri bedeutet Lakshmidevi: Krishnas innere Kraft. Das bedeutet, daß im *sankirtana* Krishna zusammen mit Seiner inneren Kraft verehrt wird, da Seine Kraft Ihm innewohnt. Sri Chaitanya Mahaprabhu stellt fest, daß Sri Krishna *sankirtana* überall auf der ganzen Welt blühen sollte; er sollte ohne jede Hinderung den Sieg davontragen (*param vijayate sri-krsna sankirtanam*). Er sollte aus eigenem plötzlichem Antrieb ungehindert und natürlich fließen. Er sollte ausschließlich, unabhängig und ohne alle Vorbehalte ausgeführt werden. Und dieser Lobpreis zu Ehren Krishnas sollte gemeinschaftlich gesungen werden - eine Schwingung, die der ganzen Welt zum Nutzen gereicht. Einzig durch Aufopferung und reine Hingabe können wir Anziehung am Sri Krishna-*sankirtana* entwickeln.

*Stufen der Läuterung*
*des Bewußtseins durch den Heiligen Namen*

Welches sind die verschiedenen Stufen, die wir durchlaufen, während wir über die heiligen Namen Krishnas meditieren? Die erste Stufe ist diejenige, auf der der Spiegel der Vernunft gereinigt wird. Denn wenn der Spiegel der Vernunft mit Staub bedeckt ist, können wir die Dinge nicht klar erkennen und die in den Schriften niedergelegten Ratschläge können darin auch nicht richtig widergespiegelt und vom Geist deshalb nicht richtig erfaßt werden. Woraus aber bestehen die verschiedenen Staubschichten, die den Spiegel unserer Vernunft bedecken? All unsere unzähligen, flüchtigen und doch so fest gefügten Wünsche werden als Staub angesehen und unsere Herzen und Gemüter sind Schicht um Schicht mit diesem Staub bedeckt.

Deshalb können wir die Dinge nicht richtig betrachten; deshalb können sie auch nicht richtig in unserem Geist widergespiegelt werden, weil dieser von den unzähligen weltlichen Wünschen dieser irdischen Welt bedeckt ist (*bhukti-mukti- siddhi-kami-sakali 'asanta*). Deshalb besteht die allererste Wirkung des Sri Krishna-*sankirtana* in der Reinigung unserer Vernunft. Das vedische Gesellschaftssystem (*varnasrama-dharma*) wurde zu diesem Zweck geschaffen. Wenn wir unsere sozialen Pflichten vollkommen erfüllen, ohne im geringsten an ihren Ergebnissen zu hängen, wird die Läuterung unseres Bewußtseins die Folge sein. Doch allein schon dadurch, daß wir mit dem *nama-sankirtana* auch nur beginnen, erhalten wir bereits alles, was wir auf lange Sicht auch durch das *varnasrama-dharma* erlangen können: die Läuterung von Herz und Vernunft. Und nur dann können wir die vedischen Anweisungen richtig verstehen.

Als nächste Wirkung des Singens des Heiligen Namens erfahren wir, daß das Feuer der materiellen Existenz im Wald der wiederholten Geburten und Tode ausgelöscht wird. Denn wir sind gezwungen, in dieser Schöpfung zu erscheinen und wieder zu vergehen. Die Seele, die sich mit der irdischen Schwingung auf vielerlei Stufen verbindet, wird von ihr ergriffen wie von einer Welle. Und das wird durch die zweite Wirkung des Sri Krishna-*sankirtana* zum Stillstand gebracht und wir erlangen Befreiung.

Beim ersten Schritt wird die Intelligenz geläutert. Beim zweiten Schritt bewirkt der Heilige Name Befreiung aus der lodernden Feuersbrunst der dreifachen Leiden. Die dreifachen Leiden sind: *adhyatmika* - die Leiden von Körper und Verstand, wie zum Beispiel Krankheit und psychische Ängste; *adhibhautika* - die Leiden, die ihre Wurzel in der uns umgebenden Welt haben und uns zum Beispiel durch andere Menschen, durch wilde Tiere, Insekten oder viele andere Lebewesen zugefügt werden; und *adhidaivika* - Naturkathastrophen, wie Hungersnöte, Überschwemmungen und Erdbeben. Wir müssen unter diesen drei Arten von Elend leiden, welche in unserem Herzen wie Feuer brennen. Aber all dies erlöscht auf immer, wenn wir im *nama-sankirtana,* der uns Trost zu spenden vermag, den zweiten Schritt tun.

Die nächste Stufe wird *sreyah kairava candrikavitaranam* genannt - das bedeutet, der Heilige Name schenkt uns das höchste Ziel des Lebens. Wenn wir erst einmal diese zweifache Behinderung - durch Verunreinigung von Herz und Verstand sowie durch die dreifachen Leiden - von uns abgeschüttelt haben, beginnt unsere Zuwendung zu etwas Höherem. Dies führt uns schließlich zur Wirklichkeit, zur eigentlichen Wahrheit, die ewig, glücksverheißend und wunderschön ist. Das führt uns bis zu jenem verheißungsvollen Glückszustand, der sich jenseits dieser Welt der Mühsal befindet, und auf umfassende Weise erreichen wir durch die Meditation über Krishnas Heiligen Namen das höchste Ziel, das höchste Glück und den allergrößten Nutzen. Wenn wir das ganz genau untersuchen, werden wir feststellen, daß uns der Heilige Name auf dieser Stufe in eine vertrauliche, persönliche Beziehung zu Krishna bringt, die die Aspekte des passiven Nichtbeteiligtseins (*santa rasa*), der Dienerschaft (*dasya rasa*), der Freundschaft (*sakhya rasa*) und der Zuneigung zu den eigenen Kindern (*vatsalya rasa*) umfaßt. *Sreyah* schließt auch die Gnade Nityananda Prabhus mit ein, denn es entspringt seiner Barmherzigkeit, daß es uns erlaubt sein mag, Radha und Krishna in Vrindavan zu verehren (*nitaiyer karuna habe braje radha krsna pabe*).

Die nächste Stufe ist *vidya-vadhu-jivanam.* Der Heilige Name bereitet uns auf jene uneingeschränkte Hingabe an Krishna vor, wie sie in der ehelichen Liebe zu finden ist (*madhurya rasa*), wo sich die Gottgeweihten uneingeschränkt der Verfügung Krishnas überlassen.

Die nächste Stufe ist *anandambudhi-vardanam.* Wenn wir dadurch, daß wir den Heiligen Namen Krishnas singen, auf die richtige Ebene gelangen, werden wir den transzendentalen Ozean entdecken, der weit jenseits aller vorstellbaren Erfahrungen liegt. Es ist der Name selbst, der sich in uns dem Maß unserer Hingabe entsprechend Geltung verschafft. Und wenn unsere Hingabe vollständig geworden ist, empfinden wir eine neue Art ekstatischer Freude. Wir erfahren einen unendlichen Ozean der Freude, der nie gänzlich stillsteht, sondern immer voller Bewegung ist. Hier erfahren wir ein neues Leben und eine neue Art der Seligkeit. Sie ist niemals schal oder unbewegt, sondern schenkt uns in jedem einzelnen Augenblick einen Geschmack des unendlichen Ozeans der Ekstase.

Die letzte Wirkung des Heiligen Namens besteht darin, daß unser gesamtes Dasein geläutert wird. Diese Art des Genießens führt nicht zur Verunreinigung - sie reinigt. Gewöhnliches Genießen bedeutet Ausbeutung. Weltlicher Genuß löst immer eine Reaktion aus und der Genießer wird von Verunreinigung regelrecht überfallen. Weil hier aber Krishna der Angreifer ist, ist Läuterung das Ergebnis. Jeder Genuß, der seinen Ursprung im Zentrum hat, der vom uneingeschränkten Wunsch Krishnas herrührt, reinigt uns vollständig.

Die Worte *sarvatma-snapanam* in diesem Vers bedeuten, daß alle erdenklichen Aspekte des Selbst, die man sich überhaupt nur vorstellen kann, vollkommen zufriedengestellt und durch das Singen des Heiligen Namens von Krishna geläutert werden. Und es gibt noch eine Bedeutung von *sarvatma-snapanam*. Wenn wir gemeinschaftlich Krishna lobpreisen, werden wir unserer Fähigkeit entsprechend gereinigt werden. Beide, sowohl der Sänger als auch die Zuhörerschaft und jedermann, der mit dem transzendentalen Klang in Berührung kommt, wird gereinigt werden. *Snapanam* bedeutet "reinigend, läuternd". Diese Schwingung reinigt alles und jeden, der mit ihr in Berührung kommt. Mahaprabhu sagt deshalb: "Macht weiter mit *sankirtana*, dem gemeinschaftlichen Singen von Krishnas Heiligem Namen." Natürlich muß dieser *sankirtana* echt sein; deshalb ist die Verbindung zu Heiligen notwendig. Das ist kein Versuch, der Erfahrung aufgrund bloßer Beobachtung ermöglicht. Wir sind darauf aus, mit jenem höheren, absoluten Reich in Beziehung zu treten, das sich auch auf unserer Ebene offenbaren kann, um uns hier unten Hilfe zu gewähren. Wir müssen eine solche Verbindung mit der höheren Wirklichkeit haben, denn sie ist für uns über alle Maßen von Bedeutung.

Krishnas Heiliger Name ist nicht einfach nur körperlich wahrnehmbarer Klang. Er ist nicht einfach nur ein Lippenbekenntnis, sondern besitzt einen bedeutenderen und höheren Aspekt (*nama aksara bahiraya bate tabu name kabhu naya*). Er ist völlig spirituell. Wir befinden uns auf der Ebene der Existenz, auf der wir zwischen zwei Möglichkeiten entscheiden können. Deshalb ist eine Verbindung mit etwas Höherem notwendig, damit die transzendentale Woge von jenem höheren Bereich ausströmen und herabkommen und ihren Einfluß auch nach außen hin geltend machen kann. Wohin immer er auch gelangt, wird der *sankirtana* von Krishnas Heiligem Namen dieses vielfältige Ergebnis hervorrufen. Das ist der Sinn von Mahaprabhus erstem Vers.

Die erste Wirkung des Heiligen Namens besteht darin, daß er die Seele reinigt, die vom Schmutz der Wünsche dieser irdischen Welt angegriffen wird. Als Folge davon schenkt er *mukti*, Befreiung, vollkommene Unabhängigkeit von materiellen Zwängen. Die dritte Wirkung erbringt echtes Glück: die Öffnung für die Kostbarkeiten der Seele. Die angeborenen Reichtümer der Seele werden durch Krishnas heiligen Namen allmählich erweckt. Sri Chaitanya Mahaprabhu schließt hier auch die anderen Arten der Beziehung zum persönlichen Absoluten mit ein. Und um die nächste Stufe zu beschreiben, versenkt Er Sich in die Stimmung ehelicher Hingabe, in der man sich völlig der Freude Krishnas zur Verfügung stellt und uneingeschränkt alles im Blick auf Sein höchstes Vergnügen hingibt. Die nächste Wirkung besteht darin, die ekstatische Verbindung zu Ihm zu erleben. In Vrindavan, Krishnas Reich, wird jemand, der Krishnas Namen auf rechte Weise singt, sich selbst mit einer sehr eigentümlichen Art von Ichhaftigkeit zum Ausdruck bringen:

*tunde tandavini ratim vitanute tundavali-labdhaye*
*karna-kroda-kadambini ghatayate karnarbudebhyah sprham*
*cetah-prangana-sangini vijayate sarvendryanam krtim*
*no jane janita kiyadbhir amrtaih krsneti varna-dvayi*

"Sobald Krishnas Heiliger Name auf den Lippen eines Gott-geweihten erscheint, beginnt dieser zu tanzen, als wäre er außer sich. Der Name ergreift völlig von ihm Besitz und bedient sich seiner in einer Weise, als ob die Person, zu der die Lippen gehören, jede Kontrolle über ihre Lippen verloren hätte, und der Gottgeweihte spricht dann: 'Wie viel von dem Entzücken, das der heilige Name mir schenkt, kann ich in mich aufnehmen, wenn ich nur einen einzigen Mund habe? Ich brauche Millionen von Mündern, um Seine unendliche Süße kosten zu können. Niemals werde ich auch nur die geringste Befriedigung verspüren, solange ich den Namen nur mit einem Munde singen kann.'"

Wenn der Klang des Wortes "Krishna" an sein Ohr dringt, fühlt er zugleich den transzendentalen Klang in seinem Herzen erwachen. "Was sind schon zwei Ohren?" denkt er. "Das ist die größte Ungerechtigkeit des Schöpfers - ich brauche Millionen von Ohren! Wenn ich dann den Süßen Namen Krishnas hören könn-te, würde mein Herz vielleicht ein klein wenig zufrieden werden. Ich wünsche mir Millionen und Abermillionen von Ohren, um Krishnas Süßen Namen zu hören." So ist es um den inneren Zustand eines Gottgeweihten bestellt, sobald seine Aufmerksam-keit auf den Heiligen Namen gelenkt worden ist. Und dann wird er ohnmächtig, er vergißt sich selbst, während er in einem Ozean des Entzükens und der Freude aufgeht. Und voller Enttäuschung stellt er fest: "Ich habe dabei versagt, die Beschaffenheit und die Größe des Wesens von Krishnas Namen zu erkennen. Ich bin völ-lig verwirrt. Von welch honiggleicher Süße ist dieser Name?" Sol-cher Art ist die Verwunderung dessen, der den Heiligen Namen singt.

Dies wurde uns von Sri Chaitanya Mahaprabhu gelehrt, der uns anwies: "Singt mit der rechten inneren Haltung den Heiligen Namen, der eine Klangverkörperung der Absoluten Süße ist!" Diese Süße wohnt auch dem Flötenklang des Höchsten Herrn inne. Der Klang von Krishnas Flöte besitzt die große mystische Kraft, alles und jeden für sich einzunehmen und zu erfreuen. Sogar die Strömung der Yamuna kommt zum Stillstand, sobald sie den Klang von Krishnas Flöte hört. Dieser süße Klang von Krishnas Flöte wirkt auch auf die Bäume, die Vögel und die Tiere anziehend. Alles gerät in Verwunderung, sobald es mit der süßen Schwingung von Krishnas Flöte in Berührung kommt.

Klangschwingung kann Wunder bewirken; Klang besitzt die am meisten fesselnde Kraft. Klang kann erschaffen oder verderben. Er kann buchstäblich alles, ihm ist eine solch wesentliche Fähigkeit zu eigen. Er stammt von der allerfeinsten Ebene, die noch jenseits des Äthers liegt. Dieser universelle Klang ist absolute Süße und Güte. Wieviel Kraft wohnt ihm inne - und wie sehr vermag er uns zu fesseln! Die Flut dieses süßen Klanges mag mit uns spielen, wie mit einem Grashalm; ja sogar so, daß wir nicht einmal mehr unsere eigene Persönlichkeit erkennen können. Wir mögen uns darin völlig verlieren, aber wir werden nicht sterben - die Seele ist ewig. Der Strom dieses süßen Klanges spielt mit uns, indem er uns abwechselnd eintaucht und wieder an die Oberfläche treiben läßt. Wir besitzen weniger gute Eigenschaften als ein Strohhalm oder ein Grashalm. Krishnas Klang ist so süß und so mächtig, daß er auf beliebige Weise mit uns spielen kann. Wir können uns nicht einmal annähernd vorstellen wieviel Kraft in diesem Namen liegt, in diesem Klang, der mit der Absoluten Süße und Güte völlig eins ist.

Sri Chaitanya Mahaprabhu weist uns an: "Vernachlässigt niemals diesen Klang, der völlig eins ist mit Krishna und Ihm völlig gleich." Absolute Süße und Güte - alles ist dort im Heiligen

Namen enthalten. Und der Heilige Name bietet sich uns auf äußerst preiswerte Weise an: Nichts ist erforderlich, um ihn zu kaufen - kein Geld, keine körperliche Anstrengung. Alle diese Dinge sind unnötig. Was aber ist erforderlich? Aufrichtigkeit. Jemand, der diesen göttlichen Klang einfach aufrichtig annimmt, wird derartig bereichert sein, daß niemand sonst sich soviel Güte und Wachstum auch nur vorstellen kann. Und jedermann kann ihn völlig mühelos erhalten, man muß nur aus ganzem Herzen aufrichtig singen. Natürlich setzt rückhaltlose Aufrichtigkeit voraus, daß man einen wirklichen Vertreter des Höchsten Herrn aufsucht, einen Heiligen, und daß man von ihm den Heiligen Namen erhält.

Sri Chaitanya Mahaprabhu, der bei Seinem Erscheinen Radha und Govinda in Sich vereint, lobpreist diesen Sri Krishna-*sankirtana*. Er ist der Begründer der *sankirtana*-Bewegung. Sein Rat ist höchst wertvoll und notwendig, denn Er läßt uns wissen, daß wir uns diesem Sri Krishna-*sankirtana* in einer aufrichtigen Geisteshaltung anschließen müssen; diesem transzendentalen Klang von höchster reinigender Wirkung, der Befreiung gewährt, Erfüllung schenkt und uns solch positive Fähigkeiten erlangen läßt, daß wir uns gänzlich im Ozean der Freude und der unvorstellbaren Süße verlieren. Das ist Sriman Mahaprabhus Barmherzigkeit, und Er verkündet: "Möge sich der Sri Krishna-*sankirtana* in dieser vergänglichen Welt ausbreiten, damit er jedermann auf unermeßliche Art und Weise zugute kommt, denn er stellt den höchsten und wertvollsten Nutzen für die ganze Welt dar. Er ist allumfassend. Er erlöst uns von allen denkbaren Arten von Schwierigkeiten, indem er uns auf die höchste Stufe dessen hinaufführt, was man überhaupt erreichen kann."

Und im gegenwärtigen entarteten Zeitalter der Zwietracht (*kali-yuga*) kann uns einzig der *nama-sankirtana* helfen. Natürlich ist der *nama-sankirtana* in allen Zeitaltern heilsam. Im *kali-yuga* wird er jedoch ganz besonders empfohlen, weil in diesem Zeitalter allen anderen Versuchen vielerlei feindliche Kräfte entgegenste-

*Nama-Sankirtana - der Ozean des Nektars*

hen. Die Schwierigkeiten und Wellenschläge dieser materiellen Welt vermögen aber dem *nama-sankirtana* nichts wirklich entgegenzusetzen, deshalb sollten wir bei ihm Zuflucht suchen. Wenn wir uns ausschließlich ihm widmen, werden wir die höchste Erfüllung des Lebens erlangen. Es besteht nicht die geringste Notwendigkeit für irgendeine anders geartete Vorgehensweise, denn sie alle sind unzulänglich und unvollständig. *Nama-sankirtana* jedoch ist die allgemeingültige, bezauberndste und heilsamste Angelegenheit, die zum allerhöchsten Ziel führt. Er allein kann jedermann zufriedenstellen. Allen Seelen, die zum gegenwärtigen Zeitpunkt von Krishna getrennt sind, kann auf diese Weise geholfen werden. Keine andere Maßnahme ist notwendig. Sri Chaitanya Mahaprabhu erklärt uns: "Widmet euch ausschließlich dem *nama-sankirtana*. Er ist allumfassend und alleserfüllend. Ihn zu erlangen kostet die geringste Mühe und den geringsten Kraftaufwand. Möge er in diesem *kali-yuga* erblühen, möge er zum Wohle des gesamten Universums gedeihen, damit alle Seelen wieder in ihre wesenseigene Stellung zurückgeführt werden."

## Nama-Sankirtan - Der Ozean des Nektars

Der letzte Vers des Srimad Bhagavatam zieht gleichsam eine Schlußfolgerung aus dem gesamten Werk. Sie lautet:

*nama sankirtanam yasya, sarva papa pranasanam*
*pranamo duhkhasamanas, tam namami harim param*

*Papa* weist hin auf alle Fehlentwicklungen, alle unerwünschten Dinge: Sünde. Materieller Genuß und Befreiung werden ebenfalls zu diesen Fehlentwicklungen, diesen sündhaften Tätigkeiten gezählt. Warum aber wird Befreiung als sündhaft betrachtet? Weil es sich dabei um einen Zustand handelt, der dem ursprünglichen Zustand der Seele nicht entspricht. Unsere natürliche Aufgabe ist es nämlich, Krishna zu dienen; im Zustand der Erlösung jedoch erfüllen wir diese Aufgabe nicht mehr. Bloße Erlösung schließt den Dienst für Krishna nicht ein, deshalb wird sie - verglichen mit dem ursprünglichen Wesen der Seele - als ein unnatürlicher Zustand angesehen und gilt somit als Sünde. Denn es kann nichts anderes als sündhaft sein, wenn wir unsere natürliche Pflicht mißachten und uns fernhalten.

Der abschließende Vers des Srimad Bhagavatam bedeutet: "Krishnas Heiliger Name kann uns von aller unerwünschten Sündhaftigkeit, allen schmutzigen Eigenschaften, allem Elend erlösen. Laßt uns alle demütig vor Ihm unser Haupt beugen." Mit diesem letzten Vers endet das Srimad Bhagavatam; das große Werk verstummt. Die letzten Worte im Bhagavatam lauten *nama-sankirtana*. Das Bhagavatam hat dem Singen von Krishnas Heiligem Namen eine solch große Bedeutung beigemessen, und Sri Chaitanya Mahaprabhu hat Seinen *nama-sankirtana* von diesem Punkt aus fortentwickelt. Das letzte Werk von Srila Vyasadeva, dem Verfasser der vedischen Literatur, erhob den Glauben an einen persönlichen Gott auf diese hohe Ebene und schenkte ihn der Öffentlichkeit, indem er verkündete: "Sing den Namen von Krishna! Tu dies; nichts weiter ist notwendig. Wende dich dieser Tätigkeit zu!" Dies ist die letztliche Schlußfolgerung des Srimad Bhagavatam, dem bedeutendsten transzendentalen Geschenk von Srila Vyasadeva: "Sing Krishnas Heiligen Namen und beginne in diesem dunklen Zeitalter dein Leben mit der weitreichendsten und umfassendsten Vorstellung von einem persönlichen, gestalthaften Schöpfergott."

Wir dürfen uns als vom Glück begünstigt betrachten, daß wir bis an den Rand dieser hochherzigen und nützlichen Idee vordringen können, daß wir nahe genug herankommen konnten, sie wahrzunehmen, sie anzuerkennen und uns gemäß unserer Fähigkeit in ihrem Wellenschlag treiben zu lassen. Nachdem wir vielerlei Vorstellungen und den Zauber ganz unterschiedlicher Ansichten erlebt haben, haben wir sie alle hinter uns zurückgelassen und sind an das Ufer des Ozeans von *nama-sankirtana* gelangt. Jetzt können wir uns sogar mit unseren Körpern in diesen Ozean stürzen und durch die Gnade unseres *guru* und die Barmherzigkeit der Vaishnavas in den Wogen des *nama-sankirtana*, des köstlichsten Nektars, zu schwimmen beginnen. Dieser Ozean ist das Eigentum der Vaishnavas und wir sind ihre Sklaven. Wir besitzen die Kühnheit, unsere Körper in den Ozean des *nama-sankirtana* zu schleudern und in diesem nektargleichen Ozean zu schwimmen! Denn die Vorstellung, im Radha- Kunda-See zu schwimmen, versinnbildlicht die höchste Ebene spiritueller Entwicklung. Und genau diese Vorstellung findet sich in der vollendeten Form des *nama-sankirtana* wieder. Dieser Vers des Shikshastakam deutet auf die positive Seite des unbegrenzten Ozeans des Sri Krishna-*sankirtana* hin, während der folgende auf mögliche Gefahren hinweist.

Bhaktivinoda Thakur hat das Shikshastakam in die bengalische Sprache übersetzt und einen Kommentar in Sanskrit dazu verfaßt. Beides sind sehr schöpferische und ursprüngliche Darstellungen. Auch Srila Bhaktisiddhanta Saraswati Prabhupada hat einen Kommentar zum Shikshastakam verfaßt. Beide Kommentare sollte man sehr sorgfältig studieren, um meine Ausführungen besser zu verstehen. In unseren vertraulichen Gesprächen jedoch drücke ich einfach das aus, was ich gerade im Herzen fühle. Was immer mir gerade zu diesen Versen in den Sinn kommt, das spreche ich aus und es ist das Ergebnis von all dem, was ich von Srila Bhaktisiddhanta Saraswati Thakur, Bhaktivinoda Thakur, Rupa Goswami, Sanatana Goswami, Sri Chaitanya Mahaprabhu und all den vorangegangenen *acaryas* gelernt habe. Durch ihre Gnade hat sich dieses Wissen wie in einer Fundgrube in mir angesammelt und ich versuche, das Wesentliche all dieser Dinge weiterzugeben. Wenn wir uns auf den Pfad der Hingabe begeben, beginnt eine völlige Umwandlung unseres inneren Gefüges und allmählich erlischt der Zauber, den die äußere Welt auf uns ausübte. In uns tobt eine Schlacht, und wenn die Vorstellung von Krishna in das

Herz eines Gottgeweihten Einzug hält, müssen sich alle anderen Gedanken und Ideen allmählich daraus zurückziehen. Das wird im Srimad Bhagavatam (2.8.5) erklärt:

*pravistah karna-randhrena, svanam bhava-saroruham*
*dhunoti samalam krsnah, salilasya yatha sarat*

"Wenn der Herbst kommt, klärt sich selbst trübes Wasser. Und wenn die Vorstellung von Krishna in das Herz von jemandem Einzug hält, werden sich in gleicher Weise alle anderen Vorstellungen und Bestrebungen allmählich zurückziehen müssen, und Krishna wird allein zurückbleiben und von allem Besitz ergreifen."

Wenn ein wirklicher Tropfen von Krishnabewußtsein in unser Herz gelangt, müssen alle gegnerischen Kräfte weichen und Krishna wird siegen und alles in Besitz nehmen. Es ist die Natur des Krishnabewußtseins, daß nichts anderes mit ihm konkurrieren kann. Nicht einmal die sogenannte Hingabe an die Halbgötter oder der Glaube an andere Bekenntnisse, wie das Christentum, den Islam oder andere. Alle anderen Vorstellungen von Theismus müssen sich zurückziehen und das Feld allein der Vorstellung von Krishna überlassen. Kein Angreifer kann in der Auseinandersetzung mit Krishnabewußtsein, der absoluten süßen Schönheit, bestehen.

Schönheit, Süße und Anmut können reine Stärke überwinden und besiegen. In Wirklichkeit streben wir nach Schönheit und Süße, nach Barmherzigkeit, Zuneigung und göttlicher Liebe (*prema*). Sich selbst völlig zu verströmen - andere mit der eigenen Kraft und Großzügigkeit zu belohnen - nimmt schließlich jeden für sich ein. Es ist lohnender zu geben denn zu nehmen. Göttliche Liebe bedeutet zu sterben, um zu leben: nicht zu leben für das eigene Wohlbefinden, sondern für andere da zu sein.

Im Krishnabewußtsein findet man die edelmütigste Art zu leben - Selbstaufopferung bis zum äußersten. Krishnabewußtsein ist so wunderschön, daß jemand, der es in sich entwickelt, seine bisherige Identität und Lebenswirklichkeit verliert; er wird völlig selbstlos. Ein solcher Zauber waltet dort. Wer kann in einem Kampf gegen Krishna bestehen? Jeder, der herbeikommt, um gegen Ihn zu kämpfen, wird entwaffnet. Wenn Krishna auf irgendeine Weise im Herzen Einzug hält, kann nichts anderes die Folge sein, als daß Er vollständig von allem Besitz ergreift. Solch eine gütige, edelmütige, liebliche Person ist Krishna: die wunderschöne Wirklichkeit.

# Vers 2 - Unzählige Gottesnamen

*namnam akari bahudha nija-sarva-saktis*
*tatrarpita niyamitah smarane na kalah*
*etadrsi tava krpa bhagavan mamapi*
*durdaivam idrsam ihajani nanuragah*

O mein Herr, Dein Heiliger Name
läßt allen Lebewesen Glück zuteil werden.
Du besitzt unendlich viele Namen
wie Krishna und Govinda
durch die Du Dich Selbst offenbarst.

Deine vielen Heiligen Namen
hast Du gütigerweise
mit all Deiner transzendentalen Kraft ausgestattet.
Beim Singen dieser Namen
gibt es keine festen Regeln
hinsichtlich der Zeit und des Ortes.

Aus Deiner grundlosen Barmherzigkeit heraus
bist Du herabgestiegen
in Gestalt des göttlichen Klanges.
Aber zu meinem großen Unglück
verspüre ich keinerlei Liebe
zu Deinem Heiligen Namen.

# Erläuterung

I n diesem Vers heißt es: "Oh mein Herr, Du hast das Singen Deiner heiligen Namen offenbart, und all Deine Kraft ist in diesen Namen enthalten." Sowohl Krishnas Heiliger Name als auch Seine Kraft sind ewig. Alle erdenklichen Kräfte oder Energien sind in Krishnas Heiligem Namen zu finden. Und es gibt weder eine bestimmte Zeit noch einen bestimmten Ort, der für das Singen der Namen festgelegt wäre. Da gibt es keinerlei Bedingungen wie zum Beispiel die, daß jemand den Namen nur am Morgen oder nach dem Bad singen könnte oder nachdem er einen heiligen Platz aufgesucht hat. Wir können Krishnas Heiligen Namen ununterbrochen zu jeder Zeit, an jedem Ort und unter allen Umständen singen.

In diesem Vers sagt Sri Chaitanya Mahaprabhu: "Oh Krishna, Du hast allen eine höchst erhabene Möglichkeit eröffnet. Du bist so unendlich barmherzig und hast uns den Dienst für Deinen Heiligen Namen geschenkt (*namabhajan*). Und gerade deswegen ist das Mißgeschick, das mich getroffen hat, so schlimm. Ich finde nicht den geringsten ernsthaften Wunsch in mir, mich dem Heiligen Namen zu widmen. Ich habe keinen Glauben, keine Liebe, nicht die geringste Neigung, mich dem Namen hinzugeben. Ich empfinde nicht die geringste Sehnsucht danach, den Namen zu singen. Was kann ich tun?"

Dieser Vers ist das zweite der acht Gebote von Sriman Mahaprabhu. Er sagt: "Oh Herr, von Deiner Seite aus hast Du alles getan, mich aus dieser irdischen Welt der Bedingtheit zu erheben. Dein Versuch, mich zu erlösen, ist so überaus groß-

*Haridas Thakur - der Acharya des Heiligen Namens*

mütig. Alles, was Du von mir verlangst, ist nur ein wenig Mitarbeit, die darin besteht, daß ich Deine Barmherzigkeit überhaupt annehme. Ich aber habe für Deinen edelmütigen Ruf nur taube Ohren. Oh Herr, ich bin verzweifelt."

Im ersten Vers Seiner acht Gebote (*siksastakam*) hat uns Sri Chaitanya Mahaprabhu große Hoffnung geschenkt. Er erklärt, daß das Singen von Krishnas Heiligem Namen - wenn es in der rechten Weise durchgeführt wird - sich Schritt für Schritt weiterentwickeln und sieben Auswirkungen haben wird: Die erste besteht in der Reinigung des Bewußtseins; die zweite bedeutet Befreiung von aller irdischen Bedingtheit. Als dritte Wirkung erwacht wirkliche Güte in unseren Herzen und führt uns nach Vrindavan. Danach verwirklichen wir unter der Führung von *svarupa-sakti*, der inneren Energie des Herrn, *yogamaya*, die *vadhu*-Vorstellung: wir sind der Kraft teilhaftig und wir sind dazu da, Krishna uneingeschränkt zu dienen. *Vadhu* steht in Beziehung zu jenem *rasa*, der vollständige Verbindung mit dem Höchsten Herrn schenkt (*madhurya-rasa*). Wenn wir diese Stufe der Entwicklung erreicht haben, was sind dann die anderen Auswirkungen, die uns erwarten? Die fünfte Wirkung besteht darin, daß wir zu einem Teilchen im Ozean der Freude werden. Diese Freude ist nicht schal oder unbeweglich, sondern immer wieder neu und voller innerer Antriebskraft. Sie ist im höchsten Maße reinigend. Obwohl uns erlaubt ist, unsere individuelle Vorstellung beizubehalten, fühlen wir als sechste Wirkung dennoch, daß alle Aspekte unseres Daseins im höchsten Maße geläutert werden, sobald wir uns dem Namen hingeben. Und das wird siebtens nicht allein mich betreffen, sondern alle, die mit diesem *nama-sankirtana* verbunden sind. Sie alle werden in ihrer Gesamtheit eine innere Umwandlung erfahren, eine allgemeine Reinigung, die höchstmögliche Läuterung. So beschaffen ist das siebenfache Ergebnis, wenn man den Heiligen Namen singt.

Nachdem Mahaprabhu in Seinem ersten Vers diese These aufgestellt hat, setzt Er ihr im zweiten Vers die Antithese gegenüber. Wenn im Heiligen Namen wirklich eine solch große Hoffnung liegt, warum haben wir dann so viele Probleme? Worin liegt die Schwierigkeit? Warum erkennen wir nicht den Vorteil dieser edelmütigen Anerkennung der Göttlichkeit, die im Heiligen Namen liegt? Von Krishna wird uns unschätzbare Gnade zuteil. Er hat uns so viele Gelegenheiten gegeben und nur ganz weniges von uns als Gegenleistung dafür gefordert. Um die Bedeutung des Heiligen Namens anzuerkennen, müssen wir einen gewissen Geschmack, eine gewisse Ernsthaftigkeit besitzen. Aber genau darin liegt die Schwierigkeit - wir sind dazu nicht fähig. Welche Hoffnung können wir also hegen? Wie können wir das erreichen?

Wir mögen uns wohl der Form nach dem Heiligen Namen nähern, aber nicht aus der Tiefe unseres Herzens. Aus welchem Vorgang können wir also wirklichen Nutzen ziehen und Fortschritt machen? Diese Frage beantwortet der dritte Vers. Obwohl man das Gefühl haben mag, daß man nicht einmal über das kleinste erforderliche Guthaben verfügt, um Unterstützung zu erhalten, ist die Lage dennoch nicht völlig hoffnungslos. Das innere Wesen dieser Erkenntnis nämlich führt einen zu der Vorstellung von wirklicher Demut. Und wenn jemand beginnt, dem unendlichen Gott mit wirklicher Hingabe zu begegnen, dann kann er letztlich nur bei der Empfindung anlangen, daß sich im Verhältnis zum Unendlichen in ihm selbst nichts von irgendwelchem Wert befindet. Er wird dann denken: "Ich besitze nichts, was ich im Austausch anbieten könnte. Mit fehlen sogar die allergeringsten Voraussetzungen, um die Gnade des Herrn zu empfangen." Und dies führt zu der Einsicht: "Ich verfüge über keinerlei Befähigung. Ich bin völlig leer."

Ein Gottgeweihter fühlt in der Tiefe seines Herzens, daß er nicht nur unfähig, sondern auch zu verabscheuungswürdig ist, um dem Herrn zu dienen. Krishnadas Kaviraja Goswami, der Verfasser des Chaitanya Charitamrita, stellt fest: "Ich bin niedriger als ein Wurm im Kot und sündhafter als Jagai und Madhai (*jagai madhai haite muni se papistha purisera kita haite muni se*

133

*laghistha*)." Wir sollten deshalb nicht entmutigt sein, wenn wir glauben, daß wir nicht einmal ein winziges Stück an Verdienst besitzen, das im Dienst für den Heiligen Namen Krishnas erforderlich ist. Denn diese Art des Bewußtseins ist für einen Gottgeweihten völlig natürlich.

Gleichzeitig müssen wir uns vor einer falschen Vorstellung über unsere eigene Hingabe schützen, denn das ist unser größter Feind. Zu denken: "Ich besitze nicht den geringsten Gefallen am Herrn, ich fühle mich in keiner Weise zu Ihm hingezogen," ist richtig. Aber es ist gefährlich zu denken: "Ich finde doch ein wenig Geschmack am Herrn, besitze eine gewisse Ernsthaftigkeit und sogar ein wenig Hingabe."

Wenn wir uns daran machen, mit dem Unendlichen in Verbindung zu treten, müssen wir innerlich völlig leer sein. Unsere Selbstverleugnung muß vollständig sein. Weltliche Errungenschaften sind eine schlechte Sache, und wir müssen uns davon vollständig freimachen. Wir sollten denken: "Ich bin ein Nichts. Ich verfüge über keinerlei Fähigkeit, um im Dienst des Herrn anerkannt oder dafür gebraucht zu werden. Ich bin völlig ungeeignet." Wir müssen uns vollständig von der egoistischen Welt zurückziehen und uns erlauben, von *yogamaya*, der inneren Energie des Herrn, vereinnahmt zu werden. Ein Sklave besitzt keinen Rang. Seine Stellung ist völlig von seinem Herrn abhängig. Alles gehört Ihm. Dies zu erkennen, ist unsere eigentliche Befähigung. Sobald wir behaupten, daß wir über irgendwelche Fähigkeiten verfügen, fangen unsere Schwierigkeiten an. So stellte Sri Chaitanya Mahaprabhu fest: "Ich finde nicht die geringste Spur von Liebe zu Krishna in meinem Herzen (*na prema gandho 'sti darapi me harau*)." Das ist der Maßstab für wirkliche Demut. Dieses Gefühl muß aufrichtig sein; es darf keine Nachahmung sein. Wir müssen uns hüten. Wir dürfen es nicht wagen, die höchsten Gottgeweihten nachzuahmen. Aufrichtig zu fühlen, zu begreifen, daß wir nichts besitzen und alles Ihm gehört - das ist die einzige Befähigung, um Krishnas Heiligen Namen zu singen.

# Vers 3 - Demut und Duldsamkeit

*trnad api sunicena*
*taror api sahisnuna*
*amanina manadena*
*kirtaniyah sada harih*

Wer demütiger ist als ein Grashalm
und duldsamer als ein Baum,
wer stets anderen die ihnen gebührende Ehre erweist,
ohne auch nur das geringste für sich selbst zu verlangen,
der ist befähigt,
Krishnas Heiligen Namen unablässig zu singen.

# Erläuterung

Aus einer solchen Gemütsstimmung heraus sollten wir der Welt begegnen. Wir sollten uns selbst als die Geringsten unter den Niedrigen betrachten. Srila Bhaktivinoda Thakur hat die Bedeutung dieses Verses wie folgt erklärt: Sogar ein Grashalm besitzt einen Wert, doch wir sind nicht einmal so wertvoll wie ein Grashalm. Wir sind ohne jeden positiven Wert. Es ist schon schlimm genug, wenn jemand ungebildet ist, doch ein Verrückter ist bedeutend schlimmer als jemand ohne Bildung. Wohl vermag auch so jemand zu denken - doch nur auf krankhafte Weise. Deshalb stellt Srila Bhaktivinoda Thakur fest: "Ich verfüge über ein wenig Bewußtsein und etwas Intelligenz, doch sind sie gänzlich fehlgeleitet. Für einen Grashalm aber gibt es keine Irreführung. Wenn man ihn mit Füßen tritt, verspürt er keine Neigung, in seine Ausgangslage zurückzuspringen. Ein Grashalm kann durch einen Sturm oder durch äußere Einflüsse hierhin und dahin geweht werden; ich dagegen werde nur äußerst widerwillig eine bestimmte Richtung einschlagen. Wenn die Wogen äußerer Einflüsse mich in eine bestimmte Richtung treiben wollen, werde ich versuchen, mich ihnen zu widersetzen. Wenn du also meinen wirklichen Wert in Betracht ziehen willst, dann ist meine wahre Stellung sogar niedriger als die eines Grashalms, weil mir eine widerstrebende Haltung zu eigen ist."

Wenn wir uns daher in eine engere Beziehung zum unendlich Guten bringen wollen, sollten wir denken: "Ich bin völlig wertlos," besser noch: "Mein Wert steht unter einem negativen Vorzeichen. Ich habe die Neigung, mich der Gnade des Herrn zu widersetzen. Wenn Krishna mir Gnade erweisen möchte, versuche ich, mich dagegen zu sträuben. Es entspricht der Natur meines Wesens, spirituellen Selbstmord zu begehen. Krishna versucht, Sich mir gnädig zu erweisen, und ich widersetze mich Ihm. Es ist, als ob mein innerstes Streben geradezu auf Selbstmord gerichtet sei. So ist es um mich bestellt. In einer solch schlimmen Lage befinde ich mich. Ein Grashalm aber wird sich niemandem entgegenstellen." Wir müssen erkennen, daß wir uns tatsächlich in einer solch mißlichen Zwangslage befinden. Wenn wir bemüht sind, das zu begreifen, dürfen wir darauf hoffen, der Güte der Absoluten Wahrheit in Form des Heiligen Namens teilhaftig zu werden.

Wir sollten nicht meinen, der Weg werde eben verlaufen. Eine ganze Menge Schwierigkeiten mögen von außen auf uns einströmen. Wenn die Gottgeweihten hinausgehen, um auf den Straßen "Hare Krishna" zu singen, begegnen ihnen viele Leute, die rufen: "He, ihr Affen! Ihr rotgesichtigen Affen!" Viele verschiedene Formen von Hindernissen und Widerstand werden in Erscheinung treten und versuchen, uns zu beeinflussen, uns von diesem Pfad abzubringen. Doch wir müssen dem mit einer Duldsamkeit begegnen, die der eines Baumes gleichkommt. Und warum wird uns gerade das Beispiel eines Baumes vor Augen gehalten? Das läßt sich so erklären: Wenn ein Baum auch von niemandem Wasser bekommt, wird er sich dennoch niemals beschweren - "Oh! Gib mir Wasser!" Und wenn jemand anfängt, den Baum zu belästigen, indem er seine Blätter abreißt, seine Zweige abschneidet oder ihn sogar fällt, der Baum wird dazu immer schweigen; er leistet keinen Widerstand. Wir sollten versuchen zu erkennen, wie Beleidigungen, Armut, Strafe oder andere Widrigkeiten dazu beitragen, uns zu läutern. Dann werden wir mit dem geringsten Ausmaß an Bestrafung aus dieser materiellen Existenz erlöst werden.

Durch Krishnabewußtsein sind wir mit dem höchsten Ziel und der höchsten Erfüllung des Lebens in Verbindung gekommen - welchen Preis sind wir bereit dafür zu zahlen? Das ist für uns völlig unvorstellbar. Welch kleine Forderungen auch immer an uns gestellt werden mögen, wir müssen sie im Hinblick auf das höchste Ziel mit lächelndem Gesicht akzeptieren. Wenn wir wirklich zuversichtlich sind, wenn wir Vertrauen in unsere strahlende Zukunft haben, dann können wir frohen Herzens das bezahlen, was uns die Natur an kleinem Entgeld abverlangt.

Einmal ging Gaurakisora Dasa Babaji Maharaja, der geistige Meister von Bhaktisiddhanta Saraswati Thakur, durch die Stadt Navadvip und bettelte an verschiedenen Häusern um etwas Reis. Es war nicht ungewöhnlich, daß die Dorfbewohner die Gottgeweihten dabei manchmal beleidigten oder sogar angriffen. Und als er auf dem Weg zurück zu seiner Unterkunft war, verschonten sie nicht einmal eine solch erhabene Seele wie ihn. Einige Jungen warfen Steine und Schmutz nach ihm, und das veranlaßte ihn zu folgender Bemerkung: "Krishna, Du bist wirklich grausam zu mir! Ich werde mich bei Deiner Mutter Yasoda über Dich beschweren." Das war seine Sichtweise, und mit dieser Haltung brachte er alles in Einklang. Wir sollten lernen, Krishna in allem zu erkennen, was sich uns hindernd oder feindselig in den Weg stellt. Gemäß der philosophischen Betrachtungsweise kann natürlich ohne den Willen Gottes überhaupt nichts geschehen. Doch im täglichen Leben stellt sich die Sichtweise eines Gottgeweihten so dar: "Oh, Krishna! Du unterstützt diese Kinder und belästigst mich; ich werde Dir eine Lehre erteilen. Ich weiß, wie man mit Dir umgehen muß. Ich werde mich bei Mutter Yasoda beschweren und sie wird Dich bestrafen."

Die fortgeschrittenen Gottgeweihten sind fest in dem Bewußtsein verankert, daß Krishna hinter allem steht, und sie betrachten alles auf diese Weise. Diese Haltung muß unser Leuchtfeuer sein, denn sie wird uns dahin führen, uns auf all die Dinge einzustellen, die offensichtlich wenig vorteilhaft für uns sind. Darin können wir einen annehmbaren Ausgleich von Widersprüchen finden und deshalb wird uns geraten, duldsamer als selbst ein Baum zu sein. Es mag sein, daß wir selbst keinerlei Neigung verspüren, uns mit irgend etwas in unserer Umgebung anzulegen. Und doch werden wir immer wieder auf Widerstand stoßen, den wir als störend empfinden. Das müssen wir einfach erdulden.

Und wir müssen anderen unsere Achtung erweisen. Geltungsdrang ist der größte und aufgrund seiner feinstofflichen Wesensart am schwierigsten zu erkennende Feind für Krishnas Geweihte. Stolz ist der schlimmste Feind. Und es ist der Stolz, der jemanden letztlich zur Schlußfolgerung der Mayavadis kommen läßt, die keinen Unterschied mehr zwischen dem Schöpfer und Seiner Schöpfung machen. Sie sagen: "*So 'ham* - Ich bin!" Also nicht: "*daso 'ham* - Ich bin untergeordnet," sondern "Ich bin von der Natur des Allerhöchsten; ich bin dem Wesen nach gleich: Ich bin Er." Dabei klammern sie in ihrer Betrachtungsweise die Tatsache aus, daß wir alle winzig sind und unter Not und Elend leiden. All diese höchst greifbaren Tatsachen werden von den Mayavadis, den Anhängern der unpersönlichen Auffassung von Gott, mißachtet. Und doch ist das Streben nach Anerkennung, oder Selbstsucht (*pratistha*), unser schlimmster Feind. In diesem Vers wird uns geraten, mit dem Drang nach Geltung und hoher Position besonders vorsichtig umzugehen.

Sri Chaitanya Mahaprabhu stellt fest: "Du darfst nicht den geringsten Wunsch danach hegen, daß dir von irgend jemandem - ja nicht einmal von dem, was dich umgibt - Achtung entgegengebracht wird. Gleichzeitig mußt du jedermann und allem, was zu deiner Umgebung gehört, entsprechend der ihm gebührenden Stellung Achtung erweisen. Erweise deinen Respekt, doch hege nicht die allergeringste Erwartung, daß dir von außen irgendwelche Achtung entgegengebracht wird." Das müssen wir sehr genau nehmen, denn Stolz ist unser verborgener Feind, unser schlimmster Feind. Wenn wir auf irgendeine Weise diesen Feind vermeiden oder gar überwinden können, werden wir fähig sein, ins Reich der Diener Krishnas einzutreten, ja uns Ihm sogar wie Sklaven unterzuordnen und uns jenen anzuschließen, die Ihm ihr Leben uneingeschränkt als Opfer dargebracht haben. Die allgemeine Bedeutung dieses Verses lautet daher: "Trachte nie nach Rang und Ansehen von irgendwoher. Doch erweise gleichzeitig gemäß deinem eigenen Verständnis allem und jedem Ehre."

### Der Maßstab für wirkliche Demut

Als unser geistiger Meister Srila Bhaktisiddhanta Saraswati Thakur in den frühen dreißiger Jahren nach Vrindavan reiste, fuhr er in einem Automobil dorthin. Das war in jenen Tagen ein für einen Heiligen unerhörtes Tun. Eines Tages beleidigte ein Priester unseren *guru*, indem er sich mißbilligend über die Stellung von Srila Ragunatha Dasa Goswami äußerte, der im Hinblick auf das, was unsere spirituelle Erfüllung betrifft, die höchste Vorstellung entwickelt und gelehrt hat. Dieser Priester rühmte sich: "Wir sind nicht nur Bewohner dieses heiligen Landes, sondern Angehörige der Kaste der hohen Priester (*brahmanas*). Und deswegen können wir Dasa Goswami unsere Segnungen gewähren. Denn jener wurde in einer dem Stand nach niedrigeren Familie geboren, und er selbst erbat von uns eine solche Segnung." Wohl hatte Dasa Goswami einmal in großer Demut gebetet:

*gurau gosthe gosthalayisu sujane bhusuragane*
*svamantre sri-namni vraja-nava-yuva-dvandva-sarane*
*sada dambham hitva kuru ratim apurvam atitara*
*maye svantarbhratas catubhir abhiyace dhrta-padah*

"Oh du Vernunft! Ich werfe mich nieder zu deinen Füßen und flehe dich an: 'Gib all deinen Stolz auf und erfahre für immer die ekstatische Liebe in der ständigen Erinnerung an den göttlichen Führer, das heilige Reich von Vrindavan, die Herden der

Kühe und die Kuhhirtenmädchen von Vraja, die Geweihten des höchsten Herrn Sri Krishna, die Ihm voller Liebe zugetan sind, die Götter auf Erden, die da sind die reinen Brahmanen, den Gayatri-Mantra, die heiligen Namen Krishnas und das göttliche jugendliche Paar von Vraja, Sri Sri Radha Govindasundara."

Jener Priester äußerte sich also in der Weise: "Wir sind Einwohner des heiligen Reiches von Vrindavan und zugleich Brahmanen, und deswegen kommt es uns zu, Ragunatha Dasa Goswami Segnungen zu gewähren." Kaum hatte unser Guru Maharaja, der sich zu dieser Zeit am Radha-Kunda aufhielt, diese Worte vernommen, begann er zu fasten. Er sagte: "Muß ich mir das anhören? Dieser Bursche steht unter der Herrschaft von Lust, Zorn und Gier und er behauptet, er könne Dasa Goswami seinen Segen geben, der der angesehenste Lehrer unserer Nachfolgelinie ist! Und ich muß mir das anhören?" Und er beschloß zu fasten, ohne dem Priester seine Bemerkungen zu vergelten. Auch wir anderen hörten alle auf zu essen und unsere ganze Gruppe begann zu fasten. Daraufhin gelang es einem ortsansässigen Herren von untadeligem Charakter, der erfahren hatte, daß unsere ganze Gruppe fastete, den lästernden Priester ausfindig zu machen und ihn vor unseren Guru Maharaja zu bringen. Und jener Priester bat um Verzeihung. Unser Guru Maharaja war es zufrieden und brach sein Fasten ab. Zu der Zeit sagte jemand zu unserem Guru Maharaja: "Das sind doch alles unwissende Narren. Weshalb solltest du durch seine Worte so stark betroffen sein? Du solltest sie nicht beachten." Unser Guru Maharaja antwortete jedoch: "Wäre ich nur ein ganz gewöhnlicher *babaji* und hörte eine solche Bemerkung, dann könnte ich mir einfach meine Ohren zuhalten und weggehen. Doch ich habe die Rolle eines *acarya* übernommen, der durch sein Beispiel lehrt. Welche Rechtfertigung könnte es für mich geben, in einem Automobil zu fahren, wenn ich mich solchen Bemerkungen gegen meinen *gurudeva* nicht entschieden entgegenstellte?"

Diese Aussage machte er wiederholt: "Warum fahre ich hier

in Vrindavan in einem Automobil?" und fuhr fort: "Wäre ich ein *niskincana babaji*, ein in Abgeschiedenheit lebender und nur mit einem Lendentuch bekleideter Heiliger, hätte ich diesem Mann keinen Widerstand entgegengesetzt. Um mich zu schützen, hätte ich einfach diesen Platz verlassen und wäre woanders hingegangen. Weil ich aber in meiner Eigenschaft als *acarya*, als Lehrer, in einem großen Auto herumfahre, muß ich die Würde der großen Geweihten verteidigen. Ich habe diese Bürde auf mich genommen und kann mich daher den sich daraus ergebenden Umständen nicht entziehen. Ich muß dem ins Auge sehen und alles in meiner Macht stehende tun, damit solche Dinge nicht unentdeckt oder unwidersprochen weitergehen können."

Demut muß auf ihre praktische Anwendbarkeit hin angepaßt und abgewandelt werden. Als einmal ein Hare-Krishna-Tempel angegriffen wurde, benutzten die Gottgeweihten ein Gewehr, um den Tempel zu verteidigen. Später führten die ortsansässigen Leute darüber Klage. Sie sagten: "Ach, sind diese Geweihten etwa demütig oder duldsam? Warum haben sie sich über den Rat von Sri Chaitanya Mahaprabhu hinweggesetzt, demütiger zu sein als ein Grashalm und duldsamer als ein Baum? Das können keine Gottgeweihten sein!" Viele Klagen drangen deswegen an mein Ohr, doch ich verteidigte die Gottgeweihten, indem ich darauf hinwies: "Nein, sie haben richtig gehandelt. Die Anweisung, demütiger zu sein als ein Grashalm, bedeutet, man soll dem Geweihten gegenüber demütig sein und nicht gegenüber einem Verrückten."

Die große Masse der Menschen ist unwissend. Sie sind verrückt. Sie wissen nicht, was gut oder schlecht ist, und ihre Überlegungen sind deshalb wertlos. Wer aber ist geeignet zu beurteilen, ob ein Geweihter allen Ehre erweist und für sich selbst keine erwartet? Wer will entscheiden, ob er wirklich demütig und duldsam ist - Verrückte? Unwissende Leute? Haben sie auch nur den geringsten Sinn dafür zu beurteilen, wer demütig und duldsam ist und wer sich anderen gegenüber respektvoll verhält? Es muß einen Maßstab geben, nach dem man Demut beurteilen kann. Wir interessieren uns für den Maßstab, den uns höhere Denker gegeben haben, und nicht für die Erwägungen der unwissenden Allgemeinheit.

Natürlich vermag jedermann die gewöhnlichen Leute durch oberflächliche Demut zu täuschen. Aber zur Schau getragene Demut ist keine wirkliche Demut. Sie muß aus dem Herzen kommen und es muß eine ernsthafte Absicht dahinter stehen. All das - Demut, Duldsamkeit und das völlige Fehlen von Stolz - muß dem Urteil eines vorbildlichen, normalen Menschen anheimgestellt werden und darf nicht von den Unwissenden abhängen, die den Elefanten, Schakalen und Tigern gleichen. Sollte jenen erlaubt werden zu beurteilen, was Demut ist oder Dreistigkeit oder Unverschämtheit? Natürlich nicht. Sollte ein Gottgeweihter etwa denken: "Gleich werden die Bildgestalten und der Tempel belästigt, doch ich werde dabeistehen und nichts unternehmen. Ich soll demütig und duldsam sein." Oder: "Ein Hund kommt in den Tempel, ich soll ihm Achtung erweisen." Nein. Das hat mit Demut nichts zu tun.

Wir müssen eine normale Vorstellung von der Wirklichkeit haben. Wir dürfen nicht zulassen, daß - im Namen des Respekts, der anderen gebührt - solche Abweichungen vom normalen, realistischen Denken fortbestehen können. Wir dürfen nicht glauben, daß wir es jedem gestatten müßten, den Geweihten Schaden zuzufügen oder den Tempel zu belästigen oder daß wir zulassen dürften, daß ein Hund den Tempel betritt. Oder gar, daß wir uns durch solches Handeln als demütig und duldsam erwiesen und zeigten, daß wir anderen alle ihnen zukommende Achtung bezeugen. Wir sind nicht einfach nur an der äußeren, wörtlichen Bedeutung der Schriften interessiert, sondern an ihrer inneren, wirklichen Bedeutung.

Daß ich demütig bin, bedeutet, daß ich mich als unbedingter Diener des Dieners eines Vaishnava fühle. Das ist das Bewußtsein, in dem wir vorwärts schreiten müssen. Wenn jemand kommt, um meinen Meister zu belästigen, sollte ich mich zuallererst selbst opfern und dabei denken: "Weil mir selbst die geringste Bedeutung zukommt, ist es kein Verlust, wenn ich mich opfere. Ich muß mich selbst aufopfern, um die Würde meines *guru*, der Geweihten meines Herrn und Seiner Familie zu erhalten."

Wir müssen immer richtig verstehen, was verehrenswert ist. Wir bringen unsere Ehrerbietungen der höchsten Wahrheit, dem Herrn über alle Herren dar. Unsere Handlungen sollten mit dieser Haltung immer in Übereinstimmung stehen. Wenn wir ohne Unterlaß die höchste Vorstellung von Relativität in uns bewahren, werden wir feststellen, daß wir die Geringsten sind. Wenn daher unseren Beschützern Gefahr droht, sollten wir uns selbst aufopfern. All dies sollte in Betracht gezogen werden, wenn man versucht, die wahre Bedeutung von Demut zu verstehen und sie nicht als äußere Nachahmung, sondern in ihrer Ursprünglichkeit zu sehen. Das ist eine Frage praktischer Verwirklichung. Ruhm und Ehre kommen dem Herrn und Seinen Geweihten zu und niemandem sonst.

Auf höheren Stufen der Hingabe wird die Vorstellung von Demut natürlich im Hinblick auf die Haltung der *paramahamsa babajis* wieder neu bestimmt werden müssen, jenen höchsten schwanengleichen Heiligen, die jegliche Verbindung zu dieser materiellen Welt aufgegeben haben. Im Bereich der Predigtarbeit jedoch muß ein Gottgeweihter, der noch nicht dieser höchsten Bewußtseinsebene zugehört, die Dinge entsprechend anders betrachten. So sagte unser Guru Maharaja: "Wäre ich in der Rolle eines *babaji* gewesen, eines Heiligen, der ein völlig zurückgezogenes Leben führt und keinerlei Ansprüche mehr stellt, hätte ich diesen Ort verlassen, ohne auch nur den geringsten Widerstand zu leisten. Da wir aber predigen und daher die Verantwortung auf uns genommen haben, all die vielen Seelen ins Reich des Herrn zu führen, muß unsere Einstellung dieser Tatsache entsprechen." Wir mögen uns im allgemeinen jenen gegenüber, die uns persönlich anfeinden, gleichgültig verhalten. Wenn wir jedoch im

Namen des Herrn eine organisierte Predigtarbeit durchführen, verändert sich unsere Pflicht: dann dürfen wir Widersachern gegenüber nicht mehr gleichgültig bleiben.

Jiva Goswami, einer der vertrautesten Anhänger Sri Chaitanya Mahaprabhus, hat in seinen Schriften erwähnt, daß man gemäß der jeweils ganz eigenen Position diese Dinge in Betracht ziehen und das Notwendige tun sollte. Sein Urteil lautet, daß ein Geweihter, der eine Machtposition - z.B. als König - innehat, jemandem, der wiederholt einen wirklichen Vaishnava oder einen heiligen Menschen lästert, körperliche Züchtigung auferlegen sollte, indem er den Missetäter aus seinem Land verbannt oder ihm die Zunge herausschneiden läßt (*vaisnava nindaka jiva hata*). Das ist aber nicht die Pflicht gewöhnlicher Menschen. Wenn sie in solcher Weise handeln würden, entstünde Aufruhr. Wir sollten nicht darauf aus sein, über jemanden körperliche Strafen zu verhängen.

Hanuman ist ein Vaishnava und doch erleben wir ihn dabei, wie er zahlreiche Leben auslöscht. Das gleiche gilt für Arjuna und viele andere Gottgeweihte. Wir können sogar Krishna und Ramachandra dabei beobachten, wie sie viele Dämonen im Krieg töten. Ein einfaches Zur-Schau-Stellen von Sanftmut macht noch nicht die tiefere Bedeutung von Demut aus. Wenn der *guru* oder die Vaishnavas beleidigt werden, wird ein Geweihter den Lästerern entsprechend seiner Macht Widerstand leisten. Bhaktivinoda Thakur sagte in einem seiner Lieder, daß wir das üble Tun von anderen und eine störende Umgebung nicht einfach nur hinnehmen, sondern denen, die uns peinigen, sogar Gutes tun sollten. Als Beispiel verweist er auf den Baum. Ein Baum spendet sogar demjenigen, der ihn fällt, Schatten und Behaglichkeit. Als Schlußfolgerung stellt er fest, daß Demut, Barmherzigkeit, Achtung gegenüber anderen und Verzicht auf einen guten Ruf und Berühmtheit die vier grundlegenden Eigenschaften dafür sind, den Heiligen Namen Krishnas zu singen.

Wir sind die Geringsten unter den Niedrigen. Wir sollten

uns immer der Tatsache bewußt sein, daß wir Bettler sind. Wir sollten denken: "Ich bin zwar ein Bettler, doch ist es meine Absicht, das Höchste zu erbetteln; möge keinerlei Störung mich von meinem Versuch abbringen." Zugleich sollte unsere Haltung gegenüber der Umwelt voller Achtung sein. So sollten wir in dem Maße, in dem wir von der Krishna-Vorstellung von Göttlichkeit Kenntnis erlangen, jedermann gemäß seiner Stellung Achtung erweisen. Der leitende Grundsatz in der Verehrung des Heiligen Namens (*namabhajan*) ist der, daß wir die Stellung eines Dieners des Dieners des Dieners des Herrn einnehmen müssen, ja Ihm uns letzlich wie Sklaven unterordnen müssen.

Wenn du über den Namen Krishnas meditieren willst, dann vergeude deine Energie nicht mit den unbedeutenden Dingen dieser Welt. Erlaube deiner Aufmerksamkeit nicht, durch so winzige Errungenschaften wie Ansehen oder Gewinn, der sich in Geld oder körperlicher Bequemlichkeit niederschlägt, vom eigentlichen Ziel abgelenkt zu werden. Denke daran, du strebst nach dem Allerhöchsten, und im Vergleich zum Krishnabewußtsein sind alle anderen Dinge recht klein. Verschwende also nicht deine Energie und deine kostbare Zeit. Geh sparsam damit um. Denn du kannst das höchste Ziel des Lebens erlangen.

# Vers 4 - Ungetrübte Hingabe

*na dhanam na janam na sundarim*
*kavitam va jagad-isa kamaye*
*mama janmani janmanisvare*
*bhavatad bhaktir ahaituki tvayi*

O Herr, ich hege keinerlei Wünsche danach,
Reichtum anzuhäufen, Gefolgsleute um mich zu scharen,
schöne Frauen zu besitzen oder als Dichter zu gelten.
Ich flehe einzig darum,
Geburt um Geburt in
Deinem hingebungsvollen Dienst beschäftigt sein zu dürfen.

# Erläuterung

Wir sollten versuchen, uns in diese Richtung zu bewegen. Sri Chaitanya Mahaprabhu erklärt: "Es verlangt mich nicht nach Geld (*na danam*), noch danach, beliebt zu sein oder über Menschen zu verfügen (*na janam*), noch bedarf ich der Gesellschaft schöner Damen (*na sundarim*). Ich bin weder auf einen guten Ruf aus noch begehre ich den Ruhm eines Dichters (*kavitam va*)." Das ist die allgemeine Bedeutung dieses Verses.

Die Kommentare von Bhaktisiddhanta Saraswati und Srila Bhaktivinoda Thakur gehen jedoch weitaus mehr in die Tiefe. Unser Guru Maharaja, Bhaktisiddhanta Saraswati Thakur, hat darauf hingewiesen, daß in diesem Vers die Begriffe Reichtum, Gefolgsleute, Frauen und Gelehrsamkeit oder Dichtertum den Begriffen *dharma* (Pflichterfüllung), *artha* (wirtschaftliche Entwicklung), *kama* (Sinnesbefriedigung) und *moksa* (Befreiung) entsprechen. Srila Bhaktivinoda Thakur erläuterte, in diesem Zusammenhang sei mit 'Reichtum' der Reichtum gemeint, der aus der Erfüllung der vorgeschriebenen Pflichten herrühre. Gleichzeitig aber könne der Begriff 'Reichtum' auf *artha* verweisen, den Erfolg durch wirtschaftliche Entwicklung. Er führt weiter aus, daß 'Gefolgsleute' auf körperliche Verwandtschaft zur Erfüllung materieller Annehmlichkeiten (*artha*) verweise: z.B. Ehefrau, Kinder. Der Begriff sundarim steht für *kama*, die Gesellschaft von attraktiven Damen. Und *kavitam*, Dichtkunst, steht für Befreiung. Befreiung besitzt anscheinend einen hohen Stellenwert, doch ähnlich wie Dichtkunst ist sie in Wahrheit nicht viel mehr als ein blumiges Wort. Befreiung existiert nur in der Vorstellung, denn das

*Nama-Sankirtan*

letztendliche Ergebnis von Befreiung ist die Auflösung der eigenen Existenz.

Und so lautet denn auch das Gebet von Sri Chaitanya Mahaprabhu: "Oh Herr des Universums, inständig bitte ich Dich einzig darum, Dir ganz aus freien Stücken dienen zu dürfen, ohne dafür irgendeine Belohnung zu erwarten. Ich wünsche mir nichts mehr als eine wirklich dienende Haltung." *Prema* heißt Zuneigung, Liebe. *Prema* bedeutet: "Ich werde Dir dienen und als Belohnung dafür mußt Du mir noch mehr von der Haltung schenken, Dir dienen zu wollen - mehr Kraft und mehr Sehnsucht danach, Dir dienen zu wollen. Meine Zuneigung zu Dir wird sich dadurch steigern und aus meiner verstärkten Beteiligung werde ich Kapital schlagen, so als wäre es ein Geldverleihgeschäft." Ein Geweihter wird also auf diese Weise zu Krishna beten: "Ich diene Dir, und wenn Du mir dafür etwas geben willst, dann erhöhe mein Kapital, damit meine dienende Haltung wachse und noch stärker werde. Wo auch immer ich meinem *karma* entsprechend geboren werde, sehne ich mich einzig nach Deinem Dienst, mein Herr, und ich bitte Dich inständig darum, mir einen Dienst zu gewähren, der von keinerlei eigennützigen Motiven mehr bestimmt wird, und um nichts anderes." Die allgemeine und umfassende Versuchung, die uns aus allen vier Himmelsrichtungen entgegentritt, kann man also in vier Kategorien einteilen: das Anhäufen von Geld, das Sammeln von Gefolgsleuten, um des Ruhmes willen, die Anziehung zu Frauen und der Wunsch nach Befreiung. Und dies wiederum steht in Beziehung zu *dharma, artha, kama* und *moksa*. Auf diese Weise sind die Abstufungen unterschiedlicher Lebensziele auf geradezu wissenschaftliche Weise dargelegt worden.

Sri Chaitanya Mahaprabhu aber sagt: "Ich fühle mich zu keinem dieser Dinge hingezogen, sondern nur zu Dir, mein Herr. Ich strebe nicht einmal nach Befreiung. Und deshalb werde ich auch nicht bitten: 'Schenk mir Befreiung, denn in befreitem Zustand werde ich Dir besser dienen können.'" Eine solche

Bedingung darf man Gott nicht auferlegen. Und so lautet das reinste aller Gebete: Meinem *karma* gemäß mag ich zum Vogel oder zur wilden Bestie werden, hier oder anderswo, ja sogar in der Hölle - das spielt keine Rolle. Mein ganzes Sehnen ist einzig darauf gerichtet: Ich bete darum, daß meine Zuneigung zu Dir niemals verloren gehen möge. Ich bitte inständig darum, daß sie immerzu gesteigert werde.

*Bhakti*, Hingabe, ist *ahaituki*, ohne Ursache. Sie ist ganz selbstverständlich und kennt kein anderes Streben. Jemand mag sagen: "Wenn die Zinsen immer wieder neu als Kapital angelegt werden, kann ich den Gewinn nie genießen." Doch wir sind ja gerade an dem Genuß interessiert, der aus dem Sich-Selbst-Schenken entsteht. "Laß andere auf meine Kosten genießen" - das ist die Grundlage des höchsten Genusses. Der Gottgeweihte denkt: "Laß Krishna mit anderen genießen - ich will gern der Sündenbock sein."

Bhaktivinoda Thakur stellt fest, ein Säugling verfüge über keinerlei Wissen und könne sich selbst nicht verteidigen, wenn er von einem Feind oder von einer Krankheit angegriffen werde. In gleicher Weise können am Anfang - wenn jemandes Verwirklichung des Heiligen Namens sich sozusagen noch auf der kindhaften Stufe befindet - sündhafte Handlungen und Vergehen gegen den Heiligen Namen noch überwiegen. Doch wenn unsere Verwirklichung dann "erwachsen" geworden ist, können solche Anfechtungen uns nicht mehr gefährlich werden. Der Anfänger jedoch mag durch vielerlei Widrigkeiten belästigt, versucht, verwirrt und verunsichert werden. Bhaktivinoda Thakur sagt: "Der Heilige Name ist so wunderschön, barmherzig und bezaubernd. Oh könnte ich doch zusammen mit all den Kränkungen, die man Ihm antun kann, sterben, damit andere Seinen Nektar genießen können." Er will sich selber aufopfern, so wie in Kriegszeiten die Angehörigen eines Selbstmordkommandos sich mitsamt ihren Bomben auf feindliche Schiffe gestürzt haben. Solche Selbstmordkommandos gab es in großem Stil im Feldzug der Japaner gegen die Briten, und es heißt, daß sogar Hitler, als er von deren Furchtlosigkeit hörte, gesagt habe: "Da müssen wir noch etwas von den Japanern lernen." Bhaktivinoda Thakur also betet: "Ich möchte gerne mein Leben hingeben, um allen Vergehen gegen den Heiligen Namen ein Ende zu setzen, damit andere den Nektar des Heiligen Namens genießen können."

Und auch Vasudeva Datta betet: "Bürde die Sünden aller gefallenen Seelen auf meine Schultern und verstoße mich in die ewige Hölle, damit sie den Nutzen davon haben. Schenk ihnen Liebe zu Krishna." Doch gerade aufgrund dieser großherzigen Empfindung erleidet er nicht den Tod. Es heißt: "Stirb, um zu leben." Wenn der Höchste Herr uns so viel bedeutet, daß wir eine solche Empfindung in uns spüren, werden wir auf lebendige Weise ein höheres Leben erlangen. Das ist der Genuß, den wir uns wünschen.

Der letzte Vers des Shikshastakam von Sri Chaitanya Mahaprabhu wird dieses Gefühl erläutern. Ein anderes Beispiel für diese Haltung finden wir in der Geschichte des großen Weisen Narada, wie er zu den *gopis* kam und sie um den Staub von ihren Lotosfüßen bat, um die Kopfschmerzen Krishnas zu lindern. Hier finden wir Selbstverleugnung in ihrer höchsten Ausprägung. Und das ist es, was Hingabe wirklich ausmacht. Das gesamte Leben eines Gottgeweihten beruht auf Aufopferung. Der Nutzen wird in dem Maße sichtbar, wie Aufopferung da ist. Und sich aufopfern bedeutet: "Stirb, um zu leben." Das ist eine meiner bevorzugten Redensarten. Es sind Hegels Worte: "Sterben, um zu leben." Krishna ist der höchste Genießer, der in dieser Welt bekannt ist. Wir sollten nicht zögern, uns ihm gänzlich hinzugeben.

# Vers 5 - Der ewige Diener

*yi nanda-tanuja kinkaram*
*patitam mam visame bhavambudhau*
*krpaya tava pada-pankaja*
*sthita-dhuli-sadrsam vicintaya*

O Sohn von Nanda Maharaja,
ich bin Dein ewiger Diener.
Doch aufgrund meines eigenen *karma*
bin ich in diesen schrecklichen Ozean
von Geburt und Tod gefallen.
Nimm diese gefallene Seele an
und betrachte mich als ein winziges Staubteilchen
auf Deinen heiligen Lotosfüßen.

# Erläuterung

H ier betet Sri Chaitanya Mahaprabhu: "Oh Herr, bitte denk an mich; ich möchte in Dein Reich eintreten, das völlig von Deinem barmherzigen Leuchten durchdrungen ist. Ich weiß nicht, wie ich selbst richtig auf mich aufpassen könnte und deshalb erbitte ich Deinen Schutz. Bitte nimm mich an und gewähre mir Einlaß in Dein Reich. Du bist mein Hüter. Ich möchte unter Deinem Schutz leben."

Wer aber ist Er? Wir erfahren von verschiedenen Auffassungen über Gott; doch hier stoßen wir auf eine besonders schöne Vorstellung von Ihm - Krishna, der Sohn von Nanda Maharaja. Das gibt es nur in Vrindavan. Einst begegnete Raghupati Upadhyaya, der ein großer transzendentaler Gelehrter war, Sri Chaitanya Mahaprabhu in der Nähe von Mathura. Dort führten sie eine lange Unterredung, in deren Verlauf Mahaprabhu fragte: "Wen wünschen wir uns als unseren Meister? Wer ist das letztendliche Ziel unseres Lebens?" Raghupati Upadhyaya antwortete:

*srutim apare smrtim itare*
*tam anye bhajantu bhava-bhitah*
*aham iha nandam vande*
*yasyalinde param brahma*

"Diejenigen, die die Wiedergeburt in dieser Welt fürchten, mögen dem Rat der vedischen Schriften folgen, andere mögen dem Mahabharata folgen, aber was mich betrifft, so folge ich Nanda Maharaja, in dessen Hof die Höchste Absolute Wahrheit in Gestalt eines Kindes spielt."

Im *varnasrama-dharma*, dem vedischen System gesellschaftlicher Pflichten, folgen die Menschen ganz allgemein der Anleitung durch die *smrti*, dem vedischen Gesetz. Auf diese Weise sind sie mit der Befriedigung ihrer körperlichen Bedürfnisse beschäftigt, wobei diese Beschäftigung den Anschein von Frömmigkeit trägt. Jene aber, die von solch körperlichem Verlangen frei sind und die versuchen, dieses Leben der Vergnügungen und der Ausbeutung zu überwinden, nehmen im allgemeinen ihre Unterweisungen aus den Upanishaden, weil dort Ratschläge auf einer höheren Ebene gegeben werden. Raghupati Upadyaya fährt fort: "All das ist mir völlig gleichgültig, doch fühle ich das Bedürfnis in mir, der Stimme meines Herzens zu folgen. Der Verstand ist mir nicht so wichtig; ich meine, daß wahrer Friede nur mit dem Herzen zu finden ist. Und mein Herz fühlt sich immer zu Krishnas Vater Nanda hingezogen. Von maßgeblichen Autoritäten wird Krishna als die Höchste Absolute Wahrheit bezeichnet, und die krabbelt im Hof von Nanda Maharaja herum. Deshalb ist für mich die greifbare Wirklichkeit dort zu finden." Und wie gelang es Nanda, die Höchste Absolute Wahrheit anzulocken? Darüber befragt der gottergebene König Parikshit Maharaja im Srimad Bhagavatam (10.8.46) den jungen Heiligen Sukadeva Goswami:

*nandah kim akarod brahman, sreya evam mahodayam*
*yasoda ca maha-bhaga, papau yasyah stanam harih*

"Oh du Kenner des *brahman*, der du ständig mit der Welt des reinen Bewußtseins verbunden bist. Nicht die geringste Spur irgendeiner weltlichen, gegenständlichen Beziehung ist an dir zu finden. Denn du stehst ohne Unterlaß mit jener Welt des Geistes in Verbindung, deren Ursprung in dem mit dem höchsten Bewußtsein ausgestatteten Ich liegt. Niemals wird dein Bewußtsein auf die Ebene unserer greifbaren Welt herabgeschleudert. Und du stellst fest, Krishna sei die Höchste Absolute Wahrheit.

Mein Meister, ich habe nur eine einzige Frage an dich: Welche Pflicht hat Nanda erfüllt, welche Stufe der Erkenntnis hat Nanda erlangt, daß die Absolute Wahrheit in einem solch vertrauten Verhältnis zu ihm steht, ja sogar als Nandas Sohn erscheint und in seinem Hof herumkrabbelt? Er scheint völlig in Nandas Gewalt zu sein. Was bedeutet das? Das ist eine höchst wunderbare Angelegenheit. Ist so etwas überhaupt möglich?

Die *yogis*, die Weisen (*rsis*), die großen Gelehrten und Büßenden sagen gleichermaßen, sie könnten manchmal einen seltenen, flüchtigen Blick auf das Objekt ihres Sehnens und Erkenntnisstrebens werfen, um dann plötzlich wieder in ihr normales Bewußtsein zurückzufallen. Es ist ihnen nicht möglich, ihre Aufmerksamkeit für längere Zeiträume auf diese Ebene des Bewußtseins gerichtet zu halten. Wie aber ist es dann möglich, daß dieses Höchste Wesen auf dem Schoß von Mutter Yasoda sitzt und an ihrer Brust saugt? Wenn solche Dinge wirklich sind, wenn dies überhaupt möglich ist, warum sollte dann nicht auch ich mein Heil dort suchen, wo mir eine solche Vertrautheit mit dem höchsten Wesen vermittelt wird?" Auch Raghupati Upadhyaya drückt in seinem Gebet ein ähnliches Gefühl seiner selbst aus. Er betet: "Ich möchte nicht in die feinsinnigen Erörterungen und Analysen der heiligen Schriften verwickelt werden; ich möchte mich einfach nur Nanda und seinen Gefährten hingeben. Ich möchte mich der Gruppe anschließen, in der Nanda der oberste Führer ist."

Durch die Anwendung von Kraft (*karma*) sind wir in der Lage, ein gutes Ziel zu erreichen. Wenn wir kein Vertrauen in die Errungenschaften haben, die uns das *karma* ermöglicht, mögen wir uns um Befreiung bemühen, indem wir unser Bewußtsein erheben und nach Erkenntnis streben (*jnana*). Doch wenn wir mit Hilfe von Kennern jenes spirituellen Reiches - wie zum Beispiel Nanda und seinen Gefährten - die endgültige Lösung für dieses materielle Leben erforschen, können wir Eingang finden in das Land der Liebe und Hingabe.

Mein Glaube, mein gesunder Menschenverstand bezüglich der Religion läßt mich die eindeutige Antwort auf die Frage finden, warum ich mich nicht mit der Jagd nach Phantomen beschäftigen sollte, wo es mir doch möglich ist, die Absolute Höchste Wahrheit zu erkennen - was wirklich sehr selten ist. Und dabei stelle ich fest, daß Er wirklich, greifbar und vertraut ist und direkt auf mein Herz wirkt. Ich werde mich also direkt an den Gegenstand meiner Suche wenden. Wenn jemand mir erzählt, ein Falke habe mir mein Ohr weggeschnappt, sollte ich dann den Falken verfolgen, ohne zuerst an mein Ohr zu fassen, um zu sehen, ob es noch da ist? Wenn ich der Absoluten Wahrheit auf so vertrauliche Weise nahe sein kann, warum sollte ich dann bemüht sein, hierhin und dorthin zu rennen? Wenn ich feststelle, daß die Absolute Wahrheit gütigerweise mit all Ihrem zauberhaften Liebreiz erschienen ist und daß dieser Liebreiz kein Geheimnis ist und viele große Persönlichkeiten von Ihm angezogen werden, sollte ich dann dem Blendwerk der Meditationslehrer, der Theoretiker und Asketen nachrennen? Niemals. Das ist gesunder Menschenverstand.

Das unmittelbare Verständnis davon, daß Krishna, der Sohn von Nanda, der höchste Herr ist, wird uns durch die rechten Autoritäten vermittelt. Wenn wir uns also auf dieses Niveau erhoben haben, dann mögen wir fragen: "Oh Sohn von Nanda, Krishna, Du König des Landes der Liebe! Ich flehe um Deine Liebe. Ich bin Dein Diener. Tief in mir fühle ich, daß ich ein wenig mit Dir verbunden bin. Ich bin von Dir abhängig, aber irgendwie befinde ich mich in widrigen Umständen. Ich spüre so viele Feinde in mir, die versuchen, mich von Dir zu trennen, so daß ich Dir nicht die ganze Zeit meine Aufmerksamkeit schenken kann. Gleichzeitig fühle ich im Innersten meines Herzens, daß Du mein Herr und Meister bist, mein Ein und Alles. Ohne Deine Gemeinschaft wird mein Herz nie zufriedengestellt sein. Deshalb flehe ich Dich an: Ich befinde mich in widrigen Umständen, ich leide, und ohne Deine Barmherzigkeit kann ich keinerlei Hilfsmittel finden, die mir aus meiner gegenwärtigen Gefangenschaft heraushelfen könnten."

Und weiter betet Raghupati Upadhyaya: "Ich fühle, daß ich nicht ewiglich mit Dir verbunden bin, denn wenn das so wäre, dann wäre diese Trennung nicht möglich. Ich gleiche nicht einem *avatara* und bin keine Deiner vollständigen Erweiterungen." Andere Erscheinungen des Höchsten Herrn sind Seine vollständigen Erweiterungen (*svamsa*) doch die *jiva* ist eine teilweise Verkörperung Seiner Kraft (*vibhinnamsa*). In der Bhagavad-Gita stellt Krishna fest, daß die Lebewesen wesentliche Bestandteile Seiner Selbst sind. Die Seele entspringt der marginalen Kraft Krishnas, dem Bereich zwischen Seiner materiellen und Seiner spirituellen Kraft (*krsnera tatastha-sakti, bhedabheda prakasa*). Und die Seele ist ein winziges, bruchstückhaftes Teilchen der Gotteskraft und gleicht darin dem Sonnenstrahl. In dem Gebet des Gottgeweihten aber heißt es weiter: "Ich bin kein wesentlicher Bestandteil Deines Körpers, ich gleiche nicht einmal einem Lichtstrahl. Vielmehr gleiche ich mehr einem Sandkorn oder einem Staubteilchen und nicht einmal dem allerschwächsten Fünkchen aus dem Glanz Deines Körpers." Auf diese Weise führt uns Sriman Mahaprabhu um unser selbst willen vor Augen, von welcher Art unsere Bitte sein muß: "Ich darf nicht in dem Gedanken schwelgen, mir wäre solches Glück zuteil, daß ich als ein untrennbares Teil von Dir betrachtet würde. Ich bin von Dir getrennt und bedarf doch so sehr Deiner Barmherzigkeit. Bitte, sei mir gnädig. Ich erflehe Deine Barmherzigkeit für eine besondere Gunst: Bitte gewähre mir auf irgendeine Weise eine persönliche Beziehung zu Dir - und sei es auch die allergeringste. Zumindest das sollte mir zugebilligt werden. Betrachte mich als ein Staubkörnchen zu Deinen Füßen. Das ist meine inständige Bitte."

# Vers 6 - Transzendentale Sehnsucht

*nayanam galad-asru-dharaya*
*vadanam gadgada-ruddhaya gira*
*pulakair nicitam vapuh kada*
*tava nama-grahane bhavisyati*

"Oh Herr, wann werden Tränen
wie Wogen aus meinen Augen strömen
und meine Stimme vor Ekstase zittern?
Wann werden die Haare meines Körpers sich sträuben,
während ich Deinen Heiligen Namen singe?"

# Erläuterung

In diesem Vers ist das Gebet des Geweihten erhört worden und er hat einen Platz in Krishnas Reich erlangt. Doch selbst jetzt ist sein Streben nicht zu Ende. Obwohl er eine sichere Stellung erlangt hat, fleht er erneut um weitere Förderung. Zunächst hatte es ihn nur danach verlangt, ein unbedeutendes Staubteilchen unter den Sohlen von Krishnas göttlichen Füßen zu werden. Diese Gunst wurde ihm gewährt. Krishnas heilige Füße haben den Staub berührt, und der Staub wurde wie durch einen magischen Zauberstab verwandelt. Und damit taucht wie von selbst ein größeres, höheres Verlangen auf. Der Geweihte denkt: "Was bedeutet das? Ich flehte einzig darum, ein Staubkorn unter Deinen Fußsohlen werden zu dürfen, doch was fühle ich nun in mir? Ich bin der Staub der Erde und Du bist die Höchste Absolute Wahrheit. Doch allein durch die Berührung Deiner Lotosfüße wurde dieser Staub in ein solch bedeutendes und unfaßbares Wesen verwandelt. Daher frage ich mich: 'Wie ging meine Umwandlung vor sich?' Und nun stelle ich fest, daß mein Verlangen auf noch größere Vertrautheit gerichtet ist. Zuerst verlangte es mich nur nach Knechtschaft. Doch nun ist diese Hoffnung allein durch den Zauber der Berührung durch Deine Lotosfüße dahingehend verwandelt worden, daß ich mich auf ganz natürliche und ungezwungene Weise (*raga marga*) zu Dir hingezogen fühle."

Dieses Sich-Hingezogen-Fühlen, das ganz von innen heraus kommt, kann nur von Krishna ausgehen und nicht von Narayana oder Ramachandra. Denn die Bedeutung von Krishna ist: "Derjenige, der durch hingebungsvolle Liebe und Zuneigung verehrt

*Sri Yoga Pith*
*Der Baum, unter dem Sri Chaitanya Mahabrabhu*
*geboren wurde*

wird." Er ist der König der Liebe, der Mittelpunkt aller Zuneigung und Liebe. Die gesamte Vorstellung des Geweihten von liebevoller Hingabe änderte sich allein dadurch, daß er mit Krishnas Lotosfüßen in Berührung kam, und er wurde mit dem Verlangen nach noch mehr Vertrautheit ausgezeichnet. So also wurde dieser Diener mit noch mehr Liebe und Zuneigung begnadet. Er wurde auf eine solche Ebene der Hingabe erhoben, daß sich sogar sein Gebet veränderte. Nun denkt er: "Was bedeutet das? Ich kann meinen Tränen nicht mehr Halt gebieten. Sie fließen unaufhörlich, und wenn ich versuche, Deinen Namen zu singen, oh Herr, so fühle ich, wie ich die Kontrolle über mich verliere. Einflüsse von einer anderen Ebene bewegen mich und bringen mein normales Denken und Streben durcheinander. Ich fühle, daß ich mich auf einer ganz anderen Bewußtseinsebene befinde. Ich bin nirgendwo. Ich habe die Kontrolle verloren. Ich bin zu einer Puppe in den Händen einer anderen Kraft geworden.

Meine Sehnsucht zieht mich zu etwas anderem hin. Nun möchte ich nicht mehr einfach nur eine Beziehung zu dir als ein entfernter Diener. Mein Streben hat sich verändert, nachdem ich mit dem magischen Zauberstab Deiner Lotosfüße in Berührung gekommen bin. Ich sehe, daß so viele Geweihte in Deinem Dienst beschäftigt sind und Deinen Namen singen. Und weil ich das sehe, werden meine Hoffnungen verstärkt.

Auch ich möchte auf diese Stufe emporgehoben werden. Ich kann mir zwar von Ferne ein Bild davon machen, doch nun bitte ich dich inständig darum, auch ich möge auf diese Ebene erhoben werden. Die Beziehung zu Dir hat mich derartig durstig gemacht. Ich wünsche mir, daß Du uneingeschränkt über mich verfügst. Spiele mit mir, wie immer es Dir gefällt. Mein Herz sehnt sich nach einer solchen Beziehung zu Dir. Wenn ich mit diesem Gefühl Deinen Namen singe, erkenne ich, daß meine frühere Vorstellung sich geändert hat und ich ein neues Verlangen nach dieser Ebene der natürlichen und ungezwungenen Liebe verspüre. Ich bete darum, daß Du mich auf diese Stufe der göttlichen Zuneigung und Liebe emporhebst."

# Vers 7 - Qualen der Trennung

*yugayitam nimesena*
*caksusa pravrsayitam*
*sunyayitam jagat sarvam*
*govinda-virahena me*

"Oh Govinda!
Ohne Dich ist die Welt leer.
Tränen strömen aus meinen Augen wie Regen,
und ein Augenblick scheint mir wie eine Ewigkeit.

# Erläuterung

Manchmal wird dieser Vers so übersetzt: "Oh Govinda, ohne Dich kommt es mir so vor, als würde ein einziger Augenblick zwölf Jahre oder länger dauern." Das Wort *yuga* wird manchmal mit 'zwölf Jahre' übersetzt. Einige Geweihte begründen das damit, daß Mahaprabhu während eines zwölf Jahre währenden Zeitraums, in der er ganz tief in die Gemütsstimmung Radharanis versunken war, ihre überwältigenden Trennungsgefühle von Sri Krishna erfahren habe. Im *Sanskrit*-Wörterbuch steht, daß ein *yuga* zwölf Jahre bedeutet. Das ist eine Auffassung. Eine andere Bedeutung davon ist 'Jahrtausend' oder 'Zeitalter'. *Yuga* kann aber auch eine unbegrenzte Zeitdauer bedeuten.

Sri Chaitanya Mahaprabhu sagt: "Ein einziger Augenblick erscheint Mir wie von unbegrenzter Dauer. Aus Meinen Augen strömen Tränen, als wären es Regengüsse. Die Regenzeit bringt oft viele Überflutungen mit sich, doch jetzt scheint Mir, als würden Meine Augen überfließen. Das Sichtbare wird Mir unsichtbar. Ich bin so sehr von der Umgebung um Mich herum isoliert, daß Ich überhaupt nichts mehr erkennen kann. Mein Geist verspürt ganz tief aus Meinem Innersten heraus eine solch starke Anziehung zum Mittelpunkt des Unendlichen, daß Ich überhaupt nichts mehr erkennen kann, wohin auch immer Ich Meinen Blick werfe. Alles erscheint leer, denn Mir ist, als ob Govinda sich von Mir zurückgezogen hätte. Ich verspüre ein ganz eigenartiges Gefühl in Mir - nichts hat mehr irgendeine Bedeutung für Mich. Meine ganze Anteilnahme ist allein auf Govinda gerichtet und, zwar in einem solchen Ausmaß, daß Ich in meiner normalen

Umgebung zu einem Fremden geworden bin. Ich besitze nichts mehr - auch nicht den geringsten Funken von Bewußtsein. Das ist woanders hin entschwunden - zu Gott, dem Unendlichen. Bei einer Dürre trocknen alle Flüsse und Seen aus. Das flüssige Wasser verdunstet und wird in einen gasförmigen Zustand umgewandelt. Nirgends mehr ist auch nur ein Tropfen Wasser zu finden. So ähnlich ergeht es Mir jetzt. Alles Schöne und Liebenswerte ist so vollständig verschwunden, daß Mir alles leer erscheint. Meine Sinne, Mein Verstand und alles andere sind erhoben worden, gefesselt von der alles anziehenden, alles bezaubernden und überaus lieblichen Persönlichkeit Gottes, Sri Krishna, der wunderschönen Wirklichkeit."

Manchmal scheint es, als würde die Kluft zwischen Einssein und Trennung viele Jahrtausende währen. Ein Geweihter denkt: "Ich habe das Bewußtsein der Begegnung mit Krishna vor langer, langer Zeit verloren." Er verfügt nur noch über eine schwache Erinnerung: "Ich war irgendwie mit Krishna vereint, doch ich ließ dies so weit hinter mir, so weit zurück, daß es mir scheint, als wäre seitdem unendlich viel Zeit verstrichen. Einst besaß ich eine schwache Erinnerung daran, aber jetzt ist sie weg, vielleicht für immer." Deswegen fühlt er ein hohes Maß an Enttäuschung und Verzweiflung. Das ist der Maßstab für die unendliche Welt. Genauso wie wir die Entfernung zwischen Sternen in Lichtjahren messen, wird hier die transzendentale Lebensart an solch einem Maßstab gemessen. Welche Dreistigkeit wir doch besitzen, uns mit Dingen zu befassen, die so großartig sind und sich völlig jenseits unserer Urteilsfähigkeit befinden.

Anfänglich dachte der Geweihte: "Wenn ich auf diese Ebene des Dienstes erhoben bin, wird mein Herz völlig erfüllt sein. Mein Durst wird gestillt sein und ich werde ein gewisses Wohlgefühl und Befriedigung in mir verspüren." Doch die Entwicklung seiner Hingabe führte ihn auf eine unerwartete Stufe des Lebens. Es entspricht dem Wesen der göttlichen Liebe, daß der sehnsüchtige Patient denkt, er sei geheilt, sobald ihm ein Tropfen jener

Medizin verabreicht wird. Doch ist er in Wahrheit in eine ganz gefährliche Position geraten. Er glaubt: "Ich war entzückt zu sehen, wie die Geweihten unablässig Tränen vergossen, wie die Haare ihres Körpers sich sträubten und wie ihre Stimmen sich verkrampften, während sie den Namen Krishnas sangen. Diese Symptome zogen mich an und ich dachte, ich würde wirkliche Befriedigung verspüren, falls ich dies erreichen könnte. Doch kaum bin ich auf dieser Ebene angekommen, was finde ich dort vor - genau das Gegenteil!"

Er fühlt sich hoffnungslos, sobald er mit dem Unendlichen tatsächlich in Verbindung getreten ist. Er denkt: "Diese Entwicklung setzt sich unbegrenzt fort. Daher fühle ich mich je hoffnungsloser, je vertraulicher meine Verbindung mit dem Unendlichen wird." Je näher wir der Sphäre des Unendlichen kommen, desto besser erkennen wir seine Grenzenlosigkeit und indem wir es als unbegrenzt erkennen, ergreift uns Hoffnungslosigkeit. Doch wir können nicht zurück. Es gibt für uns keine Möglichkeit, denselben Weg zurückzugehen. Wir können nur voranschreiten. Das ist die Geisteshaltung eines echten Gottgeweihten. Auch wenn wir die Unbegrenztheit dessen, was uns in Aussicht steht, erkennen, können wir doch nicht mehr davon ablassen. Verzweiflung ergreift von uns Be-sitz und wir denken: "Der reinste Nektar befindet sich gerade vor mir, doch ich kann ihn nicht kosten. Ich bin unfähig, ihn zu berühren oder in meine Hand zu nehmen. Und doch ist sein Zauber so groß, daß ich mich aus dieser Verwicklung nicht lösen kann. Und ohne diesen Nektar gleicht eine kurze Zeitspanne Millionen von Jahren."

Der Geweihte denkt: "Ach, viele, viele Zeitalter sind verstrichen; noch immer leide ich Not! Ich versuche, den Nektar zu erlangen, doch es gelingt mir nicht und die Zeit verstreicht. Auch die Zeit ist unendlich. So viele Tränenströme entspringen meinen Augen. Im Überfluß strömen Tränen aus meinen Augen über meinen Körper, doch liegt der Erfolg nicht in meiner Reichweite. Mein Verstand ist völlig leer. Ich habe nicht die geringste Ahnung

*Sri Sri-Guru-Gauranga-Govindasundarjiu*
*Nabadwip Sri Chaitanya Saraswat Math*

davon, was die Zukunft für mich bereit hält. Nichts sonst vermag mich zu bezaubern, zu nichts anderem fühle ich mich hingezogen, auch wenn es den Anschein erweckte, als vermöge es meinem kranken Körper Trost zu verschaffen. Auch gibt es für mich keine Möglichkeit, aus einer anderen Quelle Trost zu schöpfen. Es gibt keine Alternativen mehr. Das Krishnabewußtsein und die Liebe zu Krishna halten mich ganz und gar in ihrem Griff. Wenn es irgend jemanden gibt, der kommen und mir Erleichterung verschaffen kann, so möge er mir helfen! Ich bin verloren. Ich bin hilflos. Wenn es irgend jemanden gibt, der mir beistehen kann, so möge er mir bitte zu Hilfe eilen."

Chaitanya Mahaprabhu erklärt: wenn wir tief in der Liebe zu Krishna verankert seien, könnten wir sie nicht mehr aufgeben. Doch werde unser Durst ständig größer und wir fühlten uns nie befriedigt. Und inmitten einer solch offensichtlich schrecklichen Lage befinden wir uns. Die Sehnsucht nach Krishna, die in jemandes Geist erwacht, geht in diese Richtung. Wenn ein Geweihter tatsächlich mit Krishna in Verbindung kommt, wird seine Position eine ganz ausschließliche sein, in der nichts anderes mehr Beachtung findet. Er wird sich vollständig auf Krishna konzentrieren.

In Seinem Vers also beschreibt Sri Chaitanya Mahaprabhu, wie ein Geweihter noch weiter voranschreitet, eine noch höhere Auffassung von Krishna in sich erweckt und dann dieses Gefühl des Getrenntseins verspürt, wenn er Krishna direkt vor sich sieht und ihn doch nicht erreichen kann. Je weiter er fortschreitet, um so hoffnungsloser ist ihm zumute. Dieser höchst wichtige Hinweis von Sri Chaitanya Mahaprabhu hilft uns, uns auf diese intensive Gemütsstimmung des Getrenntseins einzustellen. Er sagt uns: "Du wirst gänzlich in Krishnabewußtsein aufgehen. Und in welcher Lage wirst du dich dann befinden? Du wirst sein wie ein Tropfen, der in den Ozean der göttlichen Liebe geworfen wird."

# Vers 8 - Selbstlose Liebe

*aslisya va pada-ratam pinastu mam*
*adarsanan marma-hatam karotu va*
*yatha tatha va vidadhatu lampato*

Krishna mag mich in Liebe umarmen
oder mich unter Seinen Füßen zertreten.
Er mag mir das Herz brechen,
indem Er Sich vor mir verbirgt.
Laß diesen Wüstling tun, was immer Ihm gefällt,
Er wird doch für immer der einzige Herr meines Lebens sein.

# Erläuterung

Das ist die beste Medizin für die Geweihten. Wir sind angetreten, das zu messen, was unermeßlich ist, doch müssen wir dabei stets folgendes Prinzip vor Augen haben: Im Bestreben, uns mit dem Herrn der Liebe und Schönheit zu verbinden, der alle Grenzen übersteigt, müssen wir uns ständig daran erinnern, daß Er seinem Wesen nach völlig unbegrenzt ist. Für uns ist Er nur Einer. Für Ihn aber gibt es viele Geweihte wie uns, mit denen Er umgeht. Er mag uns mit tiefer Zuneigung und inniger Liebe umarmen, doch wir müssen auch auf das Gegenteil vorbereitet sein.

Wir mögen uns an Seinen Füßen festklammern, Er aber mag uns grausam mit Füßen treten. Mit großer Hoffnung und aus ganzem Herzen haben wir bei Seinen Heiligen Füßen Halt gesucht. Und dennoch mögen wir feststellen, daß Er auf uns herumtrampelt und Sich nicht das geringste aus unseren Bemühungen und unserer Zuneigung macht. Wir mögen unser Bestes geben und müssen dann erfahren, daß unsere Gabe auf geradezu abscheuliche Weise entehrt wird. Er mag uns umarmen, doch müssen wir gleichzeitig darauf gefaßt sein, daß Sein Handeln äußerst grausam sein kann. Er mag all unsere Gaben unter Seinen Füßen zertrampeln. Wir müssen auf beides vorbereitet sein: auf Seine innige Liebe wie auch auf Seine schändliche Gleichgültigkeit. Wir sollten auf alle nur denkbaren widrigen Umstände vorbereitet sein. Krishna mag Sich uns gegenüber völlig gleichgültig verhalten. Er mag Sich nicht im geringsten um uns kümmern, und wenn Er uns bestraft, dann fühlen wir wenigstens etwas von

Seiner Nähe. Doch wenn Er Sich gleichgültig zeigt, ist das sogar noch unerträglicher, als von Ihm bestraft zu werden. Der Geweihte denkt: "Krishna beachtet mich nicht, ja Er mißachtet mich so sehr, als möchte Er nichts mit mir zu tun haben. Kennt Er mich denn nicht? Bin ich ein Fremder für Ihn, Ihm völlig unbekannt?" Wir mögen selbst Bestrafung als Segen annehmen, denn Gleichgültigkeit ist ungleich viel herzzerreißender.

Der Trennungsschmerz, wie ihn der Geweihte fühlt, mag sogar noch eine Verschärfung erfahren. So kann Krishna sogar direkt vor unseren Augen, vor unserem Angesicht, einen anderen liebevoll umarmen, ohne Sich auch nur im geringsten um uns zu kümmern. Wir mögen denken: "Das steht mir zu, das ist mein Recht." Und doch mag es direkt vor unseren Augen einem anderen gewährt werden. Dies wird für uns eine Quelle stetig wachsenden Leidens sein. Das ist das Gesetz der Liebe.

Dieses Gesetz der Liebe kann keine Gleichgültigkeit dulden. Es ist mehr als man ertragen kann, doch wir müssen darauf vorbereitet sein. Wir müssen von Anfang an darauf vorbereitet sein, denn dies ist die wahre Bedeutung von *krsna-prema*, göttlicher Liebe zu Krishna: Er ist im wahrsten Sinne ein Herrscher von eigenen Gnaden, ein Autokrat. Er ist Seinem Wesen nach Liebe. Göttliche Liebe bedeutet Barmherzigkeit, nicht Gerechtigkeit. Sie ist keinerlei Gesetz unterworfen. Und da wir die göttliche Liebe zu unserem höchsten Glück erkoren haben, müssen wir darauf vorbereitet sein, überhaupt nicht nach den Grundsätzen der Gerechtigkeit behandelt zu werden. In der göttlichen Liebe gibt es keine Gerechtigkeit - sie ist völlig frei. Sie mag irgendwohin und überallhin fließen. Das ist die wahre Natur der göttlichen Liebe und deshalb können wir keinerlei Anspruch auf sie erheben - denn wir haben keinerlei Rechte. So ist dieses höchste Ideal, die Liebe, beschaffen und sie ist nur sehr selten zu finden. Doch wird uns ein bereitwilliges Festhalten an diesem Ideal abverlangt.

Das ist wahre Liebe und man muß darauf vorbereitet sein. Unter allen auch noch so widrigen Umständen ist dies die wahre

Natur der *krsna-prema*: Stirb, um zu leben. Wer in der Lage ist, all diese verschiedenen Zustände - seien sie nun gut oder schlecht - in Einklang zu bringen, der kann zu dieser erhabenen Bewußtseinsebene Zugang finden. Gerechtigkeit ist an Gesetze gebunden; Barmherzigkeit steht über dem Gesetz. Auch *prema*, die göttliche Liebe, steht über dem Gesetz, doch folgt sie ihrer eigenen rechtmäßigen Ordnung. Srila Rupa Goswami Prabhupada hat einen Vers verfaßt, der in seiner Bedeutung dem von Chaitanya Mahaprabhu völlig entspricht:

> *viracaya mayi dandam dinabandho dayam va*
> *gatir iha na bhavatah kacid anya mamasti*
> *nipatatu sata-koti nirbharam va navambhas*
> *tad api kila payodah stuyate catakena*

Es gibt eine Art von kleinen Vögeln, die *cataka* genannt werden und nur Regenwasser trinken. Diese Vögel trinken niemals Wasser direkt von der Erde, sei es aus einem Fluß, einer Quelle oder einem See. Es entspricht ihrer Natur, daß sie mit nach oben gerichtetem Schnabel nach Regenwasser verlangen. Srila Rupa Goswami gebrauchte dieses Beispiel, um zu zeigen, wie ein Geweihter ständig in gespannter Erwartung des 'Regenwassers' der Krishna-Liebe harren und keine andere Liebe je ersehnen sollte.

Der Geweihte betet zum Höchsten Herrn: "Du bist der Freund der gefallenen Seelen, deshalb verspüre ich etwas Hoffnung. Du magst mir Deine Gnade erweisen oder mich hart bestrafen - in beiden Fällen habe ich keine andere Möglichkeit, als mich völlig Deinen Lotosfüßen zu ergeben." Unsere Haltung der Hingabe sollte genauso sein, wie die des *cataka*-Vogels, der seine Augen unablässig nach oben gerichtet hat und inständig um Regenwasser fleht. Und so mag das Regenwasser geradezu verschwenderisch fließen - nicht nur genug, um seinen kleinen Bauch zu füllen, sondern so viel, um ihn völlig zu ertränken. Ein

Unwetter mag herniedergehen; ein Blitzstrahl wie aus heiterem Himmel herniederfahren, seinen kleinen Körper zerschmettern und ihn ins Reich des Nicht-Seins befördern. Und doch gehört es zur Natur dieses Vogels, ausschließlich um Regenwasser zu flehen. Unter gar keinen Umständen würde er Wasser von irgend einem anderen Ort annehmen. Und unsere Haltung gegenüber Krishna sollte ähnlich sein: Ob Er uns nun Seine barmherzige Hand entgegenstreckt oder nicht, so ist es doch unsere Pflicht, uns Ihm zu ergeben.

### Das höchste Ideal der Liebe

In diesem Zusammenhang erinnere ich mich an einen Vers. Als Sri Krishna nach einer langen Zeit der Trennung von vielleicht hundert Jahren Srimati Radharani und die *gopis* in Kurukshetra wiedertraf, fühlte Er, daß Er einen schweren Frevel begangen habe, als Er Sich von ihnen trennte. Als Er Sich damals den *gopis* und ganz besonders Srimati Radharani näherte und Sich der besonderen Art ihrer Liebe und Hingabe erinnerte, fühlte Er Sich wie einer der schlimmsten Verbrecher, und das so sehr, daß Er Sich niederbeugte, um die Lotosfüße von Radharani zu berühren. Ein Dichter hat diese Szene so beschrieben, und Rupa Goswami hat dieses Gedicht in sein Padyavali aufgenommen.

Krishna war zu jener Zeit der überragende König in Indien. Doch als Er mit den *gopis* und der Atmosphäre von Vrindavan in Berührung kam, fühlte Er Sich wie ein Verbrecher. Und als Er Sich niederbeugte und gerade die Lotusfüße von Radharani berühren wollte, wich diese zurück und fragte Ihn: "Was tust Du da? Warum willst Du meine Füße berühren? Das überrascht mich sehr. Hast Du den Verstand verloren? Du bist Herr über alles. Niemand kann von Dir Erklärungen verlangen. Du bist ein *swami*. Für mich bist Du wie ein Ehemann und Meister und ich bin Deine Dienstmagd. Es mag wohl sein, daß Du für eine gewisse Zeit anderweitig beschäftigt warst, doch was schadet das? Welche Schuld trifft Dich daran? Das spielt keine Rolle, denn dieses Recht wird Dir in den Schriften und in der Gesellschaft zuerkannt. Für Dich gibt es kein Verbrechen, keine Sünde. Du hast nichts Unrechtes getan.

Ich bin in Wahrheit der Übeltäter. Die Niederträchtigkeit und der Fehler liegen völlig auf meiner Seite. Du bist für unsere Trennung nicht verantwortlich. Warum also glaubst Du, Du seist schlecht oder Du habest etwas falsch gemacht? Der unumstößliche Beweis, daß ich der wahre Übeltäter bin, zeigt sich daran, daß ich immer noch am Leben bin; denn ich bin an den Qualen der Trennung von Dir nicht gestorben. Ich wende mein Gesicht dieser Welt zu und zeige damit, daß ich Dir nicht treu bin. Es ist mir nicht gelungen, das Maß an Vertrauen zu entwickeln, das ich um Deiner Liebe willen hätte bewahren müssen. Deshalb bin ich der Übeltäter und nicht Du. In den Schriften der Heiligen steht geschrieben, daß die Ehefrau dankbar und ausschließlich ihrem Ehemann hingegeben sein soll. Das wird in den Schriften so angeordnet. Eine Frau sollte ausschließlich ihrem Ehemann und Herrn hingegeben sein. Bei diesem Treffen sollte also ich Dir zu Füßen fallen und Dich um Verzeihung bitten, um Vergebung dafür, daß ich wirklich keine Liebe für Dich empfinde. Ich erhalte diesen Körper und wende mein Antlitz der Welt zu; ich bin nicht die richtige Partnerin für Dich, bitte vergib mir. Du bittest mich um Vergebung? Das ist genau das Gegenteil von dem, was sein sollte. Was also soll das? Bitte tu' so etwas nicht."

So sollte das Idealbild unserer Liebe zu Krishna aussehen. Wir, denen Grenzen und Beschränkungen gesetzt sind, sollten gegenüber dem Unendlichen eine solche Haltung einnehmen. Selbst wenn Er uns jeweils nur wenig Beachtung schenkt, sollten wir Ihm doch unsere uneingeschränkte Aufmerksamkeit zuwenden. Dazu gibt es keine Alternative. Sri Chaitanya Mahaprabhu rät uns, wir sollten all unsere Hingabe ausschließlich auf Krishna richten, und da uns selbst keinerlei Bedeutung zukommt, sollte unsere innere Haltung dem entsprechen. Wenn wir nach etwas so

Großartigem streben, dann ist es keine Ungerechtigkeit, sollten wir dafür sogar abscheulich behandelt werden. Unser Ausblick auf die Zukunft, unser Verständnis und unsere innere Einstellung müssen auf Selbstaufopferung und Selbstlosigkeit gerichtet sein. Das ist, wie wenn jemand für sein Land aufs Schlachtfeld zieht, um zu kämpfen. Da bleibt für Wohlleben und übermäßiges Begehren kein Raum mehr.

In diesem Zusammenhang erinnere ich mich daran, wie Gandhi, als er seine Armee der Gewaltlosigkeit aufbaute, von einem Freiwilligen gebeten wurde: "Bitte besorge etwas Tee für uns." Gandhi antwortete ihm: "Das Wasser der Flüsse wird euch zur Verfügung stehen, aber kein Tee. Wenn du dazu bereit bist, dann komm mit uns." Wenn wir mit dem Vrindavan-*lila* von Krishna in Verbindung treten wollen, dürfen wir keine Bedingungen stellen. Stattdessen sollten wir die Methode verstehen, die uns Sriman Mahaprabhu empfohlen hat: Demütiger zu sein als ein Grashalm. Wir sollten uns in keinster Weise beschweren. Ob in der nach außen sichtbar werdenden Stellung unseres gegenwärtigen Lebens oder gar im ewigen Leben selbst: Jegliche Klagen unsererseits sollten aufs sorgfältigste vermieden werden. Stattdessen müssen wir die Wege des Herrn fraglos hinnehmen. Krishna mag uns annehmen oder zurückweisen, auf dieses Risiko müssen wir uns einlassen. Nur dann können wir Fortschritt machen.

Falls es uns auf die eine oder andere Weise gelingt, in die Gruppe von Krishnas Dienern Aufnahme zu finden, werden wir feststellen, daß alle, die dazugehören, sich durch eine solche Haltung auszeichnen. Und wenn sie zusammenkommen, trösten sie sich gegenseitig in den Gruppen, denen sie jeweils zugehören. In den verschiedenen Beziehungen des liebevollen Dienstes gibt es verschiedene Gruppen von Dienern mit ähnlichen Eigenschaften, und diese trösten einander mit Gesprächen über Krishna (*krsna-katha*). Krishna selbst stellt in der Bhagavad Gita (10.9,12) fest:

*mac-citta mad-gata prana,*
*bodhayantah parasparam*
*kathayantas ca mam nityam,*
*tusyanti ca ramanti ca*

"Meine Geweihten treffen sich, reden über Mich und tauschen Gedanken aus, die ihren Herzen Trost spenden. Und sie leben, als ob diese Gespräche über Mich ihre Nahrung wären. Diese Gespräche sind der Ursprung höchster Freude für sie und sie sind sich einig, daß, wenn sie untereinander über Mich sprechen, sie das Empfinden haben, als würden sie sich Meiner direkten Gegenwart erfreuen."

*tesam evanukampartham,*
*aham ajnana-jam tamah*
*nasayamy atma-bhavastho,*
*jnana-dipena bhasvata*

"Und wenn das Gefühl der Trennung von Mir in Meinen Geweihten manchmal ganz heftig wird, dann erscheine Ich plötzlich vor ihnen und stille ihren Durst nach Gemeinschaft mit mir."

### Glückseligkeit inmitten des Leids

Mit diesem letzten Vers Seines Shikshastakam hat uns Sri Chaitanya Mahaprabhu noch eine andere, sehr feinsinnige und hohe Art der Tröstung geschenkt. Dies wurde auch von Krishnadasa Kaviraja Goswami bestätigt, der schrieb:

*bahye visa-jvala haya*
*bhitare ananda-maya*
*krisna-premara adbhuta carita*

"Fürchte dich nicht. Äußerlich magst du einen schrecklichen Trennungsschmerz verspüren, aber innerlich wirst du die Erfahrung eines beispiellosen *rasa* machen, dieses höchst wohltuenden Gefühls von Frieden, Freude, ja sogar Verzückung."

Äußerlich mögen die Qualen der Trennung spürbar sein, doch innerlich herrscht die tiefste Befriedigung. Auf solche Weise wird uns Rat durch die Schriften zuteil und unsere praktische Erfahrung bestärkt unseren Glauben in dieser schwierigen Angelegenheit. Der englische Dichter Shelley hat geschrieben:

*"Unser aufrichtigstes Lachen ist meist mit Schmerz beladen;*
*Und unsere süßesten Lieder sind jene,*
*welche von traurigsten Gedanken singen."*

Wenn wir ein Heldengedicht lesen, in dem es um die grausame Trennung des Helden von seiner Angebeteten geht, sind wir davon so angetan, daß wir das Buch nicht beiseite legen können, obwohl wir Tränen darüber vergießen. Wenn wir von Sitadevis Qualen hören, davon, wie Ramachandra sie verbannt und schutzlos im Wald zurückgelassen hat, trotz des Kindes, das sie erwartete, dann berührt uns das sehr schmerzlich. Wir vergießen Tränen und doch lesen wir weiter. So liegt im Schmerz oft noch Angenehmes verborgen. Das ist möglich.

Mit dem Getrenntsein von Krishna verhält es sich genauso. Die besondere Eigenschaft der *krsna-prema* ist die: äußerlich empfinden wir extremen Schmerz, der uns berührt wie heiße Lava, doch innerlich ist unser Herz erfüllt von außerordentlicher ekstatischer Freude. Das ist es, was Sri Chaitanya Mahaprabhu uns geschenkt hat. In dem Maße, in dem wir uns die wirkliche Bedeutung Seiner Unterweisungen erschließen können, werden wir für diese andere Art des Lebens vorbereitet sein. Das ist der Preis, den es kostet, um nach Vrindavan zu gelangen.

Und wenn wir mit all den vielen anderen bekannt gemacht werden, denen es wie uns ergeht, kennt unsere Freude keine

Grenzen. Wenn wir anderen von gleichem Wesen und gleicher Gemütshaltung begegnen, erhalten wir von ihnen Trost. Wir brauchen keine Angst mehr zu haben. Trotz all der schmerzlichen Erfahrungen sollten wir ganz fest daran glauben, daß dort unser Zuhause ist, und es sollte unser größter Wunsch sein, zurück nach Hause, zurück zu Gott zu gehen. Wir sind dort keine Fremden. In dieser Welt hier sind wir Fremde. Denn jedermann hier behandelt uns so, wie es ihm gefällt. Doch Vrindavan ist voll höchster Verheißung und voll der besten Zukunftsaussichten. Es ist der Ort, an dem innere Erfüllung zu finden ist. Danach sehnen wir uns; wir können nicht anders, als unserem wahren Zuhause zuzustreben. Was aber ist wirkliche Freude und Ekstase? Damit sind wir überhaupt nicht vertraut. Darin besteht unsere gegenwärtige Schwierigkeit. Doch in dem Maße, in dem wir im Krishnabewußtsein vorwärtskommen, werden wir uns eines tatsächlichen Gefühls wahrer Freude und Ekstase, und der Erfahrung von wirklicher Schönheit und Liebreiz bewußt werden. Und auf diese Weise werden wir uns immer mehr ermutigt fühlen. Yamunacharya stellt fest:

*yad-avadhi mama cetah krsna padaravinde*
*nava-nava-rasa-dhamany udyatam rantum asit*
*tas-avadhi bata nari-sangame smaryamane*
*bhavati mukha-vikarah susthu nisthivanam ca*

"Bevor ich mit der besonderen Liebe von Vrindavan in Berührung gekommen bin, die allein Krishna zum Gegenstand hat, war weltliches Vergnügen von großer Bedeutung für mich. Jetzt aber verzieht sich mein Gesicht, wenn auch nur ein Anflug von irdischem Wunsch in meiner Erinnerung aufsteigt und ich spucke aus bei diesem Gedanken."

Sobald wir also auch nur ein ganz klein wenig Geschmack an diesem anderen ekstatischen Gefühl bekommen, gelangen wir augenblicklich zu der Schlußfolgerung, daß zwischen diesem und jedem anderen Frieden oder Vergnügen hier auf dieser irdischen Welt kein Vergleich möglich ist. Und zugleich kann uns kein Schmerz mehr stören oder auch nur in irgendeiner Weise berühren, sobald wir uns an diese Atmosphäre gewöhnt haben. Doch es gibt noch eine andere Betrachtungsweise. Obwohl uns geraten wird, auf eine schmerzliche Trennung vorbereitet zu sein, ist das Ganze in Wirklichkeit gar nicht so grausam. Krishna sagt: "Ich bin immer bei Meinen Geweihten (*mayi te tesu capy aham*)." Wo immer jemand ist, der sein Leben ausschließlich Gott geweiht hat, weilt Krishna bei ihm wie sein Schatten und bewegt sich immer unsichtbar mit ihm. Das ist das Wesen des Höchsten Herrn.

*aham bhakta-parardhino, hy asvatantra iva dvija*
*sadhubhir grasta-hrdayo, bhaktair bhakta-jana-priyah*

Der Höchste Herr sprach zu Durvasa: "Ich bin der Sklave Meiner Geweihten (*bhaktas*). Ich besitze keinerlei Freiheit unabhängig von ihren Wünschen. Weil sie vollständig rein und Mir ganz ergeben sind, gebieten sie völlig über Mein innerstes Fühlen und Ich weile ständig in ihren Herzen. Doch bin Ich nicht nur von Meinen Geweihten abhängig, sondern sogar von den Dienern Meiner Geweihten. Denn sogar die Diener Meiner Geweihten sind Mir lieb und teuer."

Wir müssen auf alle nur erdenklichen widrigen Umstände vorbereitet sein, doch dürfen wir uns niemals mutlos fühlen. Krishna ist äußerst liebevoll. Seine Fürsorge, die Er uns angedeihen läßt, ist innig und aufrichtig. Seine Liebe zu uns ist völlig konkurrenzlos. Und doch hat uns Sriman Mahaprabhu in diesem Vers eine Warnung zukommen lassen: "Du bist auf der Suche nach Krishna? Aber Krishna ist keine Süßigkeit aus der Markthalle, die du einfach kaufen und verzehren kannst. Du versuchst vom Höchsten das Allerhöchste zu erlangen. Deshalb mußt du auf alles gefaßt sein." Zugleich werden die Geweihten zu uns kommen und sagen: "Hab keine Angst. Wir sind alle wie du. Laßt uns alle gemeinsam ganz geradeaus gehen. Hab keine Angst. Wir sind bei dir." Es heißt, daß uns Krishnas Geweihte sogar noch wohlwollender gesinnt sind als Krishna selbst. Seine Geweihten sind der Trost unseres Lebens und unser größtes Glück. Krishna stellt fest: *"mad bhaktanam ca ye bhakta*; nur wer ein Diener Meines Dieners ist, kann in Wirklichkeit Mein Diener sein." *Sadhu-sanga*, die Gemeinschaft mit Heiligen, ist für uns das Wichtigste und Wertvollste. Die Gemeinschaft, der wir uns zugehörig fühlen, ist unsere Führung, wenn es darum geht, in Richtung auf das Unendliche voranzukommen und fortzuschreiten. Dieser Gemeinschaft kommt eine alles überragende Bedeutung zu. Deshalb müssen wir uns mit aller Kraft an folgende Schlußfolgerung halten:

*sadhu sanga, sadhu sanga, - sarva sastre kaya*
*lava-matra sadhu-sange sarva-siddhi haya*

"Die Schriften kommen zu der Schlußfolgerung, daß mit Hilfe der Heiligen alle Vollkommenheit erlangt werden kann. Gute Gemeinschaft stellt daher für das Erreichen des höchsten Ziels unseren größten Reichtum dar."

# Teil III
# Schlußfolgerung

# Krishna steht über allem

Allein Sri Chaitanya Mahaprabhu kann uns die Vorstellung einer voll entwickelten Vorstellung von Gott schenken. Das ist Seine Barmherzigkeit, Sein süßer Wille. Dies ist Sein ureigenster Besitz, nicht das Eigentum vieler. Krishna ist Autokrat, uneingeschränkter Herrscher. Er ist der Höchste. Und wen immer Er erwählt, Seinen Ihm allein gehörenden Reichtum zu empfangen, der wird ihn auch erhalten. Niemand kann die Forderung erheben: "Kein Lohn ohne Arbeit" - für dergleichen Schlagworte gibt es hier keinen Raum.

In der Absicht, uns dies zu unserem eigenen Nutzen zu erklären, betrachtete sich Bhaktivinoda Thakur selbst als eine gefallene Seele und stellte fest: "Meine eigene Stellung ist die eines Dieners von Krishna, doch bin ich gänzlich ohne Krishna. Was also bin ich? Ich bin ein Sklave Krishnas, ein Sklave des Höchsten Herrn, und doch muß ich Seiner gänzlich entbehren? Welch eine Ironie liegt doch darin." Du kannst jammern, du kannst Reue empfinden oder trauern, und doch bleiben alle Rechte Ihm vorbehalten. Und sobald in dir das Bewußtsein für diese höhere Stufe der Selbstaufgabe wach wird, wirst du diesen Reichtum erhalten. Und doch müssen wir begreifen, daß Krishna über jeglichem Gesetz steht. Andernfalls wäre Hingabe bedeutungslos.

Wenn wir die eigentliche Grundlage der Hingabe genau untersuchen, müssen wir fragen, an welchem Punkt sie eigentlich beginnt. Vollständige Unterwerfung kennt keine Rechte. Wann immer irgendwelche Rechte festgesetzt werden, wird Hingabe unnötig. Wir dürfen nicht denken: "Wir müssen für unsere Rechte kämpfen." Bis zu einem gewissen Grade mögen wir uns in dieser Welt für unsere Rechte einsetzen. In Krishnas Spielen aber hat eine solche Gesinnung keinen Platz. Nicht einmal die Glücksgöttin, Lakshmidevi, erhält dort Einlaß, geschweige denn andere. Es ist unfaßbar. Krishna untersteht keinerlei Gesetz und ist in niemandes Reichweite. "Alle Rechte vorbehalten." Alles entspringt Seinem süßen Willen allein. Doch ist Er absolut gut, das ist unser Trost. Wir können Sein Reich nicht so betreten, als ob das unser gutes Recht wäre. Nicht einmal Brahma, Shiva oder Lakshmidevi finden dort Eingang. Doch wenn wir dem von Sri Chaitanya Mahaprabhu vorgezeichneten Weg folgen, können wir dort Zugang finden und die uns gemäße Position erlangen.

Das ist etwas so Hohes, so Seltenes, so Wertvolles und Erstrebenswertes. Wir müssen nach dem Großmut von Sri Chaitanya Mahaprabhu suchen, wonach selbst Brahma und Shiva verlangen. Sie flehen um wenigstens einen Tropfen Seiner Barmherzigkeit. Sri Chaitanya Mahaprabhu aber brachte diese Barmherzigkeit in solchem Ausmaß in unsere Welt, daß es einer Flut gleichkommt. Er überflutete jeden mit diesem Nektar, von dem man sonst nicht einmal einen Tropfen erhalten oder auch nur daran denken könnte. Wir müssen uns in einer solchen Haltung der Sehnsucht und der Erwartung an Seine Barmherzigkeit wenden. Sein Geschenk ist so großartig und edelmütig - wer kann das wirklich verstehen?

Mit zwei Versen aus dem Srimad Bhagavatam - einem aus dem Munde Krishnas selbst und dem anderen aus dem Munde Uddhavas - führt Er uns direkt zu diesem höchsten Ort, wobei Er all die äußeren Dinge ausschaltet. Sri Krishna sagt:

> *na tatha me priyatama,*
> *atma-yonir na sankarah*
> *na ca sankarsano na srir,*
> *naivatma ca yatha bhavan*

"Oh Uddhava! Weder Brahma, noch Shiva, noch Baladeva, noch Lakshmi, ja nicht einmal Ich selbst sind Mir so lieb wie du." Und Uddhava stellt fest:

*asam aho carana-renu-jusam aham syam*
*vrndavane kim api gulma-latausadhinam*
*ya dustyajam svajanam arya-patham ca hitva*
*bhejur mukunda-padavim srutibhir vimrgyam*

"Die *gopis* von Vrindavan haben die Beziehungen zu ihren Ehemännern, Söhnen und anderen Familienmitgliedern aufgegeben, denen man nur schwer entsagen kann. Und sie haben sogar ihre religiösen Grundsätze zum Opfer gebracht, um bei Krishnas Lotosfüßen den Schutz zu suchen, nach dem sogar die Veden in Person sich sehnen! Gewähre mir das Glück, als Grashalm in Vrindavan geboren zu werden, damit ich den Staub dieser großen Seelen auf mein Haupt nehmen kann."

Die Stufenfolge des Theismus kann man von Brahma, dem Schöpfer des Universums, bis hin zu Krishnas vertraulichem Freund Uddhava in Dvaraka verfolgen. Und Uddhava führt uns direkt nach Vrindavan, um die höchste Art der Hingabe zu offenbaren, wobei er verschiedene Erwartungen beiseiteschiebt, die wir auf unserem fortschreitenden Marsch in Richtung auf die Göttlichkeit hegen mögen. Wir müssen ständig vorwärtsschreiten, und dies muß in völliger Hingabe, in liebevoller Aufopferung und nicht einfach nur durch formale Verehrung geschehen.

*vaikunthaj janito vara madhu-puri tatrapi rasotsavad*
*vrndaranyam udara-pani-ramanat tatrapi govardhanah*
*radha-kundam ihapi gokula-pateh premamrtaplavanat*
*kuryad asya virajato giri-tate sevam viveki na kah* "

„Über dem spirituellen Reich von Vaikuntha steht Mathura, wo Sri Krishna zuerst erschien. Höher als Mathura steht der Wald von Vrindavan, in dem Krishna Sich am *rasa*-Tanz erfreute. Erhabener noch ist der Govardhana Hügel, der die Stätte sogar noch vertraulicher Liebesspiele gewesen ist. Doch über allem steht Radha-Kunda, der am Fuße des Govardhana Hügels liegt und die höchste Stellung deswegen einnimmt, weil er vom Nektar allerhöchster göttlicher Liebe überflutet ist. Wer von denen, die mit der Wissenschaft der Hingabe vertraut sind, wird sich nicht nach dem Dienst für Srimati Radharani am Radha-Kunda sehnen?"

Wir müssen unser volles Vertrauen in diese feinsinnigen Dinge setzen. Nur durch den Glauben edelster Art können wir an diesen höchsten Ort geführt werden. Die höchste Vorstellung davon ist im Herzen Krishnas beschlossen, und in dieses Herz müssen wir Eingang finden und nirgendwo sonst. Obwohl Krishnas eheliche Spiele mit den *gopis* (*madhurya-lila*) alles überragen, können nicht einmal sie für sich alleine stehen. Da gibt es noch viele andere Dinge, die in Seinen Spielen gegenwärtig sind. So sind Krishnas Spiele mit Seinen Freunden und Eltern wesentlich, um die Spiele Seiner zärtlichen Liebe in Gang zu halten. Eheliche Liebe steht dabei natürlich im Vordergrund, und doch hängt sie ab von all den anderen Zutaten zu Krishnas Spielen. Deshalb muß es auch Krishnas Familie und Seine Freunde und all die verschiedenen Gruppen von Dienern geben. Selbst die Umgebung von Vrindavan hat dabei ihre wertvolle Rolle zu spielen.

### Die wahre Bedeutung von Vrindavan

Was aber ist Vrindavan wirklich? Die Sandbänke am Ufer der Yamuna, der Dschungel, die Vögel, Pfauen und Rehe, die Kühe, die Kuhhirtenjungen, die Höhlen des Govardhana Hügels und die mütterlichen Verwandten - das alles gibt es da, es ist wohl erdacht und für die Spiele von Sri Krishna höchst passend. Vrindavan ist für die Spiele von Radha und Govinda unentbehrlich. Als Radharani Krishna in Kurukshetra trifft, schweift ihr Geist zurück nach Vrindavan. Sie denkt: "Krishna ist hier und ich bin auch hier." Doch ihr Geist eilt zurück nach Vrindavan. In Kurukshetra sehnt sich Srimati Radharani nach der Umgebung von Vrindavan. Dort möchte sie mit Sri Krishna zusammensein. So hat alles, was mit Krishna zu tun hat und jeder Seiner göttlichen Gefährten seinen eigenen einzigartigen Wert und den kann man nicht einfach ignorieren. Radha-Govinda kann man genauso wenig aus Vrindavan wegnehmen, wie man Chaitanya aus Navadvip entfernen kann. Das Ganze ist ein zusammenhängendes System. Da kann man nicht einfach ein Teil vom anderen wegreißen. Alle Geweihten haben eine notwendige Rolle zu spielen, um die Harmonie in Krishnas Spielen herzustellen. Andernfalls wären sie nicht lebendig, sondern tot, künstlich, nutzlos. Das kann man sich nicht einmal vorstellen. Krishna-*lila* ist ein organisches Ganzes.

Srimati Radharani sagt: "Mein Geist eilt geradewegs nach Vrindavan. Krishna selbst, der Ursprung aller Freude, ist ganz nah bei mir, doch selbst das ergibt keinen Sinn ohne all die anderen Umstände, die zu Vrindavan gehören." So steigert sich Radharanis Trennungsschmerz in Kurukshetra, wo sie nach einer langen Trennung dem Ziel ihrer Sehnsucht nach Vereinigung wieder begegnete, aufs äußerste. Dort ist Krishna ihr sehr nahe, doch kann sie den wirklichen Nutzen der Verbindung nicht auskosten, ohne von all den günstigen Gegebenheiten von Vrindavan umgeben zu sein. So hat Bhakivinoda Thakur die Gemütsstimmung von Radharani in Kurukshetra beschrieben.

Srila Bhakisiddhanta Saraswati Thakur ist es gewesen, der die Bedeutung von Kurukshetra auf einzigartige Weise enthüllt hat. Die Worte unseres Guru Maharaja waren meist sehr revolutionär. Als ich selbst noch ein Anfänger war und erst seit etwa zwei Jahren der Gaudiya Math angehörte, war ich für den Tempel in Kurukshetra verantwortlich. Von dort reiste ich einmal zum jährlichen Predigertreffen ins Hauptquartier nach Kalkutta, das sich damals in einem gemieteten Haus in Ulta Danga befand.

Nach dem Festival sollte ich nach Kurukshetra zurückkehren. Srila Prabhupada dachte damals daran, in Kurukshetra eine Ausstellung über 'Gott' zu eröffnen, in der durch plastische Schaubilder gezeigt werden sollte, wie Krishna und Seine Freunde aus Dvaraka und die *gopis* aus Vrindavan dorthin kamen.

Im Srimad Bhagavatam wird erwähnt, daß sie während einer Sonnenfinsternis an den Brahma-Kunda, einen heiligen See in Kurukshetra, kamen, um dort zu baden. Srila Prabhupada wollte diese Szene in einem Schaubild darstellen, und so wurden die nötigen Vorkehrungen für diese Ausstellung getroffen. Er ließ Flugblätter drucken, und in der Gegend waren davon etwa 20.000 im Umlauf, mit denen die Menschen zu dieser Ausstellung eingeladen werden sollten. In diesem Zusammenhang erklärte er uns: "Ihr alle wißt, daß nur Scheinheilige, unaufrichtige Menschen und solche von oberflächlicher Denkungsart Vrindavan schätzen." Ich war völlig bestürzt, als ich das hörte. Mir war gesagt worden, daß Vrindavan der höchste Ort spiritueller Vervollkommnung sei. Ich hatte gehört, daß jemand, der seine Sinne nicht gemeistert habe, Vrindavan nicht betreten könne. Nur die befreiten Seelen vermögen in Vrindavan Zutritt zu erhalten und besitzen die Gelegenheit, Krishna-*lila* zu erörtern. Vrindavan ist für die befreiten Seelen. Jene, die vom Verlangen ihrer Sinne noch nicht frei sind, könnten in Navadvip leben, doch nur die befreiten Seelen würden in Vrindavan leben. Und nun stellte Prabhupada fest, daß gerade die oberflächlichen Denker Vrindavan schätzen würden, doch ein Mensch, der im wirklichen *bhajan* - dem wahren göttlichen Streben - versunken sei, würde sich danach sehnen, in Kurukshetra zu leben.

Als ich das hörte, fühlte ich mich, als wäre ich vom Wipfel eines Baumes heruntergefallen. "Was mag das nur bedeuten," dachte ich. Ich bin ein sehr aufmerksamer Zuhörer, und so war ich geradezu versessen darauf, die Bedeutung dieser Worte zu erfassen. Und der nächste Gedanke, den er uns enthüllte, war der, daß auch Bhaktivinoda Thakur, nachdem er viele verschiedene

Pilgerorte besucht hatte, feststellte: "Ich würde gerne die letzten Tage meines Lebens in Kurukshetra verbringen. Ich werde nahe des Brahma-Kunda eine Hütte errichten und den Rest meines Lebens dort verbringen. Kurukshetra ist der wahre Ort für *bhajan*."

Warum? Der Wert des Dienstes bemißt sich am Grade seiner Notwendigkeit. Kluge Kaufleute gehen zu Kriegszeiten auf den Markt, denn angesichts solch gefährlicher Umstände zerrinnt Geld zu Wasser, ohne daß beim Ausgeben auch nur im geringsten auf seinen wirklichen Wert geachtet würde. Sie können also mehr Geld verdienen, wenn ein Krieg ausbricht. In gleicher Weise wird der Dienst für Srimati Radharani äußerst wertvoll, wenn ihre Bedürfnisse den Höhepunkt erreichen. Der Wert des Dienstes bemißt sich nach seiner Notwendigkeit. Und in Kurukshetra befindet sich Srimati Radharani in allerhöchster Not, denn Krishna ist ihr so nahe und doch bleibt ihr das Vrindavan-*lila* verwehrt. Wenn der Ball in einem Fußballspiel auch nur Zentimeter am Tor vorbeigeht, wird das als großer Verlust betrachtet. In gleicher Weise muß die Sehnsucht Seiner Geweihten nach Vereinigung mit Ihm ihren höchsten Punkt erreichen, wenn Krishna nach einer langen Zeit der Trennung in Kurukshetra anwesend ist. Weil Er aber die Rolle eines Königs angenommen hat, können sie sich nicht vertraulich mit Ihm treffen. Die Umstände erlauben nicht, daß das Vrindavan-*lila* stattfindet. Deshalb ist Srimati Radharani zu dieser Zeit auf den wichtigen Dienst ihrer Gefährtinnen, der *sakhis*, angewiesen.

Bhaktivinoda Thakur stellt fest, daß in dieser Situation ein winziger Tropfen des Dienstes die größte Menge *prema*, der göttlichen Liebe, zur Folge haben wird. In den Spielen von Radha-Govinda gibt es zwei Aspekte: *sambhoga*, die göttliche Vereinigung, und *vipralambha*, die göttliche Trennung. Wenn Radha und Krishna einander sehr nah sind und doch keine innige vertrauliche Begegnung möglich ist, kann der Dienst zu diesem Zeitpunkt den größtmöglichen Gewinn für die Diener nach sich ziehen. Deshalb sagt Srila Bhaktivinoda Thakur: "Ich werde eine Hütte am Ufer des Brahma-Kunda in Kurukshetra errichten und mich damit ganz dem Dienst für das Göttliche Paar widmen. Wenn ich auf diese Stufe kommen kann, wo die Aussicht, Dienst zu erlangen, so groß ist, dann besteht keinerlei Möglichkeit mehr, zu irgendeiner Zeit auf diese weltliche Ebene zurückkehren zu müssen."

Bei der Ankunft in Kurukshetra sagte Srimati Radharani:

*priyah so 'yam krsnah sahacari kuru-ksetra-militas*
*tathaham sa radha tad idam ubhayoh sangama-sukham*
*tathapy antah-khelan-madhura-murali-pancama-juse*
*mano me kalindi-pulina-vipinaya sprhayati*

"Oh liebste Freundinnen, nun bin ich endlich mit meinem innigst geliebten Krishna hier in Kurukshetra vereint. Ich bin die gleiche Radharani und Er ist der gleiche Krishna. Wir freuen uns an unserem Zusammentreffen, doch wünschte ich mir immer noch, an die Ufer der Kalindi (Yamuna) zurückzukehren, wo ich unter den Bäumen von Vrindavan in der süßen Melodie Seiner Flöte immer einen ganz besonderen Klang wahrnehmen konnte" (Padyavali).

Wo immer Radharani und Krishna Sich aufhalten, dort muß auch Vrindavan sein. Und mit Vrindavan ist all das gemeint, was das Zusammentreffen der Beiden begünstigt. In diesem Sinne ist Vrindavan einzigartig. Als Krishna die Einwohner von Vrindavan in Kurukshetra wiedertraf, begab Er Sich als erstes zum Lager von Nanda und Yasoda, um ihnen nach der langen Trennung den Respekt zu bekunden, der ihnen als Eltern zukam. Und trotz ihrer großen Enttäuschung empfanden sie Trost: "Ach, unser Junge ist endlich gekommen, um uns zu treffen." Es war, als ob Tote mit neuem Leben erfüllt worden wären. Nachdem Er ihnen einige Nettigkeiten erwiesen hatte, traf Krishna Anstalten, um Sich heimlich mit den *gopis* zu treffen. Und so erschien Er unvermittelt in deren Lager. Nach außen hin war Krishna der Führer von vielen Königen in Indien. Die *gopis* waren aus einer ganz unbekannten Gegend gekommen, wo sie im Dschungel in der Gemeinschaft von Hirten lebten. Nach außen hin besaßen sie keinerlei soziale Stellung, während Krishna den höchsten Rang in der politischen und königlichen Hierarchie einnahm. Er war der absolute Mittelpunkt, wie die Iris in jedem Auge. Und sie befanden sich in einer hilflosen, bedürftigen und vernachlässigten Lage.

### Krishna und die Gopis

Mit folgenden Worten baten die *gopis* Krishna inständig:

*ahus ca te nalina-nabha padaravindam*
*yogesvarair hrdi vicintyam agadha-bodhaih*
*samsara-kupa-patitottaranavalambam*
*geham jusam api manasy udiyat sada nah*

"Oh Du, dessen Nabel einer Lotosblume gleicht, wir wissen, daß die großen Meister des *yoga*, die nichts mehr mit dieser irdischen Welt zu tun haben, versuchen, über Deine heiligen Lotosfüße zu meditieren. Für sie ist allein die höhere Erkenntnis in der Welt des Bewußtseins von Bedeutung. Es heißt, daß sie ihre ganze Aufmerksamkeit auf Deine Lotosfüße richten. Und jene, die damit beschäftigt sind, ihre Lebensumstände in dieser Welt der Ausbeutung zu verbessern, sind ebenfalls darum bemüht, Deine Lotosfüße zu verehren, um der Verwicklung in Aktion und Reaktion zu entgehen. So stehen Deine Lotosfüße im Mittelpunkt der Bestrebungen sowohl derer, die um die Verbesserung ihrer Lage bemüht sind (*karmis*), wie auch derer, die nach Befreiung streben (*jnanis und yogis*).

Und wer sind wir? Wir sind einfache Leute vom Lande, deren Reichtum die Kühe sind. Wir sind Kaufleute, die auf dem

Land leben, mit Kühen Handel treiben und am Rande der Gesellschaft Joghurt und Milch verkaufen. Wir sind weder Ausbeuter im naturwissenschaftlichen Sinn (*karmis*), noch gehören wir zu der Sorte von Ausbeutern, die ihre Untersuchungen in der Welt des Bewußtseins anstellen. Alles, was wir kennen, ist unser Familienleben. Wir verfügen über keinerlei andere bemerkenswerte Eigenschaften oder Fähigkeiten. Wir stehen am unteren Ende der Gesellschaftsskala, völlig mit unserem Familienleben beschäftigt. Doch in unserer Kühnheit bitten wir Dich inständig darum, Du mögest Dich irgendwann einmal freundlicherweise dazu herablassen, Deine Lotosfüße bis zu unseren unbedeutenden Herzen auszustrecken; dann würden wir uns äußerst glücklich schätzen. Wir sind völlig mit unseren Familienangelegenheiten beschäftigt. Wir wissen weder, wie wir unser Leben nach den Anweisungen der Schriften ausrichten können, noch sind uns die Methoden derer, die nach Befreiung streben, bekannt. Wir wissen nichts über *yoga*, *jnana*, den Vedanta oder die Veden. Unsere letztendliche Sorge gilt weder den Schriften noch irgendwelchen moralischen Maßstäben. In der Gesellschaft nehmen wir eine völlig unbedeutende Stellung ein und wir beten einfach darum, daß wir uns inmitten unseres Familienlebens an Deine heiligen Lotosfüße erinnern dürfen. Bitte, erweise uns diese Gnade, mehr können wir von Dir nicht erwarten." Das war die Bitte der *gopis*. Krishna antwortete ihnen mit folgenden Worten:

*mayi bhaktir hi bhutanam,*
*amrtatvaya kalpate*
*distya yad asin mat-sneho,*
*bhavatinam mad-apanah*

"Ja, ich weiß. Die Menschen wünschen sich Hingabe zur Mir, um ewiges Leben zu erlangen. Sie kommen zu Mir und verehren Mich, um die Grenze der Sterblichkeit zu überschreiten und ewiges Leben zu erlangen. Aus diesen Gründen wünschen sie

*Sri Krishna und die Gopis*

sich den Dienst für Mich. Ihr aber besitzt glücklicherweise eine natürliche Zuneigung zu Mir. Und das wird euch schließlich zu Mir bringen."

Das ist die förmliche und äußerliche Bedeutung dessen, was zwischen Krishna und den *gopis* gesprochen wurde. Doch die großen Lehrer unserer Nachfolgelinie haben noch einen anderen Sinn aus diesen Gebeten herausgefiltert. Sie sind sich der wahren, vertraulichen Beziehung zwischen den beiden Parteien bewußt, und so haben sie eine andere Bedeutung aus ihnen herausgearbeitet, die auf der göttlichen Empfindung zwischen dem Liebenden und den Geliebten beruht. Als die *gopis* in Kurukshetra zu Sri Krishna beteten, war das die wahre Bedeutung ihrer Worte: "Ach, wir erinnern uns an den Tag, an dem Du Uddhava zu uns gesandt hast, um uns zu trösten. Er trug uns viele Hinweise aus den Schriften darüber vor, wie vergänglich die ganze Welt sei und wie nichtig, wie wir alle gezwungen wären zu sterben - und daß Liebe keinen großen Wert besitze, da sie wie jede Bindung durchtrennt werden müsse. Er sagte, wir müßten versuchen, uns von jeglicher Anhaftung an die Umgebung zu lösen und Befreiung zu erlangen. Du warst es, der uns all diese offensichtlich lieblichen Dinge durch Uddhava mitteilen wollte. Und nun zeigst Du selbst uns den gleichen Pfad. Du sagst, Du seiest der Erhabene und jedermann solle in seinem eigenen höchsten Interesse versuchen, an Dich zu denken."

Die folgende Erklärung findet sich im Chaitanya Charitamrita. Die *gopis* fragten Krishna: "Glaubst Du, wir wären *yogis*, die durch abstrakte Meditation über Dich zufriedengestellt werden könnten? Können wir denn durch bloße Einbildung zufriedengestellt werden? Damit können wir nichts anfangen. Noch sind wir *karmis*, die nach den Früchten ihrer Arbeit streben und dabei eine große Schuld gegenüber der Natur auf sich laden und die dann an Deine Tür klopfen und um Hilfe bitten, indem sie beten: 'Oh Gott, bitte erlöse uns von all unseren früheren Sünden.' Wir gehören zu keiner von diesen beiden Gruppen. Doch wer sind wir? Wir möchten mit Dir zusammenleben als Deine Familie. Wir sind weder an abstraktem Denken interessiert noch daran, Dich dazu zu benutzen, die Mängel des *karma* auszugleichen und unsere sündhaften Tätigkeiten aufzuheben. Wir wollen Dich nicht für irgendeinen anderen Zweck benutzen, sondern mit Dir unmittelbar ein Familienleben führen. Weißt Du das denn nicht? Und doch sendest Du Botschaften durch Uddhava und jetzt auch noch das! Schämst Du Dich nicht vor Dir Selbst?" Das ist die tiefere Bedeutung ihrer Worte.

Auch Krishnas Antwort hat eine tiefere Bedeutung. Er entgegnet: "Ihr wißt, jedermann begehrt Mich. Durch Hingabe möchten sie Mich dazu bringen, ihnen zu helfen, die höchste Stellung in der Welt ewiger Wohltaten zu erlangen. Wenn sie eine Beziehung zu Mir herstellen können, betrachten sie sich selbst als vom Glück begünstigt. Ich aber bin glücklich, weil Ich mit der wertvollen Liebe, die Ich in euren Herzen gefunden habe, in Berührung gekommen bin." So haben die *gopis* die innere Bedeutung Seiner Worte verstanden. Und als Radharani diese innere Bedeutung von Krishnas Antwort erkennen konnte, wurde sie ruhig und zufrieden. "Wo immer Er Sich in körperlichem Sinn gerade aufhalten mag", dachte sie, "im Herzen ist Er allein mein." Sie beruhigte sich innerlich und kehrte nach Vrindavan zurück, bewegt dem Gedanken: "Er kann gar nicht anders als bald schon wieder zu unserer Gruppe zurückzukehren."

Srila Rupa Goswami enthüllt in seinem Padyavali die vertrauliche Bedeutung dieses Verses. Als Krishna in Kurukshetra in das Lager der *gopis* kam, stand Er plötzlich vor Srimati Radharani und beugte Sich nieder, als ob Er ihre Füße berühren wolle. Radharani wich zurück und sagte: "Was tust Du! Du versuchst meine Füße zu berühren?" Sie erbebte und sprach: "Du hast nichts Falsches getan, Du bist mein Gebieter. Es steht Dir frei zu tun, was Du möchtest. Ich bin Deine Magd und sollte mit all meinen Sinnen und mit jeder Faser meines Körpers versuchen, Dich zufriedenzustellen. Du hast kein Unrecht begangen. Ich bin der

Übeltäter. Warum? Ich schleppe immer noch meinen Körper und mein Leben voran. Das ist mein Frevel - ich konnte trotz der Trennung von Dir nicht sterben! Und ich halte der Welt immer noch mein Angesicht entgegen. Ich bin Deiner göttlichen Liebe nicht wert. Auf meinem Kopf lastet die ganze Bürde, das Gesetz der Liebe gebrochen zu haben." Das waren die Worte von Srimati Radharani. Und Sri Chaitanya Mahaprabhu spricht in einem ähnlichen Vers:

> *na prema-gandho 'sti darapi me harau*
> *krandami saubhagya-bharam prakasitum*
> *vamsi-vilasy-anana-lokanam vina*
> *vibharmi yat prana-patangakan vrtha*

"Nicht einmal einen winzigen Funken göttlicher Liebe zu Krishna trage Ich in Mir. Nicht einmal ein Hauch von Liebe zu Krishna ist in Mir zu finden. Du magst fragen: 'Warum aber vergießt Du dann so überreich und ununterbrochen Tränen? Tag und Nacht, ständig weinst Du um Krishna. Wie erklärst Du das?' Ach, du weißt nichts. Das tue Ich nur, um ein Schauspiel zu veranstalten und die Menschen ganz allgemein dahingehend zu täuschen, daß sie glauben, ich besäße göttliche Liebe zu Krishna. Auf diese Weise möchte ich als großer Geweihter Krishnas berühmt werden. Doch Ich bin nur ein Heuchler. Warum ich das sage? Der tatsächliche Beweis ist darin zu erkennen: Ich lebe immer noch. Ich konnte nicht sterben! Wenn Ich nur ein wenig wahre Liebe zu Krishna verspüren würde, wäre Ich an der Trennung von Ihm gestorben. Das ist der unumstößliche Beweis dafür, daß Ich nicht die geringste Spur von *krsna-prema* in Mir trage."

*Krsna-prema* ist so erhaben und anziehend, daß jemand, der einmal damit in Berührung gekommen ist, sein Leben ohne sie nicht länger erhalten kann. Sie ist so edel, so wunderschön, so bezaubernd - sie verzehrt das ganze Herz! Es ist unmöglich, sie sich auch nur vorzustellen. Die göttliche Liebe auf einer solch hohen Ebene ist als *prema* bekannt. Diese göttliche Liebe zu Krishna ist in der irdischen Welt ohne Beispiel. Wenn jemand zufällig eine wie auch immer geartete Erfahrung jener erhabenen und lebendigen Art der Hingabe gemacht hat, würde er augenblicklich sterben, sobald er sie nicht mehr verspüren könnte. Sie ist so wunderschön und edel. Wir sind einzig darauf aus, jene göttliche Liebe in dieser Welt zu suchen. Und Sriman Mahaprabhu erschien, um sie uns zuliebe in der Welt zu verteilen.

### Die menschliche Form des Lebens ist wertvoll

Ich habe gehört, in Südamerika habe eine Gruppe von Menschen kollektiven Selbstmord begangen, weil sie das Gefühl hatten, daß ihre aufrichtige Art zu leben durch die gegenwärtige Zivilisation gestört werde. Das konnten sie nicht ertragen, sondern sie dachten: "Laßt uns Gift nehmen und diese Welt hinter uns lassen. Dann werden wir sicher in der Welt unseres Glaubens leben können. Nichts in dieser irdischen Welt bezaubert uns mehr. Laßt uns in Frieden gehen. Wir gehören zu einer friedvollen Welt. Laßt uns Freude haben an diesem Frieden, der von materiellen Errungenschaften völlig unabhängig ist." Dieser Meinung können wir in soweit zustimmen, als es hier in dieser Welt keinerlei Reiz gibt, der uns zögern lassen könnte, uns aus dieser Welt zurückzuziehen.

Doch müssen wir auch widersprechen und feststellen, daß unser Leben in dieser Welt wertvoll ist. Warum? Dieses Leben gibt uns die Möglichkeit, ein höheres Sehnen zu entwickeln. Es bietet uns die Gelegenheit, von dieser Ebene aus das Ziel zu erreichen. Dieses menschliche Leben ist so wertvoll, daß wir dadurch den Pfad betreten können, der uns zur höchsten Erkenntnis des Göttlichen führt. Dieser menschliche Körper ist von hohem Wert und nur selten zu erlangen. Im Srimad Bhagavatam (11.9.29) steht geschrieben:

*labdhva su-durlabham idam bahu-sambhavante*
*manusyam artha-dam anityam apiha dhirah*
*turnam yateta na pated anu-mrtyu yavan*
*nihsreyasaya visayah khalu sarvatah syat*

"Die menschliche Form des Lebens ist nur sehr selten zu
erlangen und sie schenkt uns - obwohl zeitweilig - doch die Mög-
lichkeit, das höchste Ziel des Lebens zu erreichen. Deshalb sollten
jene, die ernsthaft und intelligent sind, unverzüglich bestrebt sein,
Vervollkommnung zu erlangen, bevor wiederum der Tod eintritt.
Es gibt so viele Formen des Lebens: die Wasserlebewesen, das
Pflanzenreich, die Tiere, die Vögel, Geister und andere Lebewe-
sen. Doch einzig in dieser menschlichen Form halten wir den
Schlüssel für die umfassende Lösung aller Lebensprobleme in
Händen."

Wenn wir dieses menschliche Leben auf wertvolle Weise
nutzen können, vermögen wir den Schlüssel zu erwerben, der uns
von der ganzen Kette von Leben in dieser beschwerlichen Welt
befreit. Wir können die Fesseln aller Arten von körperlichen und
geistigen Schwierigkeiten loswerden. Der Schlüssel ist bereits da,
in dieser menschlichen Form des Lebens. Jiva Goswami stellt fest,
daß niedere Lebensformen ein unzulängliches Verständnis davon
besitzen, wie man die höchste Wahrheit erkennt. Und in den
höheren Lebensformen, wie denen der Halbgötter, ist das Lebewesen hauptsächlich von den Elementen des Genießens umringt,
die es aufgrund früher erworbener Kraft oder *karma* angehäuft
hat. Es ist schwierig, dem Zauber dieser Einflüsse zu entgehen
und den Blick auf ein neues Leben auf einer höheren Ebene des
Bewußtseins zu richten. Diese menschliche Form des Lebens ist
die vorteilhafteste Position, um dieser Verwicklung zu entfliehen
und das höchste Ziel unseres göttlichen Lebens zu erreichen.

Manchmal fragen die Menschen: "Weshalb hat Sich Sri Chaitanya Mahaprabhu dazu entschieden, die höchste Auffassung von göttlicher Liebe - *krsna- prema* - an die niedrigste Schicht von Menschen zu verschenken, an die Menschen des *kali-yuga*?" Aber eben das entspricht dem ureigensten Wesen des Sri Chaitanya-*avatara*. Warum entstammten die *gopis*, die als die herausragendsten Geweihten gelten, einer gering geachteten sozialen Schicht? Was ist die eigentliche Bedeutung der höchsten Vorstellung von Edelmut? Was sollte sein Wesen sein? Denen zu helfen, die am allerbedürftigsten sind. Und weil Sri Chaitanya Mahaprabhu von dieser höchsten Position zu uns herabkommt, kann Er nicht gewöhnliche Dinge verschenken. Gerade Er muß das Wertvollste weitergeben, und Seine Aufmerksamkeit muß auf die gerichtet sein, die am bedürftigsten sind. Ist das unnatürlich? Die höchste Edelmütigkeit muß dem Niedrigsten und Bedürftigsten seine Aufmerksamkeit zollen. Und wenn Er ihnen helfen will, wird Er das in Seiner ganz eigenen Weise tun. Er kann nicht einfach nur Glas oder Steine unter sie verteilen. Wenn Er aus dem Überfluß von Edelsteinen und Juwelen schöpfen kann, warum sollte Er dann nach Steinsplittern suchen, um sie an jene zu verteilen, die ganz unten stehen? Er muß den niedrigsten und bedürftigsten Menschen das gewähren, was Er für den wahren Reichtum hält.

Deshalb sollten wir alle zu den Füßen dieses großen Messias niederfallen, Sri Gauranga Mahaprabhu. Die Geweihten sagen: "Wenn wir uns einen Ort vorstellen müßten, an dem Gauranga nicht erschienen ist, könnten wir nicht weiterleben. Es schaudert uns bei dem Gedanken, ohne einen solch großmütigen Freund wie Sri Gauranga leben zu müssen." Wie nur könnte jemand sein Leben ohne Gauranga verbringen? Das ist unmöglich. Die Welt ist ohne Gauranga nicht mehr lebenswert. Sri Gauranga ist höchst großmütig. Sri Chaitanya Mahaprabhu und Seine Gefährten, die man auch *panca-tattva* nennt, sind erschienen, um alle Seelen aus ihrem gefallenen Zustand zu erheben. Im allgemeinen haben nur verdiente Personen Eintritt nach Vrindavan, in das Krishna-*lila*. Doch in der Gestalt von Sri Chaitanya Mahaprabhu ist Krishna Selbst herabgekommen, um die Missetäter von ihren Vergehen zu heilen und ihnen den Eintritt nach Vrindavan zu gewähren. Einfach dadurch, daß wir die Namen des *panca-tattva* singen und uns an ihr *lila* erinnern, können wir selbst von den schlechtesten Einflüssen gereinigt werden, denen wir auf der niedrigsten Stufe des Lebens unterliegen, und uns darauf vorbereiten, am Vrindavan-*lila* teilzunehmen.

In Goloka Vrindavan erfreuen Sich Radha und Govinda Ihrer Spiele der göttlichen Liebe inmitten Ihres vertrauten Kreises. Und da gibt es noch einen Bereich, in dem Radha und Govinda als Sri Chaitanya Mahaprabhu vereint sind. Krishna Selber kostet in der Gemütsstimmung von Radharani mit der Hilfe Seines Gefolges Seine eigene Süße. Das ist es, was wir durch den empfohlenen Vorgang erkennen sollten. Wer aber ist Sri Chaitanya Mahaprabhu? Er erschien in dieser Welt, um uns jene Gabe zu gewähren, die uns dabei unterstützen wird, das höchste Ziel des Lebens zu erreichen.

Wenn wir Sri Gauranga unserer Seele näherzubringen, erhalten wir, auch wenn uns das nicht bewußt ist, eine Garantie dafür, den Zutritt zum Krishna-*lila* zu erlangen. Für die gefallenen Seelen ist es viel nützlicher, Hingabe zu Sri Gauranga zu entwickeln. Das wird uns mit dem geringsten Aufwand die vollständige Erfüllung des Lebens schenken. Die Hingabe zu Gauranga wird uns nicht zu einer Art planlosem oder mißverstandenem Krishna-Bewußtsein führen, sondern zum wahren Krishna-Bewußtsein. Wir können das volle Krishna-Bewußtsein mit Hilfe des Gauranga-Bewußtseins erlangen. Indem wir Hingabe zu Sri Gauranga entwickeln, werden wir fähig zu fühlen, daß das Sri Gauranga-Bewußtsein das Krishna-Bewußtsein beinhaltet - und sogar noch etwas mehr. Was aber ist das ? Das ist das freizügige Verteilen des Krishna-Bewußtseins an andere. Krishnadasa Kaviraja Goswami, der uns das Chaitanya Charitamrita schenkte, die wertvollste theologische Literatur, die je das Tageslicht erblickt hat, schrieb:

> *krsna-lila amrta-sara,*
> *tara sata sata dhara,*
> *dasa-dike vahe yaha haite,*
> *se caitanya-lila-haya,*
> *sarovara aksaya,*
> *mano-hamsa caraha' tahate*

"Was ist Krishna-*lila*? Es ist die eigentliche Essenz des Nektars. Es ist der Kern der Süße, der Glückseligkeit und der Ekstase. Das, was immer wir uns als höchste Steigerung an Süße vorstellen können, findet seinen Ausdruck im Krishna-*lila*. Was aber ist dann Chaitanya-*lila*? Im Chaitanya-*lila* fließt dieser süße Nektar des Krishna-*lila* in Hunderten von Strömen in alle zehn Richtungen wie aus einer Quelle. Diese Quelle ist das Chaitanya-*lila*."

Obwohl das Chaitanya-*lila* später erscheint als das Krishna-*lila*, ist das Chaitanya-*lila* der Ursprung, das Fundament. Wir sehen, daß Krishna im *dvapara-yuga*, einem früheren Zeitalter, erschienen ist und Sri Chaitanya Mahaprabhu Sich später, im *kali-yuga*, offenbarte. Und dennoch ist Ihrer beider *lila* ewig. Zuerst kommt der Spender, dann das Geschenk. Und das Geschenk von Sri Chaitanya Mahaprabhu ist, daß er unendliche Ströme süßen Krishna-*lilas* in alle zehn Himmelsrichtungen an die Welt verteilt.

Krishnadasa Kaviraja Goswami endet mit den Worten: "Ihr Geweihten, kommt herbei! Gleich unzähligen Schwänen müßt auch ihr im See von Sri Chaitanya Mahaprabhus Spielen schwimmen. Aus diesem See fließt das Krishna-*lila* in verschiedenen Strömen in die Welt hinaus. Geweihte, nehmt wie Wolken den Nektar dieses Sees in euch auf und verteilt ihn freigiebig an die vom Glück begünstigten Seelen. Kommt und lebt in diesem See. Bittet den Schwan eures Geistes, in diesem See Zuflucht zu suchen.

Möge der Schwan in diesem nektargleichen See von Sri Chaitanya Mahaprabhus Leben und Unterweisungen schwimmen, von wo viele hundert Ströme des Nektars in alle Richtungen fließen. Oh Geweihte, euch bringe ich dieses demütige Gebet dar."

# Anhang

Anhang

# Über den Autor
## Swami B. R. Sridhar (1895 - 1988)

Jeder Mensch, der aufrichtig und ernsthaft auf der Suche nach einem höheren Ziel ist, weiß, daß er Hilfe und Führung braucht, um sicher aus der Verstrickung in diese materielle Welt zu einem spirituellen Leben zu finden. Wir brauchen den geistigen Meister, der uns leitet, denn spirituelles Wissen kommt immer von oben herab und ist nie das Ergebnis eigener Anstrengungen und Spekulationen. Die Suche nach dem verwirklichten geistigen Meister wirft viele Fragen auf, die für eine bedingte Seele (*atma*) nur schwer zu beantworten sind. Deshalb empfehlen die Schriften, immer unter der segnenden Leitung solcher Gott hingegebener Seelen zu handeln, die in unserem Herzen volles Vertrauen erwecken und in uns den Wunsch hervorrufen, selbst reine Geweihte des Höchsten Herrn zu werden.

Swami B.R. Sridhar war eine solch hingegebene Seele. Er wurde im Jahre 1895 in Hapaniya in Westbengalen, Indien, geboren. Im Jahre 1927 wurde er von Srila Bhaktisiddhanta Saraswati Thakur Prabhupada, der der Begründer der Gaudiya Math und einer der hervorragendsten Vaishnava-Gelehrten des zwanzigsten Jahrhunderts war, als Schüler eingeweiht. Durch diese Einweihung wurde er in die Traditionslinie des Bhakti-Yoga in der Nachfolge von Sri Chaitanya Mahaprabhu aufgenommen, die an die älteste spirituelle Tradition Indiens anknüpft.

Aufgrund von Srila Sridhars beeindruckendem Verständnis der Schriften, dem hohen Grad seiner Verwirklichung und seiner strikten Befolgung der Prinzipien des hingebungsvollen Dienstes der Gaudiya-Vaishnava Philosophie wurde ihm schon 1930 von seinem spirituellen Meister die Aufnahme in den Lebensstand der Entsagung (*sannyas*) gewährt. Dabei wurde ihm der Name Bhakti Rakshaka (Beschützer der Hingabe) verliehen, da Bhaktisiddhanta Saraswati Thakur ihn für besonders geeignet hielt, die Reinheit der Traditionsfolge der Gaudiya-Vaishnavas zu bewahren.

Im Laufe seines langen Lebens verfaßte er eine Reihe von Liedern, Gebeten und tiefgehenden Kommentaren zu den autorisierten Schriften (Srimad Bhagavad-Gita, Srimad Bhagavatam, Chaitanya-Charitamrita u.a.), die - wie auch viele seiner Vorträge - mittlerweile in zahlreiche Sprachen der Welt übersetzt worden sind. Dies veranlaßte seinen geistigen Meister einmal zu der Äußerung: "Nun habe ich keine Sorge mehr, diesen Planeten zu verlassen, denn ich weiß, es gibt wenigstens einen unter meinen Schülern, der diese Botschaft richtig verstanden hat." Und sein Gottbruder, Srila Prabhupada, der die Segnungen der Vaishnava-Philosophie im Jahre 1965 in den Westen brachte, sagte über ihn: "Srila Sridhar Maharaja hat ein sehr hohes Maß an Verwirklichung erreicht. Unser *guru* wollte, daß die ganze Welt ihn hören könne, und da er selbst nicht reisen konnte, möchte ich die ganze Welt nach Bengalen bringen, damit die Menschen ihm zuhören können."

Im Jahre 1943, nach dem Tode seines geistigen Meisters, gründete Srila Sridhar Maharaja in Navadvip, Westbengalen, an den Ufern des heiligen Ganges einen eigenen Tempel, die Sri Chaitanya Saraswat Math. Dieser heilige Platz, an dem vor 500 Jahren Sri Chaitanya Mahaprabhu einen Teil seines Lebens verbracht hat, ist in den letzten Jahren für viele Pilger aus allen Teilen der Welt zum Mittelpunkt ihres geistigen Lebens geworden. Swami B.R. Sridhar leitete diesen Ashram bis 1988, als er im Alter von 93 Jahren diesen Planeten verließ.

Bis zu seinem Tode galt er nicht nur unter den bengalischen Nachfolgern Chaitanya Mahaprabhus (den Vaishnavas) als tiefgehender Kenner der zahlreichen Schriften des alten Indien. Seine anerkannte Autorität in der Auslegung dieser heiligen Schriften,

*Swami B. R. Sridhar*
*(1895 1988)*

deren Verbreitung er sein Leben gewidmet hatte, war mehr als nur eine intellektuelle Gelehrsamkeit. Sie beruhte auf der Tatsache, daß er während seines gesamten langen Lebens stets darum bemüht war, dieses Wissen auch in seinem Handeln zum Ausdruck zu bringen. Die Weisheit und Güte dieses außergewöhnlichen Menschen prägen seine Bücher und Vorträge in einer Weise, daß auch ein Leser, dem die religiösen Vorstellungen Indiens ungewohnt sind, wertvolle Anregungen für sein spirituelles Wachstum darin finden kann.

Auch nach seinem Weggang aus dieser irdischen Welt blieb die Sri Chaitanya Saraswath Math ein Ort der Einkehr, der dem praktischen Leben nach den Regeln des Bhakti-Yoga gewidmet ist. In Auftrag von Swami B. R. Sridhar führt dort sein langjähriger Schüler, Srila Govinda Maharaja, sein Werk fort und verkündet den suchenden Menschen dieser Welt weiterhin die Botschaft des liebevollen Dienstes für Gott.

Auch im deutschsprachigen Raum sind durch die Inspiration von Swami B.R. Sridhar einige Zentren entstanden. Sie werden betreut von Srila B.A. Paramadvaiti Maharaja, der selbst aus Deutschland stammt und Schüler von Srila Prabhupada, dem Gottbruder von Swami B.R. Sridhar ist. Nach dem Weggang von Srila Prabhupada wurde er von Srila Sridhar Maharaja in den Lebensstand der Entsagung eingeweiht.

# Erläuterungen
## zu im Text vorkommenden Sanskritbegriffen

*acarya:* Der geistige Lehrer (vgl. *guru*), der über die transzendentale Verwirklichung von Gott hinaus auch eine detaillierte Kenntnis der vedischen Schriften besitzt, die ihn befähigt, über den direkten Kreis seiner Schüler hinaus die theoretischen Grundlagen der spirituellen Lehre zu vermitteln.

*artha:* Wohlstand, Reichtum als Grundlage für Sinnesbefriedigung

*asrama:* a) Spirituelle Einteilung des Lebens in vier Gruppen:
(1) *brahmacarya:* Stufe des spirituellen Schülers *(brahmacari),* der den Weisungen seines geistigen Meisters folgt.
(2) *grihastha:* Leben in der Welt mit Frau, Familie, Kindern, Beruf.
(3) *vanaprastha:* Rückzug aus dem Getriebe der Welt, nachdem man seine Verpflichtungen gegenüber der Familie und der Gesellschaft erfüllt hat. Vorbereitung auf den Tod in der Abgeschiedenheit, die die Ausrichtung des Bewußtseins auf Gott erleichtert.
(4) *sannyas(a):* Gelübde der Enthaltsamkeit, allen Verlockungen der Welt gänzlich zu entsagen und sein Leben allein in den Dienst Gottes zu stellen; Lebensstand der Entsagung und Weltabgewandtheit.
b) Wohnstätte für eine klösterliche Lebensgemeinschaft.

*atma:* Das wahre individuelle Selbst eines Lebewesens, ausgestattet mit göttlichen Eigenschaften, von Gott aber auf ewig unterschieden durch das Ausmaß dieser Eigenschaften (auch *jiva, jivatma* genannt). *Atma* wird häufig mit dem deutschen Wort 'Seele' übersetzt, was aber nicht der wirklichen Bedeutung von *atma* entspricht. *Atma* bezieht sich einzig auf die ursprüngliche spirituelle Natur eines Lebewesens, die mit materiellen Vorstellungen nicht das geringste zu tun hat. Im heutigen westlichen Sprachgebrauch, der stark von der psychologischen Denkweise beeinflußt ist, meint der Begriff 'Seele' die feinstoffliche Wesensart eines Lebewesens, seine feine psychische Struktur, die aber nach der Bhakti-Lehre noch dem materiellen Bereich angehört. Der winzige individuelle *atma* ist aber zugleich ein ewiger Bestandteil des Großen *Atma*, Gottes.

*avatara:* Unter *avatara* (hergeleitet von der Wurzel *tr*, überkreuzen, den Ozean der Begierdenwelt überqueren; *avatari* heißt: er steigt herab) versteht die indische Wortoffenbarung das 'Herabsteigen' Gottes aus dem unendlichen Reich der Freiheit in die Welt der Zeit und des Raumes der großen Maya (vgl. *maya*), ohne daß das Wesen Gottes sich dabei in irgend einer Weise substanziell veränderte. Es handelt sich nicht um eine Fleischwerdung oder Inkarnation. Gott unterliegt in keiner Weise den Gesetzen der Mayawelt, auch wenn Er in sie herabkommt, noch bedarf Er einer fleischlichen Hülle.

*bhajan(a):* Meditative Anrufung der heiligen Namen Gottes durch gemeinsamen Gesang.

*bhakta:* Bezeichnung für einen Gottgeweihten, dessen einziger Wunsch es ist, Gott ohne Unterlaß in Liebe zu dienen.

*bhakti:* Gottes eigene Erkenntniskraft und Kraft Seines Glücks, die im *bhakta* als dienende erkennende Liebe wirkt. Sie schenkt volle Erkenntnis der Welt, des *atma* als eines Funkens göttlicher Kraft und des Wesens der *bhakti* als Glück des Dienens.

*brahmacari*: spiritueller Schüler (vgl. *asrama*).

*brahman (brahmajyoti)*: Die unpersönliche Ebene der Existenz, die sich zwischen der materiellen und der spirituellen Ebene befindet. Nach der Anschauung der *bhaktas* in der Nachfolge Krishna Chaitanyas der Lichtglanz, der vom spirituellen Körper des Persönlichen Gottes ausgeht und dessen wundersame Gestalt vor den Suchern mit noch nicht völlig geläuterter Hingabe verhüllt; der göttliche Geist, die elementare Ebene, von der alles ausgeht, von der alles erhalten wird und in die zuletzt alles wieder eingeht.

*brahmana*: Angehöriger der obersten Gesellschaftsschicht (vgl. *varna*); geistige Führer der Gesellschaft, die allein durch ihr Tun und nicht - wie heute - durch Geburt diese Stellung erlangten. Es stand also in der ursprünglichen indischen Kastengesellschaft jedermann offen, durch sein Handeln auch die höchste gesellschaftliche Stellung zu erlangen.

*dhama*: Der Ort, an dem sich die Spiele des Höchsten Herrn in dieser Welt entfalten.

*dharma*: Gesetz, Recht, Wesensgesetz, Ethik, gesetzhaft geregelte Religion. In Bengalen heißt es: "Das ewige Wesensgesetz jedes Lebewesens ist, Krishnas Diener zu sein."

*gayatri-(mantra)*: ein *mantra*, das auf einer bestimmten Stufe der spirituellen Entwicklung vom geistigen Meister verliehen wird; es hilft, sich aus dem Kreislauf der wiederholten Tode und Geburten in dieser Welt zu befreien.

*gopi(s)*: Die ewigen Gefährtinnen, Freundinnen und Dienerinnen Krishnas und Radhas im Reiche der göttlichen Lieblichkeit, das sich auch auf Erden offenbart (vgl. VRINDAVANA). Sie besitzen die vollkommene Erkenntnis Gottes als der ewigen höchsten Form von unübertrefflicher Schönheit, Lieblichkeit und Anmut, während andere Ewig-Beigesellte Gottes vollkommene Erkenntnis Gottes als der ewigen höchsten Form von unübertrefflicher Schönheit, Macht und Herrlichkeit haben.

*guru, (gurudeva)*: Der geistige Lehrer, von *guru* schwer, bedeutend, ausgezeichnet. Der wahre *guru*, der nicht leicht zu finden ist, gilt den Gottgeweihten als erste Offenbarung Gottes, die dieser dem aufrichtigen Gottsucher zuteil werden läßt.

*guru-tattva*: Die Gesamtheit und der Ursprung all dessen, was *guru* ist.

*jiva*: Das wahre individuelle Selbst eines Lebewesens; gleichbedeutend mit dem Begriff *atma* (vgl. *atma*).

*jnana*: spirituelles Wissen (vgl. *yoga*).

*kama*: Lust, Sinnesbefriedigung.

*karma*: Folgen eigenen vergangenen Tuns, Fühlens, Denkens; das Schicksal, das durch die unentrinnbaren Folgen der Taten in diesen und früheren Leben herbeigeführt wird.

*krsna-nama*: Gott bekommt nicht Namen, sondern Er hat Namen von Ewigkeit her, die nur offenbar gemacht werden, und diese Namen sind identisch mit Ihm. In dem Grade, wie Gottes eigene Kraft *bhakti* durch Herz und Mund eines Wesens den Gottesnamen ausspricht, wird der Name als Offenbarung Gottes selbst erlebt.

*lila*: Das von Ewigkeit zu Ewigkeit währende "Spiel" der Selbstentfaltung Gottes, das nie ein Ende hat und dessen dramatische

Spannung sich immerdar steigert (z.B. *krsna-lila,* das Entfaltungs-spiel Krishnas oder *gaura-lila,* das Entfaltungsspiel Sri Chaitanya Mahaprabhus).

*madhurya-rasa*: Beziehung zu Gott in der Haltung ehelicher Liebe (vgl. *rasa*).

*mantra*: Das Wort wird von den indischen Grammatikern gedeu-tet als *man-tra,* von *man,* denken, sinnen, und *tra,* Retter. Ein *mantra* ist das, was denjenigen rettet, der über es meditiert oder es singt. Der Kern der *mantras* der indischen *bhakti* ist immer ein Gottesname oder einige Gottesnamen. Das *mantra* wird mit dem Aspekt Gottes, der darin angerufen wird, als eins angesehen. Ein *mantra* im Sinne der *bhakti* ist das, was Gottesliebe erzeugt.

*maya*: Die eine unendliche Kraft Gottes, die sich in vielfältiger Weise in dieser Welt manifestiert. In einer ihrer Formen geht sie vom weltzugewandten Aspekt Gottes, dem Allschauenden Vishnu (vgl. VISHNU) aus, der selbst in keiner Weise von ihr berührt wird, sondern ihr Herr ist. Ihre Aufgabe ist es, den Gottabgewandten die wahre Wirklichkeit zu verhüllen und ihnen statt dessen scheinbare Wirklichkeit vorzuführen; (vgl. MAYADEV).

*moksa*: Befreiung von den Banden dieser Welt.

*mukti*: Befreiung von Weltenfesseln und Weltenleid (Ziel des *jnana-yoga*). Nach der Auffassung der *bhaktas*: Befreiung von den Mängeln, die sich dem Erwachen der spontanen Gottesliebe ent-gegenstellen.

*paramahamsa*: Ein Heiliger auf der höchsten Stufe der Verwirkli-chung.

*prasad(a)*: (Wörtlich: Gnade, göttliche Barmherzigkeit). Die

Bhakti-Philosophie lehrt, daß in der Speise, die von den Geweihten vor dem Mahl in liebevoller Weise Gott dargeboten wird, Gott Selbst Sich ihnen wieder liebend schenkt.

*prema (premabhakti)*: Höchste spontane Gottesliebe, wenn sich die individuelle Beziehung zu Gott verdichtet hat; unendliches Glück des auch in allen Hindernissen immer neuen und tiefen Gottdienens und Gotterfreuens.

*rasa*: Das in viele Stufen unterteilte Gottdienen der Bhaktilehre. Das unmittelbare Dienen durch Liebe; der Lebensstrom des göttlichen Spiels; der unverlierbare Geschmack an der transzendentalen Liebe zu Gott, die jedes andere Sehnen und Wünschen unmöglich macht; verwirklichtes Gott-Dienen in unbeschränktem ewigem Sein. Die fünf Hauptstufen des *rasa* sind:
(1) *santa-rasa*: Beziehung zu Gott in einer neutralen, inaktiven Haltung des 'Sich- Zugehörig-Fühlens';
(2) *dasya-rasa*: Beziehung zu Gott in der Haltung des Dienens;
(3) *sakhya-rasa*: freundschaftliche Beziehung zu Gott;
(4) *vatsalya-rasa*: Beziehung zu Gott in der beschützenden Haltung elterlicher Liebe;
(5) *madhurya-rasa*: Beziehung zu Gott in der Haltung ehelicher Liebe.

*sadhu*: Heilige, die ihr Leben nach den Anweisungen der Schriften ausrichten. Durch den Umgang mit ihnen und durch ihre Barmherzigkeit können wir höheres und feinsinnigeres Wissen in uns aufnehmen.

*sankirtan(a), (kirtan(a), nama-sankirtan(a))*: Das von Sri Chaitanya Mahaprabhu wieder eingeführte gemeinschaftliche Lobpreisen des Heiligen Gottesnamens Krishnas, dessen reinigende Kraft es im jetzigen Zeitalter des Streits einem Menschen ermöglicht, sein spirituelles Bewußtsein wiederzuerwecken und damit die

Möglichkeit schafft, nach Hause zu Gott zurückzukehren.

*sannyasi*: Mensch im Lebensstand der Entsagung und Weltabgewandtheit (s. *asrama*).

*sakhi*: Die ganz jungen Mädchen (Dienerinnen und Freundinnen von Krishna und Radharani) aus der Gruppe der Kuhhirtenmädchen von Vrindavana (vgl. *gopis*).

*swami*: Ehrenbezeichnung für einen *sannyasi* (vgl. *sannyasi*)

*varna*: Die materielle Einteilung der Gesellschaft in vier Gruppen (Kasten) mit jeweils ganz bestimmten Rechten und Pflichten (je größer die Rechte, desto schwerer die Pflichten); Kastenzugehörigkeit entstand nicht durch Geburt, sondern durch Qualifikation:

(1) *brahmanas*: die Gesellschaftselite ("ein Mensch, in dem Wahrhaftigkeit, Freigebigkeit, Nachsicht lebt, der einen guten Lebenswandel führt, der niemand Leid zufügt, der zu entsagen versteht und der barmherzig ist" - Mahabharata, Aranya-Parva 180, 20, 27). Ihre besondere Aufgabe war das Studium der Veden und das Verrichten des Opferdienstes für andere;

(2) *ksatriyas*: Angehörige der behütenden und verwaltenden Gesellschaftsschicht. Die Könige und die Krieger sind die Grundtypen dieser Gruppe, denen die Verwaltung des Gemeinwesens und der Schutz der Hilflosen oblag;

(3) *vaishyas*: Die Bauern, Hirten und Händler der Gesellschaft, denen die Erzeugung und Verteilung der lebensnotwendigen Güter oblag.

(4) *sudras*: Die unterste Gesellschaftsklasse, deren Pflicht darin bestand, die anfallenden Arbeiten nach den Anweisungen der befähigteren Gesellschaftsmitglieder auszuführen und die im Gegenzug alles zum materiellen Leben Notwendige sowie auch geistige Unterweisung zur Entwicklung des Bewußtseins erhielten.

*varnasrama-dharma*: Einteilung der Gesellschaft in jeweils vier spirituelle (vgl. *asrama)* und materielle Gesellschaftsschichten (vgl. *asrama, dharma, varna*).

*vraja-lila*: Das ewige Spiel Krishnas in Vrindavana, dem Ort auf dieser Erde, an dem sich das transzendentale Reich Sri Krishnas in dieser materiellen Welt manifestiert.

*yoga*: Eigentlich "Rückbindung" an Gott, von der Grundbedeutung her dem lateinischen *"religio"* gleich; Möglichkeit, die vergessene ursprüngliche Verbindung zu Gott in einem Seiner zahllosen Aspekte wieder anzuküpfen. Die in der Bhagavad-Gita genannten grundlegenden Yogaformen sind:
(1) *Karma-Yoga*: die Verbindung mit Gott durch gottgefälliges Handeln;
(2) *Jnana-Yoga*: die Befreiung aus den Fesseln der materiellen Energie durch Erwerb von spirituellem Wissen;
(3) *Bhakti-Yoga*: das Erlangen der Verbindung mit Gott durch motivloses Dienen in liebevoller Hingabe.

*yogi*: Jemand, der sich dem Vorgang des *yoga* widmet.

*yogamaya*: die spirituelle Kraft Krishnas, die sogar den Gefährten Seiner Spiele (vgl. *lila*) Sein Gottsein verhüllt, um die Intensität und Spontaneität zu steigern.

*yuga*: Zeitalter der indischen Kosmologie:
(1) *Satya-Yuga*: das Zeitalter der Reinheit, Tugend und Religiosität; das goldene Zeitalter, in dem die Menschen noch fest im spirituellen Bewußtsein verankert waren. Dauer: 1.728.000 Jahre.
(2) *Treta-Yuga*: das silberne Zeitalter, in dem die ersten Laster auftreten und der Mensch sich aus der Verankerung im spirituellen Bewußtsein abzulösen beginnt. Dauer: 1.296.000 Jahre.
(3) *Dvapara-Yuga*: das bronzene Zeitalter; hier nehmen Tugend

und Religion noch mehr ab und die Laster nehmen weiter zu. Dauer: 864.000 Jahre.

(4) *Kali-Yuga*: das eiserne Zeitalter, in dem wir uns seit etwa 5000 Jahren befinden; Streit, Unwissenheit, Irreligiosität und Laster nehmen überhand, wahre Tugend ist so gut wie nicht mehr vorhanden. Dauer: 432.000 Jahre. Am Ende dieses Zeitalters erscheint der Herr, um den furchtbaren Zustand der Welt zu beenden, Seine Geweihten zu retten und die Dämonen zu vernichten. Danach beginnt der Ablauf von neuem und wiederholt sich nach Aussage der *sastras* so lange, bis alle *atmas* aus freiem Willen zu Gott zurückgekehrt sind.

*yugadharma*: Die spirituelle Grundlage und Pflicht eines bestimmten Zeitalters (vgl. *dharma, yuga*).

*yugavatara*: Erscheinungen Gottes in den einzelnen Zeitaltern; die Aufgabe jedes dieser Yuga-Avatare besteht darin, die seinem Zeitalter am besten entsprechende Form der Religion in ihrer Reinheit wieder herzustellen; und zwar im Satya-Yuga, im Zeitalter der Wahrheit, tiefe klare gedankliche Versenkung in Gott (*dhyana*), im Treta-Yuga Opferdienst, im Dvapara-Yuga Kult im Tempel und im Kali-Yuga jene Form von Bhakti, die sich ausdrückt im Preisgesang und Durchdenken der Gottesnamen, im *kirtana*.

# Namensregister

ADVAITA ACHARYA PRABHU: Einer der engsten Gefährten Mahaprabhus, durch dessen mächtiges Flehen Chaitanya Mahaprabhu
auf die Erde herabgerufen wurde (vgl. PANCA TATTWA); gilt als die
Erscheinung von
a) MAHA-VISHNU, der den materiellen Kosmos erschafft und
b) SADA-SHIVA dem Zerstörer der kosmischen Manifestation und
großen Geweihten Krishnas.

ARJUNA: Held des MAHABHARATA; Sohn des Himmelskönigs
Indra und Freund Krishnas; ihm offenbarte Krishna auf dem
Schlachtfeld von KURUKSHETRA die BHAGAVAD- GITA; seine Brü-
der, die Pandavas (Söhne PANDUS) waren:
YUDDHISTIRA; Sohn des DHARMA (auch YAMARAJA genannt = der
Halbgott des Todes), der Erstgeborene PANDUS, der nach der
Schlacht die Herrschaftsgewalt über das Reich übernimmt;
BHIMA; Sohn des Windgottes VAYU, berühmt wegen seiner unbe-
siegbaren Stärke,
SAHADEVA UND NAKULA; Zwillingssöhne der ASHWINI KUMARAS,
der Halbgötter des Heilens.

BHAGAVAD GITA: Wörtlich - "Der Gesang des Höchsten Herrn";
die GITA ist ein ca. 700 Verse umfassendes Teilstück des hunderttausend Strophen umfassenden Epos MAHABHARATA; in der BHA-
GAVAD-GITA erteilt die Höchste Persönlichkeit Gottes, KRISHNA,
auf dem Schlachtfeld von Kurukshetra spirituelle Unterweisung.

BALADEVA/BALARAMA: Krishnas älterer Bruder im Vrindavan-*lila*; gilt als die Manifestation göttlicher Stärke; erscheint im Chaitanya-*lila* als NITYANADA PRABHU.

BHAKTISIDDHANTA SARASWATI THAKUR (1874-1937): Sohn von BHAKTIVINODA THAKUR, dessen Mission er sein ganzes Leben lang mit aller Kraft und aus ganzem Herzen unterstützte und nach seinem Tode fortführte. 1905 empfing er Einweihung von SRILA GAURAKISHORA DASA BABAJI, der ihn anwies, sein Leben ausschließlich der Predigt der Absoluten Wahrheit zu widmen. 1918 trat er in den Lebensstand der Entsagung ein. Er begründete die GAUDIYA MATH, die heute noch in Indien existiert und zu seiner Zeit über das ganze Land verteilt 64 Tempel und Zentren umfaßte und war der geistige Meister von SWAMI BHAKTIVEDANTA PRABHUPADA UND SWAMI B.R. SRIDHAR.

BHAKTIVEDANTA SWAMI PRABHUPADA (1896-1977): Wie sein Freund, SWAMI B.R. SRIDHAR, ein Schüler von SRILA BHAKTISIDDHANTA SARASWATI THAKURA, der ihn speziell damit beauftragt hatte, die Bhaktilehre in der westlichen Welt zu verbreiten. Er kam im Alter von 69 Jahren als mittelloser Bettelmönch allein nach New York und inspirierte eine Bewegung, die in knapp zehn Jahren die ganze Welt mit der Botschaft des Krishnabewußtseins überflutete. In dieser Zeit umrundete er in Erfüllung seiner Predigtmission vierzehnmal die Erde, weihte Menschen aller Rassen, Nationen und Glaubensrichtungen in den heiligen Namen Krishnas ein und gründete über die ganze Welt verteilt 108 Tempel und Vaishnava- Lebensgemeinschaften.

BHAKTIVINODA THAKUR (1838-1914): Indischer Richter und großer Pionier der Vaishnava-Bewegung der Neuzeit. Er belebte und inspirierte das Vaishnavatum Bengalens, das damals unter der englischen Besatzung und einer Reihe von Pseudo-Vaishnavas zu leiden hatte. Er war Vater von zwölf Kindern, von denen sein

Sohn BHAKTISIDDHANTA SARASWATI THAKUR in seine Fußstapfen trat. Er sprach mehrere Sprachen fließend (Sanskrit, Bengali, Hindi, Urdu, Persisch und Englisch) und verfaßte im Laufe seines Lebens über 100 Bücher, die zu den wichtigsten Werken über die Bhakti-Philosophie gehören.

BRAHMA: Der Weltenbildner, Diener des Höchsten Herrn, der in einem Lotos, der aus dem innersten Wesen Gottes hervorblüht, zum Bewußtsein erwacht. In seinem Herzen leuchtet durch die Gnade Gottes der ewige Veda auf und mit Hilfe der Kraft der Worte des Veda vermag BRAHMA aus den "Urwassern" die Welten und die Wesen zu schaffen.

CHAITANYA-BHAGAVAt: Beschreibung der Kindheitsspiele von CHAITANYA MAHAPRABHU, die von VRINDAVAN DASA THAKUR in 12418 Versen verfaßt wurde; das Werk blieb unvollendet.

CHAITANYA-CHARITAMRITA: Hier die von KRISHNADASA KAVIRAJA verfaßte Lebensgeschichte SRI CHAITANYA MAHAPRABHUS, die aus 11.515 Versen teils in Sanskrit, teils in Bengali besteht.

CHAITANYA MAHAPRABHU: Als historische Person weilte Er von 1486 bis 1534 auf dieser Erde. Er wurde als Sohn armer Brahmaneneltern in Mayapur, Bengalen, Indien geboren und lebte dort zunächst als Gelehrter. Er war zweimal verheiratet, Seine erste Frau starb durch einen Schlangenbiß. Er trat im Alter von vierundzwanzig Jahren in den Lebensstand der Entsagung ein, wobei er den *sannyas*-Namen SRI KRISHNA CHAITANYA erhielt. Von da an war Sein Leben der Predigt und Offenbarung des Höchsten Herrn, SRI KRISHNA, und der Lehre der *bhakti*, der liebevollen Hingabe an KRISHNA als höchstes Ziel des menschlichen Lebens, gewidmet. Die letzten Jahre Seines Lebens verbrachte Er in Puri, Orissa, Indien, wo Er auf intensivste Weise Seine transzendentale Verwirklichung offenbarte und an Seine Schüler weitergab. Die *bhaktas* nennen Ihn CHAITANYA MAHAPRABHU, den großen HERRN CHAITANYA.

Im Sinne aller Zeugnisse aus der ersten und zweiten Schüler-generation ist CHAITANYA keine historische sondern eine ewige Gestalt. Gemäß sämtlichen Quellschriften der Zeitgenossen verei-nigt KRISHNA CHAITANYA in Sich alle ewigen Seinsformen Gottes, einschließlich des 'göttlichen Paares'. Er ist also KRISHNA und RADHA von Vraja, NARAYANA und LAKSHMI in Vaikuntha u.s.w. Es gibt keine der ewigen Seinsformen des einen Gottes und keine Seinsform der *sakti*, die Er nicht angesichts einzelner Schüler aus Seinem eigenen Wesen heraustreten ließ und ihnen dadurch sichtbar gemacht hat.

DVARAKA: Ort im heutigen Gujarat, Indien, an dem KRISHNA nach Seinem Weggang aus VRINDAVAN und MATHURA den göttli-chen Aspekt königlicher Machtentfaltung manifestiert hat.

GADADHARA (PANDIT): Gilt den VAISHNAVAS als die Manifestation von RADHARANI der ewigen inneren Kraft KRISHNAS und gleich-zeitig als die Erscheinung von LALITA, der intimsten Freundin SRIMATI RADHARANIS (vgl. PANCA-TATTWA)

GAURANGA: Wörtlich - "Goldgestalt"; Name von CHAITANYA MAHAPRABHU, den dieser wegen Seiner goldenen Körpertönung erhielt.

GAYA: Ort am Ganges (in der indischen Provinz Bihar), wo die Hindus auch heute noch in traditioneller Weise die rituellen Opfer für die Verstorbenen vollziehen; im Jahre 1508 begegnete dort NIMAI PANDIT (der spätere SRI KRISHNA CHAITANYA) Seinem *guru* ISHVARA PURI und erhielt die spirituelle Einweihung.

GOLOKA (VRINDAVAN): Das innere Reich der göttlichen Lieblich-keit, wo KRISHNA mit Seinen Ewig-Beigesellten immerdar weilt.

GOVARDHAN(A): Ein meilenlanger Berg in VRAJA, den der sieben-jährige Krishna auf dem kleinen Finger Seiner linken Hand sie-ben Tage lang wie einen Schirm über VRINDAVAN hält, um die Bewohner vor den Hagel- und Gewitterstürmen des zornigen INDRA (des Himmelskönigs) zu schützen.

HANUMAN: Der große Bhakta RAMAS aus dem Affengeschlecht, der einst mit der Kraft seiner dienenden erkennenden Liebe RAMA in dessen Krieg gegen die Dämonen (*asuras*) und bei der Befreiung SITAS unersetzliche Dienste geleistet hat.

HARIDAS(A) THAKUR: Vertrauter Gefährte von SRI CHAITANYA MAHAPRABHU. Nach dem äußeren religiös-sozialen Gesetz ist er - weil Mohammedaner von Geburt - ein Ausgestoßener, der nicht einmal die Tempel der Hindus betreten durfte. Doch ist er ein großer Geweihter MAHAPRABHUS und gilt den Vaishnavas als Erscheinung BRAHMAS, des Weltenbildners.

ISHVARA PURI: Einweihender geistiger Meister (*guru*) von NIMAI PANDIT.

JAGANNATH(A) PURI: Ort in Orissa, Indien, an dem von alters her Gott in der Gestalt JAGANNATHS, (KRISHNA als Herr des Weltalls), zusammen mit Seiner göttlichen Schwester SUBHADRA und Sei-nem göttlichen Bruder BALARAMA verehrt wird. CHAITANYA MAHAPRABHU verbrachte dort die letzten achtzehn Jahre Seines Erdenlebens.

JIVA GOSWAMI (1513 - 1598): Neffe von RUPA GOSWAMI und SANATANA GOSWAMI und einer der vertrautesten Jünger von CHAITANYA MAHAPRABHU; Verfasser zahlreicher tiefgehender Schriften zur Bhaktilehre (vgl. SECHS GOSWAMIS).

KALINDI: Name der YAMUNA, des heiligen Flusses in VRAJA an

dessen Ufern die Spiele KRISHNAS offenbart wurden.

KRISHNA: Nach der Anschauung der Chaitanya-Bhaktas die göttliche Urgestalt, der Persönliche Gott in Seiner Fülle, bei dem der Aspekt der Schönheit und Lieblichkeit den Aspekt der Gottesmajestät überwiegt.

KRISHNADASA KAVIRAJAH GOSWAMI: Verfasser des CHAITANYA CHARITAMRITA, das Leben und Lehre von Chaitanya Mahaprabhu beschreibt.

KURUKSHETRA: Ort in Nordindien, an dem die Entscheidungsschlacht des Epos MAHABHARATA stattfand; vor Beginn dieser Schlacht sprach dort SRI KRISHNA zu ARJUNA die BHAGAVAD-GITA.

LALITA: Eine der acht 'Hauptgopis'. Mit VISHAKA die vertauteste Gespielin von RADHA im göttlichen Spiel.

LAKSHMI (DEVI): Gottesmacht (*sakti*) NARAYANAS, die von den Sehern und Gottgeweihten, die zu Seinem Reich Zugang haben, als wundersame Frauengestalt erschaut wird. Ein sehr äußerlicher Aspekt LAKSHMIS, so wie er von den Menschen in der Not der Erde begriffen wird, ist LAKSHMI als die Göttin des irdischen Reichtums und des irdischen Glücks. (vgl. NARAYANA).

MADHAVENDRA PURI: Bedeutender Gottgeweihter und *guru* von ISHVARA PURI.

MAHABHARATA: Berühmtes indisches Versepos (ca. 100.000 Strophen) über die Auseinandersetzung zwischen den verfeindeten Dynastien der PANDAVAS (vgl. ARJUNA) und der KURUS.

MATHURA: Die Honigstadt, uralte Stadt am Strome YAMUNA,

Geburtsort KRISHNAS.

MAYADEVI: Die Personifikation von *maya*, die im Auftrag KRISH-
NAS diejenigen Lebewesen verwirrt, die nicht bei den Lotosfüßen
des Höchsten Herrn Schutz suchen.

NANDA MAHARAJA: Hirtenkönig von VRAJA, dessen gleichzeitig
mit KRISHNA geborene Tochter kurz nach der Geburt mit KRISH-
NA vertauscht wurde, um KRISHNA vor den Nachstellungen Seines
Onkels KAMSA zu retten. NANDA MAHARAJA und seine Frau
YASODA erfüllen die Rolle der Eltern im Krishna-*lila*.

NARADA (MUNI): Sohn BRAHMAS, göttlicher Heilsbringer, geistiger Meister von VYASA, dem Verfasser des Srimad Bhagavatam. Er
ist eines der hohen Wesen, die nie dem Sündenfall unterlegen
sind. Er lebt in jeder Weltenzeit und tritt auf als Schüler, als Lehrer, als ewiger Freund und Diener Gottes. Viele seiner Lebensläufe
sind in den verschiedenen *sastras* berichtet. Nichts im All gibt es,
was er für sich selbst begehrt. Gottrunken auf seiner Laute spie-
lend, schweift er immerdar unbehindert durch hohe und niedere
Welten - um Wesen zu suchen, die würdig sind, das größte Klein-
od, das es gibt, den Schatz der lauteren *bhakti*, von ihm zu empfangen.

NARAYANA: Ewige Gestalt VISHNUS (*nara-ayana* = der Urgrund
aller Wesen), der in Seinem ewigen unendlichen Reich göttlicher
Allmacht und Majestät thront und besonders die göttlichen
Eigenschaften der Macht und Majestät und Herrschergewalt
offenbart.

NAROTTAM(A) DAS(A) THAKUR: Bedeutender Gottgeweihter in
der Nachfolge CHAITANYA MAHAPRABHUs. Großer Prediger,
besonders bekannt als der Verfasser zahlreicher Lieder zum Lobge-
sang des Höchsten Herrn.

NAVADVIP(A): Ein Ort in Bengalen (ca. 100 km nördlich von Kalkutta) in der Nähe von CHAITANYAS GEBURTSORT Mayapur. Zur Zeit CHAITANYA MAHAPRABHUS ein Ort der Wissenschaft und philosophischen Gelehrsamkeit, vor allem des Tantrismus. Dort wirkte CHAITANYA in Seiner Jugend als berühmter Sanskritgelehrter bis zu dem Zeitpunkt, an dem die Fülle der *bhakti* mit Macht aus Ihm herausbrach und Er das Leben eines Bettelmönchs aufnahm.

NIMAI (PANDIT): Kindheitsname von CHAITANYA MAHAPRABHU, wörtlich - "Der unter einem Neem-Baum Erschienene"; Neem ist ein Baum mit bitteren Blättern, die der Tod nicht mag. Der Name wurde Ihm bei der Geburt von Seiner Mutter SACIDEVI gegeben, die zuvor acht Kinder verloren hatte. PANDIT ist die Bezeichnung für einen Gelehrten; Er wurde so genannt, weil Er schon in jungen Jahren ein angesehener Lehrer und Leiter einen eigenen Sanskritschule war.

NITYANANDA (PRABHU): Wörtlich - "ewige Glückseligkeit"; vertrautester Gefährte und enger Begleiter von CHAITANYA MAHAPRABHU; predigte auf Seine Anweisung vor allem in Bengalen; gilt den Vaishnavas als Erscheinung von BALADEVA-SHANKARSHAN (vgl. PANCA TATTWA).

PANCA TATTWA: Die fünffache (*panca*) Manifestation des Einen Gottes (*tattva*): CHAITANYA MAHAPRABHU (= KRISHNA und RADHA); NITYANANDA PRABHU (= BALARAMA-SHANKARSHAN); ADVAITA PRABHU (= MAHAVISHNU-PARAMATMA und SHIVA); GADADHARA PANDIT (= Manifestation der vollen Cit-Shakti Bhagavans = SRIMATI RADHARANI und LALITA); SRIVAS PANDIT (= NARADA MUNI). Die Anrufung des PANCA-TATTWA erfolgt vor der Meditation über das Maha-Mantra zur Reinigung des Geistes und als Bitte um Schutz vor Vergehen gegen den heiligen Namen.

PREMA DHAMA DEVAM STOTRAM: Von SWAMI B. R. SRIDHAR in Form eines Gedichts von 72 Sanskritstrophen verfaßte Lebensgeschichte von CHAITANYA MAHAPRABHU.

PURANAS: Bilden den sogenannten 'fünften' Veda. Die PURANAS machen die göttliche Fülle offenbar. Was in den Veden oft nur kurz und in kryptischer Sprache angedeutet wird, wird in den Puranas voll entfaltet und klar sichtbar (vgl. SRIMAD BHAGAVATAM).

PRAHLAD(A) MAHARAJA: Sohn des Dämonenherrschers HIRANYA-KASIPU, der von frühester Jugend an ein hingegebener Geweihter des Höchsten Herrn SRI VISHNU war. Als sein Vater ihn daraufhin töten wollte, wurde er vom Höchsten Herrn in der Gestalt des löwenköpfigen SRI NRSIMHA gerettet.

RADHA (RADHARANI): Die innere Freudenkraft Gottes (*hladini sakti*) als Gestalt in Gottes innerem Reich (von *radh*, liebend verehren), auf Erden offenbart als eine der *gopis* namens RADHA. Es heißt, niemand vermag BHAGAVAN KRISHNA durch dienende erkennende Liebe so zufriedenzustellen und zu beglücken wie sie. RADHA heißt auch BHAKTI-DEVI, die 'Göttin Bhakti'. Ihre Gestalt ist höchste *premabhakti*. Niemand, so wird gesagt, kann zu KRISHNA gelangen, ohne RADHAS gnädigen Blick. RADHA und KRISHNA werden das ewig jungendfrische göttliche Paar genannt. Sie sind zwei und doch eins. Es heißt, RADHA ist eins mit KRISHNA, so wie das Licht des Mondes mit dem Monde eins ist, so wie der Duft der Rose mit der Rose eins ist.

RADHA GOVINDA: Ein Aspekt des göttlichen Paares RADHA-KRISHNA.

RADHA-KUNDA: Einer der heiligsten Pilgerplätze der Vaishnavas in der Nähe von Vrindavan. Ein kleiner Teich, den RADHA mit

ihren Gefährtinnen, den *gopis*, aushob und in dem auf ihre Bitte
hin die Wasser der sieben heiligen Flüsse Indiens zusammen-
strömten.

RAMANANDA RAYA: Gouverneur von Rajmundri, Südindien,
unter dem König PRATAPARUDRA von Orissa. RAMANANDA war
ein hingegebener Gottgeweihter und wurde einer der vertrautesten Gefährten MAHAPRABHUS in Puri. Den Vaishnava-*bhaktas*
gilt er als eine Erscheinung VISHAKHAS, einer der vertrautesten
Freundinnen SRIMATI RADHARANIS.

RAMA (CHANDRA): Die ewige Gestalt Gottes, in der göttliche
Majestät und göttliche Schönheit in Harmonie sind. Zusammen
mit Seiner eigenen Gottesmacht *(sakti)*, die als RAMAS treue 'Gat-
tin' SITA bezeichnet wird, weilt RAMA immerdar in Seinem ewigen
Reiche Ayodhya.

RAMANUJA (ACHARYA) (1017- 1137): Südindischer Vaishnava und
Verkünder der Bhakti-Lehre (jedoch nicht auf der Ebene, die spä-
ter SRI CHAITANYA MAHAPRABHU offenbarte); Begründer der SRI
SAMPRADAYA und Verehrer VISHNUS in der Gestalt von LAKSHMI
NARAYANA.

RUPA GOSWAMI: (1489 - 1564): Trotz seiner brahmanischen
Abstammung war er zunächst ein loyaler Minister in der Regie-
rung des Mohammedanerherrschers Hussain Shah von Bengalen
(Gauda). Die Begegnung mit SRI CHAITANYA MAHAPRABHU führte zu einer völligen Umkehr in seinem Leben. Er verließ heimlich
seine Stellung, gab allen materiellen Besitz auf und begann unter
der Führung von MAHAPRABHU ein einfaches Leben als Bettelmönch. Im Auftrag MAHAPRABHUs verfaßte er Bücher über das
Wesen der *bhakti*. Eines seiner Hauptwerke ist das Bhakti-Rasam-
rita-Sindhu (Nektar der Hingabe).

SANATANA GOSWAMI (1488 - 1558): Bruder von RUPA GOSWAMI und ebenfalls vor seiner Begegnung Minister des Hussain Shah. Nach der Flucht seines Bruders wurde er in den Kerker geworfen, aus dem er sich durch Bestechung befreien konnte. Wurde wie sein Bruder RUPA von MAHAPRABHU persönlich in die intimsten spirituellen Geheimnisse eingeweiht.

SECHS GOSWAMIS VON VRINDAVAN(A): SRI RUPA GOSWAMI, SRI SANATANA GOSWAMI, SRI JIVA GOSWAMI, SRI BHATTA RAGUNATHA GOSWAMI, SRI GOPALA BHATTA GOSWAMI und SRI RAGUNATH DASA GOSWAMI, die sechs vertrautesten Schüler von SRI CHAITANYA MAHAPRABHU, die in Seinem Auftrag in zahlreichen literarischen Werken die verschiedensten Aspekte der Bhaktilehre dargestellt haben.

SHANKARA/SHANKARACHARYA (ca. 800 n. Chr.): Gilt den Vaishnavas als eine Erscheinung SHIVAS und ist zum einen Lehrer eines extremen Monismus, der Verkünder der Theorie, daß außer dem Einen Einzigen Unendlichen Weiselosen Brahman (des gestaltlosen All-Einen) alles andere nur Maya im Sinne einer Illusion sei. Zugleich aber ist er ein wahrer Bhakta KRISHNAS, der in herrlichen Huldigungsstrophen KRISHNA unter dessen geliebten Namen GOVINDA als den Urgrund allen Seins preist.

SHIKSHASTAKAM: Acht Verse, die von CHAITANYA MAHAPRABHU Selbst verfaßt wurden und als einzige schriftliche Zeugnisse Seines Wirkens erhalten geblieben sind.

SHIVA: Ein Diener KRISHNAS, der Weltzerstörer, der am Ende eines jeden Schöpfungstages von BRAHMA die Welt auflöst. Die innerste Gestalt SHIVAS wird SADA-SHIVA, der Immer-Selige, genannt. Sein Reich ist eine der Unendlichkeiten von NARAYANAS ewigem Reiche VAIKUNTHA. Er thront in seinem eigenen ewigen Reich Shivaloka mit Seiner Gottesmacht Parvati und meditiert dort immerdar in tiefer Inbrunst über die *lila* von RADHA und KRISHNA. Von uns Menschen aus gesehen ist SADA-SHIVA-MAHA-DEVA Herr; von KRISHNA aus gesehen ist er Sein großer Diener, der sich Ihm geweiht hat, Sein *bhakta*.

SITA(DEVI): Gemahlin SRI RAMACHANDRAS, die vom Dämon RAVANA entführt und nach langem Kampf von SRI RAMA unter der besonderen Mithilfe von HANUMAN befreit wurde. Die Geschichte von SITA und RAMA ist im berühmten indischen Epos RAMAYANA ausführlich beschrieben.

SRIMAD BHAGAVATAM (BHAGAVAT-PURANA): Dieses von VYASA verfaßte Werk gehört im Rahmen der indischen Wort-Offenbarung zu der großen Gruppe der PURANAS (vgl. PURANAS). Die PURANAS machen die göttliche Fülle offenbar. Im BHAGAVATAM offenbart Sich Gott in bezug auf Sich Selbst, Sein Reich und die Seinen, die ewiglich zu Ihm gehören. Er offenbart Sein wahres Wesen als die Fülle göttlicher Lieblichkeit. Das BHAGAVATAM hat nur eine Absicht, zu zeigen, daß *bhakti* der einzige Sinn des Lebens ist und sein höchster Zweck. Es umfaßt zehn große Themenkreise und besteht aus zwölf Büchern (*Cantos*) mit insgesamt achtzehntausend Strophen (*sloka*s).

SRIVAS THAKUR: Vertrauter Gefährte von CHAITANYA MAHAPRABHU, in dessen Haus während nächtlicher *kirtanas* die geheimnisvollsten Offenbarungen MAHAPRABHUS stattgefunden haben; gilt als die Erscheinung des göttlichen Boten NARADA MUNI (vgl. PANCA TATTWA)

SVARUPA DAMODARA: Vertrauter Gefährte und persönlicher Diener von MAHAPRABHU während Seines Aufenthalts in Puri; Verfasser einer Chaitanya-Biographie (Kadaca), die später verlorenging, aber von anderen Biographen zitiert wird.

TOTA GOPINATH(A): Bildgestalt in einem Tempel in JAGANNATH PURI. CHAITANYA MAHAPRABHU hat Sich dort während der letzten Jahres Seines Lebens häufig aufgehalten und in der Gemeinschaft von GADADHARA PANDIT den Trennungsschmerz RADHARANIS von KRISHNA empfunden. Die drei Bildgestalten sind wohl erhalten. Der jugendliche Krishna, der die Flöte bläst, sitzt mit gekreuzten Beinen zwischen RADHA und LALITA. GADADHARA PANDIT hat dort täglich im Bewußtsein RADHAS den Dienst vor der Bildgestalt ausgeführt. Es heißt, CHAITANYA MAHAPRABHU habe diese Welt verlassen, indem er in das Knie der Bildgestalt entschwand.

UDDAVA: Intimer Freund und Schüler KRISHNAS aus Seiner Zeit in DVARAKA, in dem KRISHNA Selbst die in jedem Herzen schlummernde Gottesliebe persönlich erweckt hat.

UPANISHADEN: Die in Indien erscheinenden Sammlungen des Sanskrittextes der Upanishaden umfassen zumeist 108 Stücke, von denen etwa dreizehn zum gemeinsamen Geistesgut aller verschiedenen religiösen Richtungen des Hinduismus gehören. Andere UPANISHADEN dienen besonderen Zielen, z.B. des Jnana-Yoga oder dem Bhakti-Yoga.

VAIKUNTHA: das von Raum und Zeit unbegrenzte Reich des gestalthaften persönlichen Gottes, in dem Gott in ungezählten Formen und Manifestationen auf verschiedenen Planeten anwesend ist.

VAISHNAVA: ein Verehrer VISHNUS (siehe VISHNU)

VASUDEVA: Gatte DEVAKIS und Vater KRISHNAS, der sein Kind in der Nacht der Geburt mit der Tochter von NANDA MAHARAJA vertauschte.

VEDANTRA SUTRA: Essenz der Veden, umfaßt unter anderem die UPANISHADEN.

VISHAKA: *gopi*; RADHAS geschwisterliche Freundin, von gleichem Temperament, Charakter und Alter wie RADHA.

VISHNU: Der weltzugewandte Schöpfer- und Erhalteraspekt der Höchsten Persönlichkeit Gottes, BHAGAVAN, der Sich auf ursprünglichste Weise in der Gestalt KRISHNAS manifestiert; dieser Aspekt Gottes, der in den vedischen Schriften genannt ist, kommt der christlichen Vorstellung von Gott als dem "Allmächtigen" am nächsten;

VISHNUPRIYA(DEVI): Zweite Gemahlin von CHAITANYA MAHA-PRABHU, die von Ihm nach dem Eintritt in den Lebensstand der Entsagung (*sannyas*) verlassen wurde. Seine erste Ehefrau, LAKSHMIPRIYA(DEVI), verschied an einem Schlangenbiß.

VISHVANATH CHAKRAVARTI THAKUR (1643 - 1730): Bedeutender Lehrer in der Nachfolge CHAITANYA MAHAPRABHUS, der tiefgehende Kommentare zu wichtigen vedischen Schriften verfaßt hat.

VRINDAVAN(A)/VRAJA: Vraja ist das "Land", wo man in alle Ewigkeit vorwärtsschreiten kann, ohne jemals an ein Ende zu kommen, ein Name, der ausschließlich der Sphäre der göttlichen Lieblichkeit zukommt. Dieses "Land" ist auf ewig als ein Ort und eine Landschaft in Indien, zwischen Delhi und Agra gelegen, manifestiert; der Ort, VRINDAVANA, ist den VAISHNAVAS heilig, weil er gemäß den *sastras* ein Ebenbild des ewigen Reiches Gottes (GOLOKA VRINDAVAN(A)) in dieser vergänglichen Welt ist und Sri Krishna dort vor etwa 5000 Jahren erschien und Seine Spiele entfaltete.

VYASA(DEVA): Verfasser des Vedanta und des bedeutenden SRI-

MAD BHAGAVATAM. VYASA ist nicht der Name einer Person, sondern eines Amtes. VYASA übt in jedem Weltenlauf das verantwortungsvolle Amt aus, den Veda, das ewige Wort, in aller Klarheit zu empfangen und an seine engsten Schüler und an die Urseher, die Rishis, auszugeben, die dann die Offenbarung des "Gehörten" zum Heil der Welt klar oder mehr oder minder getrübt weiterleiten.

YAMUNA: a) Heiliger Fluß in VRAJA, an dessen Ufern KRISHNA Seine vertraulichsten Spiele offenbart hat.
b) Tochter des Sonnenhalbgottes SURYA.

# Literaturhinweise

I. Über das Leben und die Lehre von Sri Chaitanya Mahaprabhu:

BHAKTI PRADIP TIRTHA: Sri Chaitanya Mahaprabhu, Madras 1947

BHAKTISIDDHANTA SARASWATI THAKUR: Sri Chaitanyas Teachings, Madras, 1975

BHAKTIVEDANTA SWAMI PRABHUPADA: Sri Chaitanya Charitamrita, Vaduz, 1977 - 1982

ders.: Die Lehren Sri Chaitanyas, Vaduz, 1984

BHAKTIVINODA THAKUR: Sri Chaitanya Mahaprabhu (Life and Precepts), Navadwip 1981,

ders.: Sri Chaitanya Siksamritam, Madras, 1983

EIDLITZ, WALTHER: Krishna-Chaitanya - Sein Leben und Seine Lehre, Stockholm, 1976

KAPOOR, O.B.L.: The Philosophy and Religion of Sri Caitanya, Delhi 1977

SANYAL, NISIKANTA M.A. BHAKTISHASTRI: Sree Krishna Chaitanya, Vol. I, Madras 1933

II. Allgemeine Literatur zur vedischen Konzeption des Theismus

BHAKTIVEDANTA SWAMI PRABHUPADA: Bhagavad-Gita Wie Sie Ist, Vaduz, 1987

Srimad-Bhagavatam, Canto 1 - 10, (12 Bände), Vaduz, 1982-1984

Krishna, der höchste persönliche Gott, (3 Bände), Ulm o.J.

Bewußte Freude, Vaduz, 1984

Die Schönheit des Selbst, Vaduz, 1986

Der Nektar der Unterweisung, 1977

Der Nektar der Hingabe, Vaduz, 1983

Sri Isopanishad, Vaduz, 1986

Die Lehren Sri Kapilas, 1980

Königin Kunti, 1991

Jenseits von Raum und Zeit, Vaduz, 1986

Leben kommt von Leben, 1991

BHAKTISIDDHANTA SARASWATI THAKUR: Sri Brahma Samhita, Los Angeles, 1985

BHAKTIVINODA THAKUR: Sri Harinama Cintamani, Berlin, 1987 (deutsch)

Das Bhagavatam, Freiburg, 1990 (deutsch)

EIDLITZ, WALTHER: Bhakta - eine indische Odyssee, Hamburg, 1951

Die indische Gottesliebe, Olten und Freiburg i.Br., 1955

Der Glaube und die heiligen Schriften der Inder, Freiburg, 1957

Der Sinn des Lebens, 1977

SANATANA GOSWAMI: Sri Brihat Bhagavatamritam, Madras, o.J.

SATSVARUPA DASA GOSWAMI: Die Vedische Literatur in ihrem eigenen Licht, Gütersloh, 1979

SWAMI B.A. PARAMADVAITI, JIVANUGA DASA (HRSG.): Bhakti-Yoga, der Pfad zur inneren Freude, Freiburg, 1991

SWAMI B.R. SRIDHAR: Shri Guru und Seine Barmherzigkeit, Freiburg, 1989

Auf der Suche nach Govinda, Die wunderschöne Wirklichkeit, Freiburg 1993

Sri Prema Dhama Deva Stotram, Navadwip, Indien, 1983

Srimad Bhagavad-Gita, The Hidden Treasure of the Sweet Absolute, Wetzlar, 1985

Positive and Progressive Immortality, London, 1987

Loving Search for the Lost Servant, San Jose, 1988

Subjective Evolution of Consciousness, San Jose, 1989

Sermons of the Guardian of Devotion, Vol. I, Harrogate, 1988
Sermons of the Guardian of Devotion, Vol. II, Navadvipa, 1991
Sermons of the Guardian of Devotion, Vol. III, Navadvipa, 1991
Sermons of the Guardian of Devotion, Vol. IV, Navadvipa 1990
The Golden Staircase, Soquel 1994
SWAMI B.P. PURI: The Heart of Krishna, San Francisci 1995
SWAMI B. S. GOVINDA: The divine servitor, Navadvipa, 1988
Dignitiy of the Divine Servitor, Navadvipa, 1991
WEBER, EDMUND: Krishna im Westen, Frankfurt, 1985
ZÜRRER, ROLAND: Reinkarnation - Die umfassende Wissenschaft
der Seelenwanderung, Zürich '89

# Adressenliste

SRI CHAITANYA SARASWAT MATH
Kolerganj, P.O. Nabadvip
Dist. Nadia, West Bengal 741302, Indien

SRI CHAITANYA SARASWAT ASHRAM
Vill. and P.O. Hapaniya
Dist. Burdwan, West Bengal, Indien

SRI CHAITANYA SARASWAT MATH
Gita Ashram, Bibhada Ashram Road,
Gaur Batsahi, P.O. Puri, Orissa 752001, Indien

GOVINDAS KULTURTREFF
Swami B.V. Vaishnava
Reinhardtstraße 17, 10117 Berlin

SRI CHAITANYA BHAKTI GEMEINSCHAFT
"GOVINDAS BAUERNHOF"
Olaf und Marina Thaler
Remelkoppel 2, 17322 Mewegen

VERLAG FÜR VAISHNAVA-PHILOSOPHIE
Norbert und Sylvia Mattis
An der Halde 35, 79 183 Waldkirch

FRANCIS UND RENATE KADERLI
Suleggstr. 13
CH-3600 Thun, Schweiz

NANDA FALVA,
Tanya 390
6764 Balastya, Ungarn

ASHRAM BOGOTA,
Sandipani Muni Dasa
Av. Caracas No. 32 - 63,
A.A. 59286, Bogota, Kolumbien

GAURANGA RADHA VRAJESVARA
Kilometro 28, Via Silvania
Granada Gundina Marca, Kolumbien

ASHRAM MIAMI
Vaishnava Dasa
4138 N.W., 23rd Avenue
Miami, Fl., USA